LE PRINCE

MACHIAVEL

Le Prince

suivi de

Choix de lettres

PRÉFACE DE RAYMOND ARON
TRADUCTION, COMMENTAIRES ET NOTES
DE JEAN ANGLADE

LE LIVRE DE POCHE

Jean Anglade, connu pour ses romans *(Le Chien du Seigneur, Une Pomme oubliée, Le Tilleul du soir, Le Tour du doigt, Les Ventres jaunes, La Bonne Rosée, Les Permissions de mai..),* ses essais historiques *(Vie quotidienne dans le Massif Central au XIXe siècle, Histoire de l'Auvergne, Les grandes heures de l'Auvergne, Le Pays oublié)* ou satiriques *(Riez pour nous, Les Singes de l'Europe)* est aussi agrégé d'italien. *(Le Décaméron* dans Le Livre de Poche). Prix populiste, Prix des Libraires, Prix de l'Humour noir, Prix Scarron...

PRÉFACE

PARMI les textes qui passent pour « immortels », ce petit livre occupe une place à part et, je crois bien, unique. Rien n'interdit de le rejeter comme un « méchant essai », inspiré par un esprit de cynisme ou de scandale. Rien n'oblige à y voir un des textes majeurs de la littérature politique. Ce qui est impossible, aujourd'hui autant qu'au premier jour, c'est de l'abandonner avant de l'avoir lu jusqu'au bout, c'est de l'écarter avec indifférence. *Le Prince* n'a pas gardé seulement sa jeunesse — bien des œuvres mériteraient cet éloge banal — *Le Prince* a gardé son pouvoir de fascination. Je le sais, mais je ne suis pas sûr de savoir pourquoi.

Une première réponse vient à l'esprit. *Le Prince*

est un livre dont la clarté apparente éblouit et dont
les érudits et les simples lecteurs essaient vainement
de percer le mystère. Que voulait dire Machiavel ? A
qui voulait-il donner des leçons, aux rois ou aux
peuples ? De quel côté se plaçait-il ? Du côté des
tyrans ou du côté des républicains ? Ou ni de l'un ni
de l'autre ?

Nous n'en sommes plus aujourd'hui à retenir
l'interprétation faussement originale de Jean-Jacques
Rousseau. Machiavel, écrit-il dans une note du
Contrat social, était un honnête homme et un bon
citoyen ; mais attaché à la maison de Médicis, il était
forcé, dans l'oppression de sa patrie, de déguiser son
amour pour la liberté. Le choix seul de son exécra-
ble héros (César Borgia) manifeste assez son intention secrète, et l'opposition des maximes de son
livre du *Prince* à celles de son *Discours sur Tite-Live* et
de son *Histoire de Florence,* démontre que ce profond
politique n'a eu jusqu'ici que des lecteurs superficiels
et corrompus. La cour de Rome a sévèrement
défendu son livre ; je le crois bien, c'est elle qu'il
dépeint le plus clairement. Nous n'acceptons plus
cette interprétation. Il n'y a pas de contradiction
entre le *Prince* et le *Discours.* Machiavel aimait la
liberté et il n'en déguisait pas son amour. Mais pour
fonder une principauté nouvelle ou débarrasser
l'Italie des barbares, la liberté d'un peuple corrompu
aurait été impuissante. Qui analyse, à la manière

d'Aristote, les moyens nécessaires pour maintenir la tyrannie, n'approuve pas pour autant ce régime détestable, moins encore la dégradation des mœurs qui l'a rendue possible ou inévitable.

Cette recherche de la signification vraie du *Prince* ou de l'intention dernière de Machiavel ne s'arrête pas aussi vite. Elle est proprement dialectique. Toute réponse à une question soulève des questions ultérieures et peut-être nous ramène au point de départ, à l'interrogation initiale, formulée avec plus de subtilité. L'antithèse de la liberté et du despotisme, du *Prince* et du *Discours* est factice. Machiavel, comme tout homme bien né, préfère la liberté et il hait le despotisme. Mais il a l'expérience et de l'histoire et de l'action. Il connaît le train des choses humaines, l'inconstance des foules, la fragilité des États. Sans illusion et sans préjugé, il observe les diverses sortes d'États, il les classe par genre, il établit les lois — lois scientifiques et non morales — selon lesquelles chaque Principauté doit être conquise ou gouvernée. Si son attention se porte plus volontiers sur les principautés nouvelles ou dégradées, s'il semble admirer César Borgia et ses procédés, on aurait tort de lui en faire reproche. Le médecin, lui aussi, consacre plus de temps à l'étude des maladies qu'à celle de la santé : celles-là sont en un sens plus intéressantes que celle-ci. Plus intéressantes parce qu'elles appellent l'intervention

du médecin. Plus intéressantes parce qu'elles révèlent le fonctionnement de l'organisme. Personne
n'accusera pour autant le médecin de préférer la
maladie à la santé. Du reste, était-ce la faute de
Machiavel si régnaient en Italie les mœurs qu'il
décrit ?

A ce point de la dialectique, l'interprète éprouve
un sentiment de sécurité. Il n'a plus besoin d'attribuer à notre auteur une capacité de dissimulation,
abjecte ou sublime. Machiavel est devenu savant et
pour notre siècle enivré de science, cet adjectif suffit
à tout. Machiavel est le fondateur de la science
politique et Oscar Morgenstern déplore que les
spécialistes modernes de la science politique n'aient
pas soumis les préceptes de Machiavel à une analyse
rigoureuse afin de dégager ceux qui gardent peut-
être une valeur opérationnelle.

Que le lecteur relise le chapitre VII dans lequel
sont racontés les exploits de César Borgia. Après
l'occupation de la Romagne, le duc trouva que
celle-ci était commandée « par de petits seigneurs
sans grand pouvoir, lesquels avaient plutôt dépouillé
que gouverné leurs sujets... Il pensa être nécessaire
pour les réduire en paix et à l'obéissance au bras
séculier et royal, de lui donner un bon gouvernement. A quoi il préposa Messire Remy d'Orque,
homme cruel et expéditif, auquel il donna entièrement pleine puissance. Celui-ci en peu de temps

remit le pays en tranquillité et union, à son très grand honneur*. » Quelle fut la récompense réservée par César Borgia à ce bon serviteur : « Il voulut montrer que, s'il y avait eu quelque cruauté, elle n'était pas venue de sa part, mais de la mauvaise nature du ministre. Prenant là-dessus l'occasion au poil, il le fit un beau matin, à Cesena, mettre en deux morceaux, au milieu de la place, avec un billot de bois et un couteau sanglant près de lui. La férocité de ce spectacle fit tout le peuple demeurer en même temps satisfait et stupide. »

Tout le mystère de la clarté de Machiavel est là. Rien n'est plus simple, plus logique, plus opérationnel que la leçon de ce récit. N'hésitons pas, au risque de pédantisme, à la traduire en langage abstrait. Pour ramener la paix et fonder un ordre en un pays livré au brigandage, le chef cruel et expéditif répond aux besoins. En une phase ultérieure, la paix revenue, le sage Président d'un Tribunal civil remplace avantageusement l'homme cruel et expéditif. Et comme ce dernier ne manque pas d'avoir laissé des haines, le mieux est de le sacrifier à la colère du peuple ingrat de manière que le Prince, César Borgia en l'espèce, paraisse innocent des cruautés commises en son nom. Comment s'opposer à des raisons aussi convaincantes ? Peut-être, en

---

* Les traductions de la Préface sont de Jacques Gohory.

effet, est-il impossible de s'y opposer. Mais il n'est
pas facile non plus d'y souscrire.

La technique du bouc émissaire remonte à l'aube
des sociétés humaines. Incontestablement, elle peut
être avantageuse aux Princes. Suffit-il qu'elle réussisse le plus souvent pour que le médecin des corps
sociaux soit en droit de la recommander ? « Je dis,
donc, que ces États et Provinces incorporés par
conquête à une Seigneurie plus ancienne que la
conquise ou sont de la même nation et langue, ou
elles n'en sont pas. Si elles en sont, c'est chose facile
de les conserver, surtout si elles ne sont pas accou-
tumées de vivre en liberté ; et pour les posséder en
toute sécurité, il suffit d'avoir éteint la lignée du
Prince qui les commandait. » Appellera-t-on « précepte opérationnel » le conseil donné au Prince
nouveau de mettre à mort tous les membres de
l'ancienne famille régnante ? Le conseil est aussi
pertinent à court terme et sur le plan de l'efficacité
que celui de mettre à mort le loyal serviteur qui a
tout à la fois rétabli l'ordre par les moyens expéditifs
et soulevé des haines. « Les hommes étant ce qu'ils
sont », les préceptes que suggère l'expérience du
monde ne coïncident pas avec ceux que les mora-
listes enseignent.

Du coup, l'interrogation surgit. Machiavel ne se
plaît-il pas à suggérer que les moyens politiquement
efficaces contredisent l'enseignement de l'Église ?

Par le choix de ses héros ne trahit-il pas une adhésion, moins hésitante qu'on ne le souhaiterait, à ce qui fut appelé « gouvernement à la florentine » ? Certes, tous les États sont nés de la violence et les fondateurs d'États, ceux qui élèvent ou relèvent ces monuments fragiles — les cités humaines —, sont condamnés à la violence. Mais par la manière dont il défend et illustre ces architectes de l'histoire, Machiavel incite-t-il au vice ou à la vertu, au machiavélisme ou à la République ? Se réfère-t-il de temps à autre à l'Église pour camoufler le cynisme de son enseignement ou pour laisser libre cours à ses sentiments refoulés par les contraintes de la vérité scientifique ? Finalement, Machiavel a-t-il été d'intention machiavélique, dissimulant à moitié une politique résolument amorale, en la présentant tantôt comme fondée sur les constatations objectives, tantôt comme coupable mais inévitable ?

Après tout, les observateurs peuvent interpréter l'expérience historique tout autrement que Machiavel sans être pour autant aveugles au succès de la cruauté ou de la scélératesse. Jacques Maritain fait valoir contre le machiavélisme la considération de la durée historique. « Le bien temporel en lequel fructifie la justice de l'État, le mal temporel en lequel fructifie son iniquité, peuvent être et sont en fait tout différents des résultats immédiats que l'esprit humain pouvait prévoir et que les yeux

humains contemplent. Il est aussi malaisé de démê-
ler les actions causales éloignées que de discerner, à
l'embouchure d'un fleuve, de quels glaciers ou de
quels affluents parviennent tels ou tels échantillons
de ses eaux. » Maritain ne me convainc pas non
plus. Il me rappelle seulement que la lecture
machiavélique de la politique n'est pas la seule
possible et que cette lecture dérive d'une certaine
intention. Laquelle ? Nous voici au rouet, car plusieurs réponses sont possibles. La lecture lui était-elle
imposée par les circonstances, par le projet scientifique, par la recherche des origines ou l'attention
aux situations extrêmes, par le pessimisme sur la
nature humaine, par l'ardeur républicaine et la
volonté d'unir une Italie libérée des barbares ?
Toutes ces réponses ont été données par un critique
ou par un autre. Et, quelle que soit la réponse, le
débat subsiste, banal et indéfini : la politique est
action et l'action tend à la réussite. Si la réussite
exige l'emploi des moyens moralement répréhensi-
bles, le Prince doit-il renoncer au succès ? Se salir les
mains ? Sacrifier le salut de son âme au salut de la
cité ? Où s'arrêtera-t-il sur la voie qu'il ne peut pas
ne pas emprunter ? Quel mensonge refusera-t-il s'il
précipite sa perte en avouant la vérité ?

J'écris ces lignes au mois de mars 1962. Il y a trois
ans et demi une République était abattue parce
qu'elle semblait incapable de garder l'Algérie à la

France. Les fondateurs de la République suivante ont obstinément poursuivi la politique dont ils accusaient les hommes d'hier de nourrir la velléité. Mais s'il fallait crier « Algérie française » pour ramener le général de Gaulle au pouvoir et si ce retour à l'Élysée du solitaire de Colombey était indispensable au bien public, ceux qui ont abusé leurs fidèles et trompé le peuple sur leurs objectifs, n'ont-ils pas finalement déshonoré leur nom et servi l'État ? Ou faut-il dire que les Princes qui nous gouvernent ne peuvent servir l'État s'ils manquent à leur honneur ? Mais qui sera juge de leur honneur ? Et le peuple leur tiendra-t-il rigueur d'une tromperie le jour où celle-ci aura réussi ?

Machiavel a eu le courage d'aller jusqu'au bout d'une logique de l'action contre laquelle le lecteur cherche refuge dans des interrogations sans réponse.

RAYMOND ARON.

NICOLAS MACHIAVEL
AU MAGNIFIQUE LAURENT DE MÉDICIS

CEUX qui désirent gagner les bonnes grâces d'un Prince ont coutume de se présenter à lui avec ceux de leurs biens qu'ils préfèrent, ou auxquels ils le voient prendre le plus de plaisir. Aussi lui offrent-ils souvent chevaux, armes, draps d'or, pierres précieuses et autres parures dignes de sa grandeur. Désirant donc m'offrir à Votre Magnificence avec quelque témoignage de ma dévotion, je n'ai dans tout mon ménage rien trouvé que j'aime et estime autant que la connaissance des actions des grands de ce monde. C'est par une longue expérience des choses modernes et une lecture assidue des antiques que je l'ai apprise. Après les avoir pesées, examinées longuement, je les ai réduites en un petit volume que j'envoie à Votre Magnificence.

Bien que je juge cet ouvrage indigne de lui être présenté, j'ose espérer que sa bienveillance l'acceptera, considérant que je ne peux lui faire un don plus précieux que

celui de pouvoir comprendre en un moment ce que j'ai
acquis en tant d'années de veilles, de tribulations et de
périls. Je ne l'ai point orné de vastes périodes, farci de
termes ampoulés et étincelants, fardé de parures extérieures selon l'usage des gens de plume. J'ai voulu qu'aucune gloire n'honore mon livre, si ce n'est par la nouveauté et l'importance de son sujet. Je ne voudrais pas
non plus qu'on traitât de présomptueux un homme de
basse condition, parce qu'il ose discourir du gouvernement
des princes et proposer des règles. Ceux qui peignent les
paysages se tiennent dans la plaine pour considérer la
forme des montagnes et des lieux élevés; et pour examiner
les lieux bas, ils se juchent sur les sommets. De même,
pour bien connaître la nature des peuples, il faut être
prince; et pour connaître les princes, être du peuple.

Que Votre Magnificence reçoive donc ce mince ouvrage
avec le même cœur que je le lui envoie. Si elle le lit
attentivement, elle y découvrira l'extrême désir que j'ai
de la voir atteindre à cette grandeur que lui promettent
la fortune et ses mérites personnels. Et si parfois Votre
Magnificence, du sommet de son élévation, tourne les
yeux vers la bassesse de ces lieux où je croupis, elle devra
reconnaître combien je supporte indignement une cruelle
et longue malignité du destin.

I

DES DIVERSES SORTES DE PRINCIPAUTÉS ET PAR QUELS MOYENS ON LES ACQUIERT

Tous les États, tous les gouvernements qui ont mené ou mènent encore les hommes furent ou sont soit des républiques, soit des principautés. Parmi les principautés, certaines sont héréditaires : la famille du seigneur y a gardé longtemps le pouvoir; les autres sont nouvelles. Celles-ci le sont entièrement, comme ce fut le cas du Milanais entre les mains de Francesco Sforza[1]; ou bien ce sont des membres ajoutés à l'État héréditaire du prince qui les a conquis : tel est le royaume de Naples entre les mains du roi d'Espagne Ferdinand V. De ces provinces ainsi gagnées, les unes avaient

1. Francesco Sforza, condottiere et fils de condottiere, fit alliance avec Venise et s'empara de la République milanaise proclamée à la mort de Filippo Maria Visconti (1450). Il fut ainsi le premier de sa race à régner sur la ville et sa province. Machiavel le range parmi ses modèles politiques.

pour coutume l'obéissance à un seigneur précédent,
les autres l'usage de la liberté. D'un autre point
de vue, on peut les acquérir en employant soit les
armes d'autrui, soit ses armes propres, par un effet
de la fortune ou par sa propre vertu[1].

1. Riche de réminiscences latines, la *vertu* machiavélienne
ne comporte aucune signification morale : elle inclut les divers
talents, physiques et spirituels, que la nature peut donner à
un homme. Elle correspond alternativement ou tout ensemble
à l'intelligence, l'habileté, l'énergie, l'héroïsme.

II

DES PRINCIPAUTÉS HÉRÉDITAIRES

Laissons de côté les républiques dont j'ai par ailleurs[1] discouru longuement. Je considérerai seulement les principautés, en tissant sur la trame ourdie ci-dessus; j'examinerai comment on peut les gouverner et les conserver.

Les États héréditaires, accoutumés à la famille de leur prince, sont bien plus faciles à conserver que les nouveaux; il suffit en effet de n'y pas bouleverser les dispositions établies précédemment et, pour le reste, de temporiser devant les situations imprévues. De sorte que si un prince héréditaire est d'une habileté moyenne, il se maintiendra toujours sur son trône, sauf s'il en est chassé par quel-

1. Dans les *Discours sur la Première Décade de Tite-Live,* commencés en 1513, et interrompus par leur auteur pour écrire *Le Prince.*

que force irrésistible; et même alors, au moindre revers de l'occupant, il le regagnera.

Par exemple, nous avons en Italie le duc de Ferrare[1] : il n'a pu repousser les assauts des Vénitiens en 1484, ni ceux du pape Jules en 1510; la seule raison de cette faiblesse contre l'étranger fut l'ancienneté de son pouvoir. Car un prince naturel est moins souvent obligé de recourir à la troupe et à la violence contre ses sujets; aussi est-il nécessaire qu'il soit aimé davantage. Et à moins que des vices exorbitants ne le fassent haïr, le peuple lui donnera naturellement son affection. L'ancienneté et la longueur d'un règne héréditaire font oublier les raisons des bouleversements antérieurs; au contraire, un changement récent laisse toujours des pierres d'attente pour un nouveau.

1. Il s'agit en fait de deux seigneurs, Hercule d'Este, attaqué en 1482 par Venise et sauvé par l'appui du reste de l'Italie; et Alphonse Ier, resté fidèle en 1510 à l'alliance avec les Français, et âprement combattu par Jules II qui l'excommunia. Machiavel vécut personnellement ces événements auxquels le mêlèrent ses missions diplomatiques.

DES PRINCIPAUTÉS MIXTES

Mais c'est dans une principauté nouvelle que résident les plus grandes difficultés. Voyons d'abord le cas où elle n'est pas nouvelle en toutes ses parties, mais membre d'une autre plus ancienne; on peut alors appeler cet ensemble « principauté mixte ». Les désordres qui s'y produisent viennent en premier lieu d'un état d'esprit commun à toutes les nouvelles principautés : les hommes aiment à changer de maîtres, espérant chaque fois trouver mieux. Cette croyance leur fait prendre les armes contre le seigneur du moment; en quoi ils font souvent un mauvais calcul, s'apercevant ensuite qu'ils ont changé un cheval borgne contre un aveugle. Autre nécessité naturelle : un seigneur récent est obligé de faire violence à ses nouveaux sujets, en installant une occupation militaire, ou par mille autres oppressions; de sorte que

tu te rends ennemis tous ceux que tu as offensés
en envahissant leurs terres, et que tu ne conserveras pas non plus l'amitié de ceux qui t'ont appelé,
car tu ne peux ni les récompenser autant qu'ils
l'escomptaient, ni employer contre eux de fortes
médecines, étant leur obligé. Si puissante en effet
que soit l'armée dont on dispose, on a toujours
besoin de la faveur des habitants pour entrer dans
une province. Voilà pourquoi le roi Louis XII
conquit Milan en un clin d'œil, et en un clin d'œil
le perdit. Pour le lui ôter la première fois, il ne
fallut que les seules forces de Ludovic le Maure;
car la population qui avait ouvert les portes aux
Français, déçue dans les espérances qu'elle avait
nourries, ne pouvait supporter les vexations du
nouveau prince.

Il est bien vrai que, si l'on reconquiert une
seconde fois les pays révoltés, on les perdra ensuite
plus malaisément : prenant occasion de la rébellion, le seigneur se fait moins scrupule d'affermir
son pouvoir en punissant les coupables, en décou-
vrant les suspects et en se fortifiant sur les points
faibles. En sorte que s'il· suffit, pour faire perdre
Milan à la France, la première fois d'un duc Ludovic qui menait quelque bruit aux frontières, pour le
lui faire perdre la seconde tout le monde dut se
liguer contre elle, détruire ses armées et les chasser
d'Italie; ce qui vint des raisons énoncées ci-dessus.
Néanmoins, il lui fut enlevé la seconde fois comme
la première.

Les causes générales de la première perte ont été exposées; reste à voir maintenant celles de la seconde, et les remèdes dont disposait ce roi, ou dont disposerait tout autre prince dans le même cas pour se maintenir dans sa conquête mieux que ne fit la France. Deux situations se présentent : les provinces annexées à une seigneurie plus ancienne appartiennent à la même nation qu'elle, parlent la même langue, — ou elles n'en font rien. Si oui, il est très facile de les conserver, surtout si elles n'avaient pas coutume de vivre libres; pour les posséder en toute sécurité, il suffit d'avoir éteint la lignée du prince qui les gouvernait précédemment. Pour le reste, si tu conserves leurs anciennes institutions, s'il n'y a pas grande différence de coutumes, ses habitants vivront dans la tranquillité. Ainsi a-t-on vu faire la Bourgogne, la Bretagne, la Gascogne et la Normandie, depuis longtemps sujettes de la France : malgré quelque diversité de langage, leurs coutumes sont pareilles et peuvent facilement s'accommoder l'une de l'autre. S'il veut rester en leur possession, le conquérant de ces sortes de provinces doit avoir deux soucis : éteindre la race de leur ancien prince, ne modifier en rien leurs lois et leurs impôts. Alors, ces provinces nouvelles ne feront bientôt avec les anciennes qu'un seul et même corps.

Mais gagner des territoires appartenant à une nation différente de langage, de coutumes et d'institutions est une autre affaire; c'est là qu'il faut

avoir la faveur de la fortune et déployer une grande
habileté. L'un des meilleurs, des plus prompts
remèdes serait que le conquérant allât y demeurer
en personne. Leur possession en deviendrait plus
sûre et plus durable. Ainsi a fait le Turc ; toutes ses
autres mesures pour se maintenir en Grèce auraient
été vaines s'il n'y avait pris résidence. Sur place,
tu vois naître les désordres, auxquels tu peux parer
aussitôt ; mais à distance, tu en es informé lorsqu'ils
sont si grands qu'il n'y a plus remède. En outre,
le pays n'est point pillé par tes fonctionnaires :
les sujets trouvent satisfaction en recourant à un
prince à portée de leurs plaintes ; c'est pourquoi
ils ont plus de raisons de l'aimer s'ils vivent sages,
de le craindre s'ils choisissent une autre voie.
L'étranger qui voudrait attaquer cet État hésiterait
davantage. En somme, il est plus difficile de l'enlever à un prince qui y séjourne.

Un autre bon remède est d'envoyer des colonies
en une ou deux régions : elles seront à cette province ce que sont les entraves aux jambes d'un
esclave ; et l'on n'a de choix qu'entre elles et des
garnisons nombreuses. Ces colonies, tu ne dépenseras guère dans leur transport ni leur entretien ;
tu lèseras seulement ceux à qui tu enlèveras terres
et maisons pour les donner aux nouveaux habitants ; les spoliés représentent une part infime de
cette province ; pauvres désormais et dispersés, ils
ne pourront jamais te nuire. La masse des autres,
qui ne sont pas frappés, demeurera coite et im-

mobile; d'autre part, elle sera soucieuse de ne
commettre aucune erreur, par crainte d'être dépouillée à son tour. Je conclus que ces colonies
coûtent peu, sont plus fidèles au prince, moins
nuisibles aux populations; et leurs victimes se
trouvent réduites à l'impuissance. Car on n'a que
ce choix : caresser les hommes, ou bien les occire;
en effet, ils peuvent se venger des injures légères,
mais des grandes ils n'en ont plus le pouvoir; aussi,
l'offense qu'on fait à un homme doit être mesurée
de telle sorte qu'on ne craigne point la vengeance.
Si au lieu de colonies le prince installe des gens de
guerre, il lui en coûtera bien davantage, car il dé-
pensera pour leur entretien toutes les ressources
de la province; si bien que sa conquête deviendra
une perte. En outre, en déplaçant les cantonnements çà et là, il fera un tort bien plus grand à
toute la population. Chacun souffrira de ce mal,
chacun deviendra son ennemi; et ce sont des ennemis qui pourront lui nuire longtemps, puisque,
même battus, ils resteront chez eux. De toutes les
façons, donc, cette garde armée sera aussi vaine
qu'est profitable l'usage des colonies.

Le prince qui occupe une province différente,
comme j'ai dit, de ses anciennes terres, doit encore
se faire chef et protecteur des voisins plus faibles
que lui, affaiblir par tous les moyens ses sujets trop
puissants, et bien se garder qu'en aucun cas n'y
pénètre un étranger d'une force égale à la sienne.
Toujours celui-ci y sera appelé par des habitants

mécontents, craintifs, ou ambitieux : on a vu jadis
les Étoliens faire ainsi entrer les Romains en Grèce;
et partout où ils purent de même prendre pied,
ils furent appelés par les gens du pays. L'affaire
se déroule de la façon suivante : sitôt qu'un puissant étranger entre dans une province, les habitants
les plus faibles, jaloux des anciens grands, se
joignent à lui. Aussi n'a-t-il aucune peine à gagner ces gens-là, car aussitôt, de leur plein gré,
ils font tous cause commune avec le nouveau
maître. Il doit seulement se soucier qu'ils n'acquiè-
rent trop de force et d'autorité. Il peut facilement par ses propres forces ou avec l'appui des
moins forts, abaisser les puissants, et rester en
toutes choses le seul arbitre de cette province.
Celui qui se comportera mal sur ce point perdra très vite sa conquête; et tant que durera
son gouvernement, il y rencontrera mille difficultés.

Dans les provinces dont ils s'emparèrent, les
Romains se conformèrent à ces règles; ils établirent
des colonies, soutinrent les moins forts sans accroître leur puissance, abaissèrent les grands, inter-
dirent tout espoir de recours aux puissants étrangers. Je ne veux prendre pour exemple que la
Grèce. Les Romains y appuyèrent les Achéens et
les Étoliens, affaiblirent le royaume des Macédoniens, chassèrent Antiochus; et jamais l'alliance des
Achéens ni des Étoliens n'amena Rome à permettre une extension de leurs domaines; les argu-

ments de Philippe ne lui valurent jamais l'amitié de
Rome, ne le protégèrent aucunement de ses coups;
elle ne toléra jamais qu'Antiochus, malgré les
forces dont il disposait gardât un pied en Grèce.
Rome fit dans ces circonstances ce que doit faire
un prince sage : considérer non seulement les désordres présents, mais ceux qui adviendront, et
parer à tous avec la plus grande énergie. Car si
l'on prévoit le mal longtemps à l'avance, on peut
facilement y porter remède; mais si tu attends qu'il
te presse, la médecine vient trop tard, la maladie
est incurable. On peut dire d'elle ce que les doc-
teurs disent de la langueur pulmonaire : au commencement, elle est facile à guérir, et difficile à
reconnaître; mais quand beaucoup de temps s'est
écoulé, si on ne l'a dans son début traitée convena-
blement, elle devient facile à reconnaître et difficile
à guérir. De même dans les affaires d'État : si tu
reconnais de loin (mais cela n'est donné qu'à un
homme sage et prévoyant) les maux qui apparaissent en ton domaine, ils guériront vite; mais,
faute de les avoir reconnus, si tu les laisses croître
au point qu'ils éclatent aux yeux de tous, il n'est
plus de remède possible.

Les Romains surmontèrent toujours leurs difficultés, car ils les voyaient de loin. Jamais ils ne leur
permirent de durer dans la seule espérance d'éviter
une guerre, sachant qu'une guerre qu'on évite est
seulement différée au bénéfice de l'adversaire. C'est
pourquoi ils combattirent Philippe et Antiochus

en Grèce, plutôt que d'avoir à les combattre en Italie ; ils pouvaient alors éviter l'une et l'autre guerre, mais ne le voulurent point. Jamais ils n'appliquèrent le précepte que les faux sages de notre époque ont du matin au soir à la bouche : « Laissons le temps travailler pour nous. » Ils aimaient mieux laisser travailler pour eux leur vertu, leur prévoyance, leur sagesse ; car le temps pousse devant lui toutes sortes de choses ; il peut apporter avec lui le bien comme le mal, le mal comme le bien.

Mais reparlons de la France pour examiner si de son côté elle a suivi telle ou telle des règles précédemment énoncées. Je m'occuperai de Louis XII, non de Charles VIII, car ayant occupé plus longtemps des terres italiennes, il laissa voir plus clairement sa conduite. Or vous constaterez qu'il a fait le contraire de ce qu'il fallait pour garder en main une province différente de ses États.

Le roi Louis fut amené en Italie par l'ambition des Vénitiens qui escomptaient par sa venue gagner la moitié de la Lombardie. Lui, je ne veux point le blâmer d'avoir pris ce parti : souhaitant prendre pied en Italie, n'y possédant aucune amitié, toutes les portes s'étant au contraire fermées à lui après le comportement de Charles son prédécesseur, il fut forcé d'accepter les amis qui s'offraient ; et sa décision aurait finalement été heureuse s'il n'avait commis aucune erreur en ses autres menées. Ayant

donc conquis la Lombardie, le roi recouvra bientôt
le prestige que Charles avait perdu. Gênes se
rendit; les Florentins lui tendirent la main; le
marquis de Mantoue, le duc de Ferrare, Benti-
voglio de Bologne, la comtesse de Forli, les
seigneurs de Faenza, de Pésare, de Rimini, de
Camerino, de Piombino, Lucquois, Pisans, Sien-
nois, chacun vint au-devant de lui les bras ouverts.
Alors, les Vénitiens purent mesurer la folie de
leur décision : pour conquérir deux villes lom-
bardes, ils avaient rendu le roi maître du tiers de
l'Italie.

Que l'on considère à présent avec quelle facilité
Louis XII pouvait y maintenir son prestige s'il avait
observé les règles mentionnées ci-dessus, s'il avait
défendu tous ses amis. A cause de leur grand
nombre, de leur faiblesse, de la peur qu'ils avaient
du pape ou des Vénitiens, ils étaient contraints de
demeurer ses alliés; et par eux, il pouvait facilement neutraliser ceux qui gardaient quelque puissance. Or, sitôt à Milan, il fit juste le contraire,
donnant son appui au pape Alexandre VI pour
qu'il occupât la Romagne. Il ne s'avisait pas qu'en
prenant ce parti il s'affaiblissait lui-même, en perdant ses amis et en grandissant l'Église : au pouvoir spirituel qui lui donne tant d'autorité, il ajou-
tait un poids temporel. La première erreur commise, il fut contraint de poursuivre; jusqu'au moment où, pour mettre un terme à l'ambition
d'Alexandre, et l'empêcher de devenir le maître de

la Toscane, il dut revenir en Italie[1]. Il ne lui suffit
pas d'avoir rendu l'Église puissante et chassé ses
propres amis, car pour avoir le royaume de
Naples, il le partagea avec le roi d'Espagne. Alors
que d'abord il était le seul arbitre de l'Italie,
il y installa un rival aussi fort que lui-même,
afin que les ambitieux de cette province et ceux
qui étaient mécontents de lui eussent à qui
recourir. Il aurait pu laisser en ce royaume un roi
qui mangeât dans sa main, et il le chassa pour
mettre à sa place quelqu'un qui pût le chasser à
son tour.

L'envie de conquérir est assurément chose très
ordinaire et très naturelle ; et chaque fois que des
hommes qui le peuvent s'y livreront, on les en
louera, ou du moins ne les blâmera point. Mais
lorsqu'ils se jettent dans les conquêtes sans en avoir
les moyens, ils commettent une faute et méritent
le blâme. Si donc la France était assez forte pour
attaquer Naples, elle devait le faire ; sinon, elle
devait partager ce royaume. Quand elle abandonna
la moitié de la Lombardie aux Vénitiens, elle avait
du moins l'excuse d'avoir par ce biais mis le pied
en Italie ; le partage de Naples mérite le blâme,
car il est sans excuse.

1. Après la révolte de la Valdichiana et d'Arezzo, César
Borgia sembla menacer Florence ; ses plans furent toutefois
bouleversés par la ferme intervention de Louis XII qui reprit
Arezzo et la rendit aux Florentins (26 août 1502). Machiavel
participa à ces journées dramatiques, puisqu'il fut envoyé en
mission à Arezzo et au camp français.

Le roi Louis avait donc commis cinq erreurs : en ruinant les plus faibles; en augmentant en Italie le pouvoir d'un puissant; en y introduisant un très puissant étranger; en ne venant point y demeurer; en n'y envoyant aucune colonie. Des erreurs telles cependant qu'elles pouvaient, du moins de son vivant, ne pas nuire à la France s'il n'en avait commis une sixième : il ôta aux Vénitiens leurs récentes conquêtes après la ligue de Cambray. En effet, s'il n'avait eu l'idée de grandir l'Église et d'introduire l'Espagne en Italie, il eût été logique et nécessaire d'abaisser Venise; mais ayant pris le parti que l'on sait, il n'aurait jamais dû consentir à sa ruine : une République forte aurait alors tenu les autres à l'écart de l'entreprise lombarde. Eux savaient bien que Venise n'y aurait jamais consenti sans recevoir le reste du Milanais; et ils n'avaient pas l'intention d'arracher ces territoires à la France pour les remettre ensuite à Venise; quant à les affronter toutes deux ensemble, ils n'en avaient aucune envie. On pourra m'objecter : « Le roi Louis céda au pape Alexandre la Romagne, et à Ferdinand V le royaume de Naples pour éviter une guerre. » Je répondrais par les raisons précédentes : on ne doit jamais laisser se produire un désordre pour éviter une guerre; car on ne l'évite jamais, on la retarde à son désavantage. D'autres pourraient alléguer la promesse que le roi avait faite au pape d'entreprendre à son profit cette conquête pour payer l'annulation de son mariage et le cha-

peau rouge à l'archevêque de Rouen[1]. Je renverrais
alors mon contradicteur à ce que plus loin je dirai
sur les promesses des princes et comment ils doivent
les tenir. Le roi Louis a donc perdu la Lombardie
pour n'avoir observé aucun des principes suivis
par les conquérants qui ont su se maintenir dans
leurs conquêtes. Cette perte n'a rien de surprenant :
elle est conforme à l'habitude et voulue par la logique. J'eus à Nantes l'occasion d'en parler avec l'archevêque de Rouen alors que le Valentinois (comme
le peuple appelait César Borgia, fils du pape
Alexandre) occupait la Romagne. Le cardinal me
disait que les Italiens n'entendent rien à la guerre.
A quoi je répliquai que les Français n'entendent
rien à l'art de mener un État, car s'ils s'y entendaient,
ils ne laisseraient pas l'Église monter à une telle
grandeur. Les faits prouvent que la puissance du
pape et celle de l'Espagne en Italie ont été l'œuvre
des Français, qui ont ainsi forgé les instruments de
leur propre ruine. On peut en tirer une règle générale jamais prise en défaut, ou presque jamais : celui
qui cause l'ascension d'un autre se ruine lui-même ;
il a pu pour ce faire employer l'habileté ou la force ;
mais l'une et l'autre seront ensuite insupportables
à celui qui a gagné en puissance.

1. Louis XII paya par cette promesse la bulle d'Alexandre VII
qui annulait son mariage avec Jeanne, fille de Louis XI, et lui
permettait d'épouser Anne de Bretagne. Les intermédiaires
furent aussi payés : l'archevêque de Rouen reçut le chapeau
cardinalice, César Borgia le duché de Valence.

POURQUOI LE ROYAUME DE DARIUS
OCCUPÉ PAR ALEXANDRE
NE SE RÉVOLTA POINT CONTRE
SES SUCCESSEURS APRÈS SA MORT

AYANT considéré les difficultés qu'on rencontre à garder un État nouvellement conquis, quelqu'un pourrait s'étonner de ce qui arriva lorsque Alexandre le Grand mourut, après être devenu le maître de l'Asie en quelques années et l'avoir à peine occupée. Il semblait évident que tout le pays allait se révolter. Cependant, les successeurs d'Alexandre s'y maintinrent et n'eurent à le garder d'autres difficultés que celles qui surgirent entre eux, à cause des ambitions de chacun. Je réponds à cela que les principautés connues dans l'histoire se trouvent gouvernées de deux manières diverses : soit par un prince avec l'aide de quelques serviteurs, que par grâce particulière il nomme ministres; soit par un prince et ses barons, qui détiennent ce titre non par faveur du prince, mais par ancienneté de sang. Ces barons ont des domaines et des sujets propres, qui les reconnaissent pour seigneurs et leur portent une affection naturelle. Quant aux États que dominent un prince et ses serviteurs, le prince y jouit d'une autorité plus forte, puisque le pays tout entier le reconnaît pour seul grand; si les habitants obéissent à quelqu'un d'autre, c'est parce qu'il est ministre ou fonctionnaire du souverain, et ils ne lui portent aucune amitié spéciale.

Les exemples de ces deux sortes de gouvernement sont à notre époque le Grand Turc et le roi de France. Toute la monarchie du Grand Turc est gouvernée par un seul maître; les autres sont ses serviteurs. Divisant son royaume en *sandjacs,* il y envoie divers administrateurs, les mute, les change selon son bon plaisir. Le roi de France au contraire vit parmi une multitude de grands seigneurs de race très ancienne, reconnus et aimés de leurs propres sujets. Chacun a ses privilèges héréditaires auxquels le roi ne peut toucher sans péril. Qui donc considérera ces deux façons de gouverner verra la difficulté de conquérir le domaine du Grand Turc, mais, une fois conquis, la grande facilité de s'y maintenir. Inversement, vous trouverez à certains égards plus de facilité à occuper le domaine du roi de France, mais une difficulté plus grande à en rester le maître.

Les raisons des obstacles qui s'opposent à la conquête du pays turc sont claires : tu ne peux y être

appelé par les princes de ce royaume, ni, pour faciliter ton entreprise, espérer en la révolte de ceux qui
entourent le souverain. A cause des liens existant
entre eux et précédemment exposés (ce sont tous ses
créatures et ses obligés) ils sont plus difficiles à cor-
rompre; et même si l'on y parvenait, on n'en tirerait
pas grand profit puisqu'ils ne peuvent entraîner le
peuple derrière eux pour les raisons déjà dites. Ainsi,
qui veut combattre le Turc doit s'attendre à trouver
unies les forces de l'adversaire, et espérer dans ses
propres troupes plus que dans le désordre d'autrui.
Mais s'il réussit à le vaincre, à si bien le défaire qu'il
ne puisse reconstituer ses armées, il n'a plus personne à craindre sinon la famille du vaincu; et
celle-ci éteinte à son tour, nul ne pourra plus l'in-
quiéter, puisque les autres n'ont aucune autorité
personnelle sur les populations; de même que
l'envahisseur ne pouvait avant la victoire compter sur leur appui, après elle il n'a rien à redouter
d'eux.

Dans les royaumes gouvernés à la mode française,
c'est tout le contraire qui arrive : tu peux y entrer
avec facilité en gagnant à ta cause tel ou tel baron.
Il s'y trouve toujours des mécontents qui veulent tout
changer : ces gens-là, pour les raisons ci-dessus,
peuvent t'ouvrir la voie et faciliter ta victoire. Mais
ensuite, si tu veux garder ta conquête, mille difficultés surgiront devant toi, tant avec tes complices qu'avec tes victimes. Et il ne suffira pas
d'éteindre la race de l'ancien maître, parce qu'il

restera des seigneurs qui prétendront commander
dans le nouveau gouvernement; ne pouvant ni
les contenter, ni les éteindre à leur tour, tu per-
dras ces provinces à la première occasion.

· Or si vous vous demandez de quelle nature
était le gouvernement de Darius, vous le trouverez
semblable à celui du Grand Turc. Aussi, Alexandre
dut-il l'occuper entièrement, battre ses troupes en
rase campagne; après cette victoire et la mort de
Darius, le pays resta sans réaction entre les mains
d'Alexandre, pour les motifs ci-dessus énoncés. Et
si ses successeurs étaient restés unis, ils pouvaient
en jouir sans effort, car aucun désordre ne survint
en ce royaume, excepté ceux qu'ils suscitèrent eux-
mêmes. Mais quand il s'agit d'États ordonnés
comme la France, il est impossible de les diriger
aussi paresseusement. C'est ce qui explique les
fréquentes révoltes d'Espagne, de Gaule et de
Grèce contre les Romains, à cause des nombreuses
principautés qui formaient ces États. Tant que dura
leur souvenir, les Romains restèrent mal assurés
dans leur domination; cependant, ce souvenir effacé
des mémoires, la puissance et la continuité de leur
pouvoir garantit aux nouveaux maîtres une solide
possession. Ils purent même, après s'être combattus
les uns les autres, se partager une partie de ces provinces, selon l'autorité que chacun y avait prise; et
la race de leur ancien prince étant éteinte, elles ne
reconnurent point d'autres maîtres que les Romains.
Ayant donc considéré toutes ces choses, nul ne

s'étonnera plus de la facilité avec laquelle Alexandre put tenir l'empire d'Asie, ni de la difficulté qu'eurent les autres — comme Pyrrhus et ses pareils — à conserver leurs conquêtes. Ce qui n'est pas né de la forte ou faible vertu du conquérant, mais de la différence des États conquis.

V

COMMENT ON DOIT GOUVERNER
LES VILLES OU PRINCIPAUTÉS QUI,
AVANT D'ÊTRE CONQUISES,
VIVAIENT SOUS LEURS PROPRES LOIS

Quand les provinces ou les cités conquises avaient coutume de vivre, comme j'ai dit, en liberté, sous leurs propres lois, il y a trois façons de s'y maintenir : la première est de les détruire; la seconde d'y aller demeurer en personne; la troisième, de les laisser vivre selon leurs lois, en prélevant des tributs, après y avoir établi un gouvernement peu nombreux qui te conservera leur amitié. Ayant été créé par le conquérant, ce gouvernement sait en effet qu'il ne peut durer sans sa puissance et sa faveur et qu'il doit faire tous ses efforts pour le satisfaire; et si l'on renonce à la détruire, on garde plus facilement par l'intermédiaire des citoyens eux-mêmes que d'aucune autre façon une cité habituée à vivre libre.

En fait d'exemples, nous avons les Spartiates

et les Romains. Les premiers gardèrent Athènes et Thèbes en les confiant à des gouvernements peu nombreux; et cependant, ils les perdirent. Les seconds, pour tenir Capoue, Carthage et Numance, les ont rasées et ne les ont pas perdues; ils voulurent tenir la Grèce à peu près comme firent les Lacédémoniens, la laissant libre sous ses propres lois, et ce fut un échec; si bien qu'ils durent ensuite détruire maintes villes de cette province pour la conserver. Car en vérité la seule manière certaine de les garder est la destruction. Celui qui s'empare d'une cité habituée à vivre libre et ne la détruit pas, peut s'attendre à être détruit par elle; car dans la rébellion elle a toujours pour refuge le nom de la liberté et ses vieilles coutumes que rien, ni la longueur du temps, ni aucun bienfait ne peut chasser de sa mémoire. Quoi que tu fasses et entreprennes, si tu hésites à chasser, à disperser les habitants, jamais ils n'oublieront ce nom ni ces usages et à la moindre occasion ils y auront recours. Ainsi fit Pise après cent années de soumission à Florence[1]. Mais quand les cités ou les provinces ont coutume de vivre sous un maître, et que sa race s'est éteinte, d'une part étant habituées à obéir, de l'autre ne pouvant s'accorder pour en choisir un nouveau

1. Achetée par Florence en 1405, Pise profita de la crise provoquée en 1494 par la descente de Charles VIII et par l'écroulement des Médicis pour se rebeller; afin de la reconquérir, les Florentins durent attendre quinze ans et dépenser des sommes énormes. Machiavel fut aussi mêlé à cette affaire.

dans leur sein, mais ne sachant vivrè en liberté, elles sont plus lentes à empoigner les armes; un prince peut s'assurer d'elles et les gagner plus aisément. Au contraire dans les républiques il y a fermentation de vie, de haine, de désir de vengeance; le souvenir de l'ancienne liberté ne quitte jamais les esprits; si bien que le plus sûr moyen de possession est de les détruire ou d'y résider.

VI

DES PRINCIPAUTÉS NOUVELLES
QU'ON ACQUIERT
PAR SES PROPRES ARMES
ET SA PROPRE VERTU

QUE nul ne s'étonne si, parlant des principautés entièrement nouvelles, tant par le prince que par l'État, j'allègue de très grands exemples. Les hommes suivent généralement les chemins frayés par d'autres, se gouvernent par imitation, mais ne peuvent adopter toute la conduite ni égaler toute la vertu de leurs modèles; aussi, un homme sage doit-il suivre toujours les sentiers battus par les grands personnages. Ce sont donc les plus remarquables qu'il imitera afin que, si sa vertu à lui se trouve un peu fade, elle en reproduise du moins quelque odeur. En cela, il agira comme les archers d'expérience. Connaissant bien la vertu de leur arc, ils visent beaucoup plus haut que leur but quand celui-ci leur paraît trop lointain; non pour réellement atteindre de leur flèche à une si grande altitude, mais pour frapper, grâce à cette haute visée, la cible qu'ils avaient choisie.

J'affirme donc que les principautés toutes nouvelles où s'est installé un prince nouveau sont plus ou moins difficiles à conserver, selon que leur conquérant a plus ou moins de vertu. Et comme cette heureuse élévation d'homme privé à souverain présuppose vertu ou fortune, il semble que l'un ou l'autre de ces dons aplanisse bien des obstacles; toutefois, celui qui a moins compté sur la fortune se maintient plus aisément. S'il est obligé, n'ayant pas d'autre domaine, de venir habiter personnellement dans sa conquête, cela facilite encore les choses.

Mais venons-en à ceux qui doivent leur principauté à leur vertu, et non à la faveur de la fortune. Les plus excellents me semblent être Moïse, Cyrus, Romulus, Thésée et quelques autres. Et bien qu'on ne doive point parler de Moïse, simple exécuteur des ordres divins, il mérite cependant l'admiration, ne fût-ce que pour cette grâce qui le rendait digne de parler avec Dieu. Si nous considérons Cyrus et ceux qui acquirent ou fondèrent un royaume nous les jugerons tous pareillement admirables; leurs actions ne nous sembleront pas très différentes de celles de Moïse qui, lui, eut un précepteur divin. Nous aurons beau examiner leur vie et leur conduite, nous n'y trouverons aucune faveur de la fortune, qui leur donna seulement l'occasion, c'est-à-dire une matière qu'ils pussent modeler à leur fantaisie. Sans cette occasion, les talents de leur esprit se seraient perdus, et sans ces talents l'occasion se fût présentée en vain.

Il fallait donc que Moïse trouvât en Égypte le peuple d'Israël opprimé par les Égyptiens afin que celui-ci se disposât à le suivre pour sortir de sa servitude. Il convenait que Romulus se sentît à l'étroit dans Albe, qu'il eût été abandonné à sa naissance, pour vouloir devenir roi de Rome et fondateur de cette nation. Il était nécessaire que Cyrus trouvât les Perses mécontents de l'autorité des Mèdes, et les Mèdes amollis et efféminés par une trop longue paix. Thésée ne pouvait faire démonstration de sa vertu s'il n'avait trouvé les Athéniens dispersés. C'est pourquoi ces occasions assurèrent le succès de ces hommes, et leur haute vertu a fait connaître l'occasion; leur patrie en fut exaltée et connut un grand bonheur.

Ceux qui, par les effets d'une vertu comparable, deviennent princes, conquièrent leur domaine avec difficulté, mais s'y maintiennent facilement. Les obstacles qu'ils rencontrent dans leur conquête proviennent en partie des nouvelles dispositions qu'ils sont forcés d'introduire pour fonder et assurer leur État. Et songez qu'il n'est d'affaire plus difficile, plus dangereuse à manier, plus incertaine de son succès qu'entreprendre d'introduire de nouvelles institutions; car le novateur a pour ennemis tous ceux que l'ordre ancien favorisait, et ne trouve que de tièdes défenseurs chez ceux

que favoriserait l'ordre nouveau. Leur tiédeur vient
en partie de la crainte des adversaires qui ont les
lois pour eux, en partie du scepticisme naturel
aux hommes : ils ne croient pas volontiers aux nou-
veautés, tant qu'ils ne les ont touchées du doigt.
Il en résulte que chaque fois que tes ennemis ont
l'occasion de t'attaquer, ils le font avec le mordant
des factions partisanes; tandis que la mollesse de
tes amis est moins pour toi une défense qu'une
certitude de fiasco. Pour bien entendre ce point,
il faut examiner si les réformateurs ont le pouvoir
de s'imposer, ou s'ils dépendent d'autrui; en autres
termes, si pour mener à bien leurs entreprises ils
comptent sur leurs prières ou sur leurs forces. S'ils
n'emploient que les prières, ils sont inévitablement
voués à la faillite; mais s'ils disposent de la force,
bien rares sont les échecs. Voilà pourquoi tous les
prophètes armés furent vainqueurs, les prophètes
sans armes déconfits. Ajoutons à cela la nature
changeante des peuples : s'il est facile de les persuader d'une certaine chose, il est difficile de les
garder dans cette persuasion; aussi faut-il prendre
des dispositions telles que, quand ils ne croient
plus, on puisse les faire croire par force. Moïse,
Cyrus, Thésée et Romulus n'auraient pu imposer
longtemps leurs décrets s'ils avaient été désarmés.
C'est ce qui, à notre époque, est arrivé à frère
Jérôme Savonarole : il s'écroula en même temps que
ses réformes sitôt que la multitude cessa d'y croire,
car il n'avait pas les moyens d'imposer la constance

à ceux qui avaient cru, ni de faire croire ceux qui s'y refusaient. En conclusion, ces hommes de grande vertu doivent prendre garde à ne point commettre d'erreur; c'est en s'établissant sur leur trône qu'ils rencontrèrent les plus grandes difficultés, qu'ils surmonteront à force de talent et d'énergie; mais une fois en place, maintenant obéis de tous, ayant éteint ceux qui en raison de leur naissance les jalousaient, ils pourront enfin, certains de leur force, goûter la gloire et le bonheur.

A de si hauts exemples j'en veux ajouter un plus modeste; mais il ne sera pas sans rapport avec les premiers et je veux qu'il me suffise pour vingt autres pareils : celui de Hiéron de Syracuse. Celui-ci, de simple particulier, devint prince de la ville; lui non plus ne reçut de la fortune rien d'autre que l'occasion. Se sentant menacés par une guerre contre Carthage, les habitants le choisirent pour capitaine, et il les mena si bien qu'il mérita le titre de prince. Il fut si riche de vertu, même dans sa condition première, que les historiens parlent de lui en ces termes : *Quod nihil illi deerat ad regnandum praeter regnum*[1]. Il dissout la vieille milice, en créa une nouvelle, renonça à ses amitiés anciennes, en gagna d'autres; et quand il eut des amis et des soldats bien à lui, il put construire sur ce fondement l'édifice de son choix. Lui aussi eut beaucoup de peine à conquérir, peu ou point à se maintenir.

1. « Il ne lui manquait pour être roi que le royaume. » (Justin, *Histoire*, XXII, IV.)

VII

DES PRINCIPAUTÉS NOUVELLES
QUI S'ACQUIÈRENT
PAR LES FORCES
ET LA FORTUNE D'AUTRUI

Ceux qui, de simples particuliers, deviennent princes seulement par un coup de la fortune, obtiennent sans grand effort cette élévation, mais doivent peiner beaucoup à s'y maintenir; leur chemin a été uni, ils ont volé vers le pouvoir : c'est ensuite que naissent les difficultés. Cette heureuse aventure se produit quand quelqu'un reçoit un État contre paiement ou par la grâce d'un donateur. Ainsi est-il souvent arrivé en Grèce, dans les villes d'Ionie ou d'Hellespont, là où Darius établit plusieurs satrapes, chargés de lui garder fermement ces provinces et d'y répandre sa gloire. De même des citoyens privés furent faits empereurs de Rome, qui parvinrent à ce rang en achetant les soldats. Les souverains de cette espèce dépendent de la volonté et du destin de qui les a créés, et ce sont là des forces instables et capricieuses. En outre, ils n'ont ni les capacités ni les pouvoirs nécessaires pour tenir leur nouveau rang. En effet, excepté s'il s'agit d'un homme de grande intelligence et de haute vertu, il paraît peu vraisemblable qu'un particulier qui a toujours vécu dans une basse condition ait le don du commandement; d'autre part il se trouve désarmé, ne disposant pas de forces amies et fidèles. Ensuite, les États qui se forment soudainement sont comme les autres choses naturelles trop vite nées et grandies : ils ne peuvent posséder les racines nécessaires, avec toutes leurs ramifications; la première bourrasque les abat. Sauf si, comme j'ai dit, ces princes instantanés ont une vertu à la hauteur du don que la fortune leur a mis dans les mains, s'ils savent se préparer à le conserver, et établir après coup les fondements auxquels pensent les autres avant de s'élever.

Je veux illustrer par deux exemples de notre temps ces deux façons de devenir prince, par vertu ou par fortune : François Sforza et César Borgia. Le premier devint duc de Milan grâce à sa grande vertu; et ce qu'il avait acquis au prix de mille peines, il le conserva sans effort. Le second, appelé populairement duc de Valentinois, acquit ses États par la fortune de son père, et les perdit en la perdant; il avait cependant fait tout ce qu'un homme prudent et vertueux doit faire pour bien prendre racine en ces États que les armes et la fortune d'autrui lui avaient valus. Car, comme il a été dit

plus haut, celui qui n'établit pas d'abord ses fon-
dations pourrait le faire ensuite s'il dispose
d'une grande vertu; encore que la chose dût embar-
rasser l'architecte et menacer l'équilibre de l'édifice. Si donc nous examinons tous les actes du
duc, nous verrons qu'il avait établi de vastes assises pour sa future puissance. Et je ne crois pas
superflu de m'étendre sur ce point, car je ne saurais proposer à un prince nouveau de meilleurs
préceptes que l'exemple de ses actions. Si les
moyens qu'il mit en œuvre ne lui profitèrent
point, il n'y eut pas de sa faute; il faut en accuser seulement une extraordinaire malignité de la
fortune.

Le pape Alexandre VI, pour faire du duc son fils
un grand seigneur, rencontrait beaucoup d'empêchements présents et à venir. D'abord, il ne voyait
point comment le rendre maître d'aucun État qui
n'appartînt à l'Église; et s'il entreprenait d'en
dépouiller l'Église, il savait que le duc de Milan
et Venise s'y opposeraient : Faenza et Rimini étaient
déjà sous la protection des Vénitiens. En outre, il
constatait que les forces armées existant en Italie,
particulièrement celles dont il aurait pu se servir,
se trouvaient aux mains de gens qui devaient
craindre l'élévation du pape; aussi ne pouvait-il
compter sur elles, qui appartenaient toutes aux
Orsini, aux Colonna et à leurs compères, ses ennemis naturels. Il fallait donc changer cette situation,
bouleverser les États convoités pour pouvoir à

coup sûr en arracher quelque membre. Ce qui fut
chose aisée. Les Vénitiens, poussés par d'autres
motifs, avaient décidé d'appeler les Français en
Italie. Non seulement Alexandre ne s'y opposa
point, mais il facilita les choses en annulant le
premier mariage du roi Louis XII. Celui-ci entra
donc en Italie avec l'aide des Vénitiens et l'assen-
timent du pape, et ne fut pas plutôt à Milan
qu'Alexandre obtint de lui les troupes nécessaires
pour l'entreprise de Romagne : le roi l'autorisa,
car elle ne pouvait qu'accroître son prestige.
Ayant donc conquis ces provinces et chassé les
garnisons des Colonna, le duc rencontra deux
entraves à les conserver et aller plus loin : d'une
part, ses troupes, qui ne lui semblaient pas fidèles ;
de l'autre, les intentions de la France. C'est-à-dire
qu'il craignait que les mercenaires des Orsini, qu'il
avait employés, vinssent à lui manquer : ils pouvaient non seulement l'empêcher de s'agrandir,
mais lui enlever ses conquêtes ; ses craintes étaient
les mêmes envers le roi Louis XII. Il sut ce que
valaient les hommes d'Orsini lorsque, après la
prise de Faenza, il attaqua Bologne : il les vit se
porter à l'assaut sans aucune chaleur. Quant au roi,
il put mesurer ses dispositions après avoir occupé
le duché d'Urbin, lorsqu'il se jeta sur la Toscane :
Louis lui commanda de se retirer. A la suite de
quoi César délibéra de ne plus dépendre des forces
ni du destin d'autrui. En premier lieu, il affaiblit
à Rome le parti des Orsini et celui des Colonna.

Pour ce faire, il gagna tous les gentilshommes qui
les soutenaient, les attachant à lui, les couvrant
de ses bienfaits; selon leurs qualités, il les honora
de commandements civils ou militaires; en quelques
mois leur dévouement aux anciens maîtres s'éteignit
et se tourna tout entier vers le duc. Ensuite, ayant
dispersé les forces des Colonna, il attendit l'occasion de frapper les premières têtes des Orsini; elle
ne manqua point, il y manqua moins encore.
S'étant avisés un peu tard que l'élévation du duc
et de l'Église signifiait leur ruine, les Orsini avaient
tenu une assemblée à la Magione, près de Pérouse,
suscitant la révolte d'Urbin, les désordres de la
Romagne et jetant César dans une multitude de
dangers; il vint à bout de tout cependant avec
l'aide des Français. Une fois son prestige recouvré,
il ne se fia pourtant à aucun allié étranger, et
pour n'avoir point à mettre les siens à l'épreuve
eut recours à la malice. Et il sut si bien dissimuler
ses intentions que les Orsini eux-mêmes acceptèrent
de se réconcilier avec lui, par l'entremise de Paolo
Orsini, son ex-condottiere. Pour assurer celui-ci
de ses bonnes intentions, il le couvrit de ses largesses :
robes, argent, chevaux; si bien que la naïveté de
ses adversaires les conduisit à Sinigaglia, entre ses
mains. Ayant donc abattu ces grosses têtes[1], obligé
leurs partisans à devenir ses amis, le duc avait

1. A leur arrivée (31 décembre 1502), César Borgia fit arrêter ses invités : Vitellozzo Vitelli, Paolo Orsini et Oliverotto Da
Fermo; ils furent d'abord emprisonnés, puis étranglés.

donné d'excellents fondements à sa puissance :
il possédait le duché d'Urbin et toute la Romagne ;
par-dessus tout, il pensait avoir gagné l'amitié
des populations qui avaient commencé de goûter
le bien reçu de lui.

  Ce dernier point étant digne d'être connu et
imité, je veux l'exposer plus longuement. Quand
il se fut emparé de la Romagne, le duc s'aperçut
qu'elle avait été confiée à des seigneurs sans autorité ni pouvoir. Ils songeaient plus à dépouiller
leurs sujets qu'à les gouverner, et étaient pour eux
une raison de désordre, non d'unité. A tel point
que le pays se trouvait infesté de brigands, de
scélérats, de criminels de toutes sortes. Pour le
pacifier et faire respecter le bras royal, César jugea
nécessaire de lui donner un bon gouvernement.
C'est pourquoi il y nomma messire Rémy d'Ogre,
homme cruel et expéditif, auquel il accorda les
pleins pouvoirs. En peu de temps, celui-ci étouffa
les désordres ; à son seul nom, chacun trembla
de peur. Par la suite, le duc estima qu'une autorité
si excessive n'était plus indispensable, craignant
qu'elle ne devînt odieuse ; il établit alors un tribunal civil au milieu de la province, avec un président de grand renom, et chaque ville y envoya
ses doléances. Sachant bien que les rigueurs de son
lieutenant lui avaient valu des inimitiés, afin d'en
purger le cœur de ces populations et les gagner à
soi, il voulut prouver que les cruautés en question
n'étaient pas venues de lui, mais du caractère bru-

tal de son ministre. Ayant ensuite bien choisi son
lieu et son moment, il le fit un matin, à Césena,
écarteler et exposer sur la place publique, avec
à ses côtés un morceau de bois et un couteau
sanglant. Un spectacle aussi féroce remplit les
populations en même temps de stupeur et de satisfaction.

Mais revenons à notre point de départ. Après
s'être donné des forces fidèles et indépendantes,
avoir éteint un grand nombre de voisins susceptibles de lui nuire, le duc César avait atteint une
puissance remarquable et éloigné la plupart des
dangers qui le menaçaient; il lui restait, pour étendre
ses conquêtes, à écarter les Français de sa route. Il
savait en effet que Louis, qui tardivement s'était
aperçu de son erreur, ne le tolérerait pas. César
commença donc de chercher des amitiés nouvelles et d'abandonner les Français, lorsqu'ils
descendirent vers le royaume de Naples, combattre
les Espagnols qui assiégeaient Gaète. Son intention
était d'arriver à ne plus rien craindre d'eux, et il
n'aurait manqué de le faire si le pape Alexandre
eût vécu.

Telles furent ses actions dans le présent. Pour
l'avenir, sa première crainte était que le successeur
de son père ne fût point un ami, qu'il essayât de
récupérer ce qu'Alexandre VI lui avait permis de
prendre. Il pensa remédier à ce péril de quatre
façons : premièrement, en éteignant la race de tous
les seigneurs qu'il avait dépouillés, pour enlever

au nouveau pape la possibilité de les rétablir ;
secondement, en gagnant tous les gentilshommes
romains, comme il a été expliqué, afin de tenir
par eux le pape en bride ; troisièmement, en rédui-
sant le Collège des cardinaux le plus possible à son
parti ; quatrièmement, en acquérant tant de puissance, avant la disparition de son père, qu'il pût
lui-même résister à un premier assaut. De ces
quatre objectifs, à la mort d'Alexandre il en avait
atteint trois et touchait au quatrième : des seigneurs
dépouillés, il avait tué tous ceux qu'il avait pu
joindre, et bien peu lui avaient échappé ; il avait
gagné à sa cause les gentilshommes romains et la
plupart des cardinaux du Sacré Collège. Quant à
étendre sa puissance, il avait dessein de s'emparer
de la Toscane, et déjà possédait Pérouse et Piombino ; Pise avait demandé sa protection. Et du jour
où tous ses liens avec la France eussent été rompus
(ce qui n'aurait tardé, puisque les Français étaient
chassés de Naples par les Espagnols, en sorte que
les uns et les autres étaient contraints d'acheter
son amitié) il ne faisait qu'un bond sur Pise.
Lucques et Sienne capitulaient, moitié par peur,
moitié par l'envie qu'elles portaient à Florence ;
celle-ci devait sans recours subir le même sort.
Si tous ses plans avaient réussi (ce qui se serait
accompli l'année même où mourut Alexandre)
il aurait obtenu tant de force et de prestige qu'il
eût pu se maintenir par ses propres moyens, et
n'aurait plus été lié à la fortune et aux armées

d'autrui, mais seulement aux siennes et à sa vertu[1].

Mais Alexandre mourut cinq années après que César avait pour la première fois dégainé l'épée, le laissant avec la Romagne seulement pacifiée et bien assise. Tout le reste était encore en l'air, pris entre deux armées ennemies très puissantes, et le duc se trouvait malade à mourir. Mais il y avait en lui tant de vigueur déterminée, tant de vertu, il savait si bien comment on gagne les hommes, comment on les perd, les fondements établis en si peu de temps avaient tant de solidité, que s'il n'avait eu contre lui ces armées adverses, ou s'était trouvé en parfaite santé, il aurait triomphé. Et l'on vit bien la solidité de ces fondements : la Romagne l'attendit plus d'un mois ; à Rome, bien qu'à demi-mort, il demeura en totale sécurité, et ses ennemis, les Baglioni, Vitelli et Orsini ne tentèrent rien contre lui ; il ne put faire élire le pape de son choix, mais écarta du moins ceux dont il ne voulait pas. Si à la mort d'Alexandre il s'était trouvé en bonne santé, tout lui était facile. Et lui-même me dit le jour où fut élu Jules II : « J'avais pensé à tout ce qui pourrait survenir à la mort de mon père, sauf que je me trouverais moi-même à l'agonie. »

Ayant de la sorte rassemblé et examiné toutes

1. La chose semble moins certaine que ne le voudrait Machiavel pour sa parfaite démonstration. En fait, une alliance était déjà en formation entre la France, Florence, Bologne et Sienne pour faire face à la menace.

les entreprises du duc, je ne saurais lui adresser
aucun reproche. Il me semble au contraire digne
d'être proposé en modèle, comme je l'ai fait, à tous
ceux qui, par un effet de la fortune, ou se servant
des armes d'autrui, se sont élevés au principat.
Car, appliquant la grandeur de son caractère à
l'accomplissement d'un haut dessein, il ne pouvait
se comporter autrement; seuls la courte vie
d'Alexandre et le mal qui le frappa s'opposèrent
à ses projets. Celui donc qui, dans sa principauté
nouvelle, désirera neutraliser ses ennemis, s'attacher
des amis, vaincre par force ou par ruse, se faire
aimer et craindre du peuple, se faire obéir et
respecter de ses soldats, éteindre ceux qui peuvent
ou doivent lui nuire, transformer les institutions
anciennes, être sévère et pourtant populaire, magnanime et libéral, dissoudre une milice infidèle
pour en créer une neuve, conserver l'amitié des
rois et des princes, de sorte qu'ils soient empressés
à le servir ou prudents à l'offenser, celui-là ne
trouvera point d'exemples plus récents que les
actions de César Borgia. On peut seulement lui
reprocher l'élection de Jules II, à laquelle il consen-
tit et qui se tourna contre lui. Car, comme j'ai
dit, ne pouvant faire pape qui lui plaisait, il pouvait écarter qui ne lui plaisait pas; il n'aurait donc
jamais dû accepter tel ou tel de ces cardinaux qu'il
avait naguère lésés, ou qui en devenant pontifes
eussent des raisons de le craindre. En effet, les
hommes nuisent aux autres par crainte ou par

haine. Ceux qu'il avait personnellement lésés étaient entre autres Julien de la Rovère, cardinal de Saint-Pierre-ès-Liens ; Giovanni Colonna ; Raffaello Riario, de Saint-Georges ; Ascanio Sforza, frère du duc de Milan. Tous les autres avaient des raisons de le craindre, sauf Georges d'Amboise, cardinal de Rouen, et les prélats espagnols : ceux-ci par parenté et par reconnaissance, celui-là parce qu'il était lui-même très puissant, ayant l'appui du royaume de France. C'est pourquoi le duc, avant toute chose, devait faire élire un pape espagnol ; à défaut, Amboise, ministre de Louis XII, et non pas Julien de la Rovère[1]. Il se trompe lourdement celui qui croit que des bienfaits récents font oublier aux grands les injures anciennes. Le duc commit donc une erreur en cette élection, et ce fut la raison de sa ruine finale.

---

1. Mais en avait-il le pouvoir ? Guichardin semble dans son *Histoire de l'Italie* avoir une vision plus exacte des choses : « Le Valentinois ne pouvait disposer totalement des cardinaux espagnols, plus attentifs, selon le caractère de tous les hommes, à leur propre intérêt qu'à payer de retour les bienfaits reçus d'Alexandre et de César ; beaucoup d'entre eux, ayant souci de ne pas déplaire à leur souverain, n'auraient pas accepté d'élire pape un cardinal français » (VI, IV).

VIII

DE CEUX QUI PAR SCÉLÉRATESSE
SONT PARVENUS AU PRINCIPAT

Mais comme on parvient au principat de deux
autres manières, sans intervention de la fortune
ni de la vertu, il me semble qu'on ne doit pas les
laisser de côté, encore que de l'une on pût parler
plus longuement si l'on traitait des républiques.
Les voici donc : c'est par quelque moyen scélérat
et criminel, ou bien par la faveur des autres
citoyens. J'illustrerai le premier cas de deux
exemples, l'un ancien, l'autre moderne, sans entrer
autrement dans les mérites de ce procédé, car
j'estime qu'à celui qui y serait contraint, il suffira
de l'employer.

Agathocle de Sicile se fit roi de Syracuse, ayant
été auparavant non seulement de condition privée,
mais de la plus abjecte. Fils de potier, il mena
toujours, aux divers âges de sa vie, une existence
scélérate. Toutefois, il employa dans tous ses cri-

mes une si forte vertu d'esprit et de corps que, s'étant engagé dans l'armée, de grade en grade, il finit par devenir préteur de la cité. Une fois établi dans cette dignité, il se mit en tête de se faire roi, et de garder par la force, sans rien devoir à personne, ce qui lui avait avait été accordé librement. Il s'ouvrit de son dessein au Carthaginois Amilcar, en train de guerroyer en Sicile, qui l'assura de son appui. Un matin, Agathocle assembla le peuple et le Sénat de Syracuse, comme s'il avait voulu délibérer avec eux des affaires de la République, et, sur un geste de lui, ses soldats massacrèrent tous les sénateurs et les plus riches plébéiens. Après leur disparition, il occupa et garda le pouvoir en cette ville sans aucune contestation. Et bien que par la suite il fût deux fois défait et finalement assiégé par les Carthaginois, non seulement il put défendre sa cité, mais, laissant une partie de ses hommes pour la garder, avec le reste il attaqua l'Afrique. En peu de temps, il dégagea Syracuse et contraignit les Carthaginois à lâcher prise : ils durent négocier, se contenter de l'Afrique et abandonner la Sicile à Agathocle. Si donc tu considères les actions et la vie de ce personnage, tu n'y verras pas grand-chose que tu puisses attribuer à la fortune, puisque, comme il a été dit, il parvint au principat, non par la faveur d'autrui, mais en s'élevant dans les grades de la milice, à travers mille contraintes et mille dangers; et il se maintint en place à force d'audace et de courage.

On ne peut non plus appeler vertu le fait de tuer
ses concitoyens, de trahir ses amis, de n'avoir ni
respect de sa parole, ni pitié, ni religion; ce sont
là des moyens qui peuvent procurer le pouvoir,
mais non la gloire. Si l'on considère le courage
d'Agathocle en face du danger, sa constance à soutenir et à surmonter les adversités, certes on ne le
juge pas inférieur aux meilleurs capitaines; cependant, sa cruauté bestiale, ses crimes sans nombre,
ne permettent point de le célébrer comme un
grand homme. On ne peut donc attribuer ni à la
fortune ni à la vertu ce qu'il obtint sans l'une et
sans l'autre.

De nos jours, sous la papauté d'Alexandre VI,
Oliverotto da Fermo, ayant perdu son père dès
son enfance, fut élevé par un oncle maternel appelé
Giovanni Fogliani. Les premières années de sa
jeunesse, il fut donné au condottiere Paolo Vitelli,
afin que, parfaitement dressé à la discipline militaire, il pût parvenir à quelque grade élevé. Après
la mort de Paolo, il passa sous les ordres de Vitellozzo, son frère; et en très peu de temps, grâce
à son intelligence, à sa vaillance de corps et
d'esprit, il devint le premier entre tous ses
compagnons. Mais devoir obéir lui semblait humi-
liant. Aussi conçut-il le projet d'occuper Fermo
avec l'appui de Vitellozzo son beau-frère et de
quelques habitants à qui la liberté de la ville était
moins chère que sa servitude. Il écrivit à son
oncle Giovanni Fogliani : « J'ai envie de venir te

voir, toi et cette cité dont je suis éloigné depuis
si longtemps, et je veux aussi mesurer en certains
points ce que vaut en ce moment mon patrimoine.
Comme, par le passé, je ne me suis donné tant de
peines que pour acquérir quelque gloire, afin de
montrer à mes concitoyens que je n'ai pas perdu
mon temps, je veux être accueilli en personne
d'importance, et me ferai accompagner par cent
cavaliers de mes amis ou de mes serviteurs. Je te
prie de bien vouloir faire en sorte qu'on me
reçoive honorablement, car cet honneur ira non
seulement à moi, mais à toi dont j'ai été le
pupille. » L'oncle Giovanni ne faillit point à
remplir ce devoir envers son neveu. Celui-ci fut
reçu fastueusement par les gens de Fermo, et il
logea dans ses maisons. Il y demeura quelques
jours, le temps de préparer ce qu'il fallait pour
la scélératesse projetée. Le moment venu, il donna
un festin solennel, auquel il convia Fogliani et
tous les notables. Quand on eut bien mangé et
goûté les divertissements qui sont de règle en
de telles occasions, Oliverotto mit la conversation
sur des sujets graves et délicats, parlant de la
grandeur du pape Alexandre, de son fils César
et de leurs entreprises. Giovanni et les autres
répondirent à ses propos. Soudain, il se lève,
disant : « Ce sont là des matières qu'il faut traiter
en un lieu plus secret. » Il se retire dans une pièce,
où les autres le suivent. A peine se sont-ils assis,
que des soldats jaillissent de leurs cachettes et

massacrent tous les invités. Après ce meurtre, Oliverotto monta à cheval, courut toute la place, et
assiégea dans son palais la suprême assemblée.
Terrorisée, elle dut se rendre et constituer un
gouvernement dont il prit la tête. Ayant aussi mis
à mort tous les mécontents qui pouvaient lui nuire,
il se fortifia si bien par de nouveaux règlements
civils et militaires qu'au bout d'un an de pouvoir
non seulement il tenait fermement sa ville, mais il
s'était rendu redoutable à tous ses voisins. Et il
aurait été aussi malaisé de le chasser de Fermo
qu'Agathocle de Syracuse s'il ne s'était laissé
attraper par César Borgia au piège de Sinigaglia,
avec les Orsini et Vitellozzo Vitelli, comme je l'ai
raconté plus haut. Il y fut pris juste un an après
avoir commis son parricide, et étranglé en même
temps que Vitellozzo, son maître en vertu et en
scélératesse.

On pourra se demander comment et pourquoi
Agathocle et ses pareils, après un nombre infini
de trahisons et de cruautés, purent vivre longuement dans leur patrie, en sûreté, se défendre de
leurs ennemis extérieurs, et ne point susciter de
conspirations, alors que beaucoup d'autres, aussi
cruels, n'ont jamais pu conserver leur trône pendant la paix, sans parler des temps troublés de la
guerre. Je pense que cela provient du bon ou du
mauvais usage qu'ils faisaient de leurs cruautés.
Je les appelle bien employées (si du mal il est
permis de dire du bien) quand tu les fais soudai-

nement, pour garantir ta sûreté, mais sans les prolonger inutilement, quand tu les changes en bienfaits dès que possible. Mal employées sont au contraire celles qui, peu nombreuses au commencement, se multiplient avec le temps au lieu de s'éteindre. Ceux qui usent de la première espèce peuvent, avec l'aide de Dieu et des hommes, consolider leur trône, comme fit Agathocle. Quant aux autres, il leur est impossible de durer.

Aussi, en s'emparant d'une province, le nouvel occupant doit-il faire le compte de toutes les violences nécessaires, les exercer ensuite toutes d'un coup, pour n'avoir pas à les répéter chaque jour : de cette façon, il pourra d'abord rassurer ses sujets, puis les gagner à force de bienfaits. Celui qui agit autrement, par crainte ou par mauvais calcul, sera contraint de garder toujours le couteau à la main; et jamais il ne pourra s'appuyer sur ses sujets, que ses attentats continuels feront toujours trembler. Le mal doit se faire tout d'une fois : comme on a moins de temps pour y goûter, il offensera moins; le bien doit se faire petit à petit, afin qu'on le savoure mieux. Et par-dessus tout, un prince doit se comporter envers ses sujets en sorte que nul accident heureux ou malheureux n'ait à le faire changer de conduite; car si tu te laisses surprendre par les événements adverses, tu n'es plus à même de recourir au mal; et si tu fais le bien, il ne te sera d'aucun profit : on le croira forcé, on ne t'en gardera aucune sorte de reconnaissance.

IX

DU PRINCIPAT CIVIL

Mais considérons la seconde voie : un citoyen privé devient seigneur de son pays, non par une scélératesse ou une autre violence détestable, mais par la faveur de ses concitoyens. C'est ce qu'on peut appeler un principat civil, et pour y monter il n'est pas besoin d'avoir la plus grande vertu ni la plus heureuse fortune; il y faut plutôt une astuce fortunée. On s'élève à ce principat soit par la faveur du peuple, soit par celle des grands. Car en toute cité on trouve ces deux humeurs contraires : le peuple n'aime point à être commandé ni opprimé par les grands, les grands désirent commander au peuple et l'opprimer. Et de ces deux appétits différents résulte pour la ville un de ces trois effets : principat, liberté ou licence.

Le principat vient ou du peuple ou des grands, selon que l'une ou l'autre partie en a l'occasion.

Lorsque les grands constatent qu'ils ne peuvent
résister au peuple, ils gonflent un des leurs de
prestige, puis le font prince, afin de pouvoir sous
son aile rassasier leur appétit. Le peuple de son
côté, constatant qu'il ne peut leur résister, gonfle
un des siens, puis le fait prince, pour se mettre
à l'abri de son autorité. La créature des grands
se maintient en place avec plus de difficulté que
celle du peuple. En effet, il s'agit alors d'un prince
entouré par une foule de nobles qui lui apparaissent comme ses égaux, en sorte qu'il n'ose ni les
commander ni les manipuler à sa guise. Celui qui,
au contraire, arrive au principat par la faveur
populaire s'y trouve seul; il n'a autour de lui que
des hommes prêts à lui obéir. En outre, on ne peut
honnêtement et sans faire tort à autrui contenter
les grands, ce qui n'est point le cas pour le peuple : son désir ne heurte personne; lui refuse l'oppression, eux cherchent à l'opprimer. Ajoutons
qu'un prince ne peut jamais se protéger entièrement d'un peuple hostile, vu la multitude de ses
têtes; ce n'est pas vrai des nobles, toujours en
petit nombre. Le pis que puisse attendre un prince
d'un peuple ennemi, c'est l'abandon; mais si les
grands lui sont contraires, il doit craindre non
seulement qu'ils l'abandonnent, mais qu'ils
s'arment contre lui; car ayant plus de clairvoyance et de ruse que les petits, ils prévoient les
événements et assurent leur salut en cherchant
les bonnes grâces du maître futur. Et il y a encore

ceci : le prince est contraint de vivre toujours avec
son même peuple; mais rien ne l'oblige à garder
les mêmes nobles, puisqu'il peut en faire et en
défaire chaque jour, donner et enlever les titres
selon son bon plaisir.

Pour mieux éclairer ce point, je dis qu'il y a
deux sortes principales de grands : ou ils se
comportent de telle façon qu'en toutes choses ils
sont liés à la fortune du prince — ou ils n'en font
rien. Les premiers, pourvu qu'ils ne soient pas trop
avides, tu dois les protéger, les honorer. Les
seconds, qui ne se lient point, peuvent à leur tour
se partager en deux espèces. Ou bien ils s'y refusent
par pusillanimité : alors, tu dois te servir d'eux,
principalement s'ils sont sages et avisés; dans la
prospérité, ils t'honoreront, dans l'adversité tu
n'auras rien à craindre d'eux. Ou bien ils agissent
par calcul et par ambition : c'est signe qu'ils
pensent moins à toi qu'à eux-mêmes, et de ces
gens-là tu dois te garder comme de la peste, car
dans le malheur ils aideront toujours à ta ruine.

C'est pourquoi un prince devenu tel par la faveur
du peuple doit préserver son amitié; ce qui sera
facile, celui-ci ne demande rien d'autre que de
n'être pas opprimé. En revanche, le prince créature des grands contre le peuple, doit avant toute
chose chercher à le gagner; ce qui sera facile également, pourvu qu'il le prenne sous sa protection.
Or celui qui reçoit du bien d'un homme dont il
attendait du mal est fortement obligé à son bien-

faiteur; ainsi fait le peuple qui aussitôt devient plus favorable au prince que s'il l'avait élevé lui-même à cet état. Quant au prince, il dispose de divers moyens pour s'attacher le peuple; ceux-ci varient selon les circonstances et on ne peut en donner aucune règle certaine; c'est pourquoi je n'en parlerai pas davantage. Je conclurai seulement qu'un prince a un besoin absolu de l'affection populaire; sinon, il n'a aucun recours en ses adversités.

Nabis, roi de Sparte, soutint l'assaut de toute la Grèce et d'une armée romaine orgueilleuse de ses victoires, et il défendit contre elles et sa patrie et son pouvoir. A l'heure du péril, il lui suffit de neutraliser un petit nombre d'opposants; mais si le peuple lui avait été contraire, cela n'eût jamais suffi. Si quelqu'un ne partage pas mon opinion, qu'il ne m'oppose pas ce proverbe éculé : « Qui se fonde sur la tourbe bâtit dessus la bourbe. » Cela est vrai sans doute quand un simple citoyen met son espérance dans le peuple pour le libérer éventuellement de ses ennemis ou de la justice (car en ce cas il pourrait se trouver bien déçu, comme il arriva aux frères Gracques à Rome, et à Giorgio Scali à Florence, décapité après la révolte des *Ciompi*); mais s'il s'agit d'un prince pourvu d'autorité, de courage, de maîtrise de soi en face du danger, qui prenne à temps les dispositions nécessaires, qui par ses ordres et sa vaillance anime la multitude, jamais il ne se trouvera trompé par le peuple; alors il aura la preuve qu'il avait bâti sur de solides fondements.

Ces principats périclitent généralement quand ils se préparent à passer de gouvernement civil à pouvoir absolu. De tels princes commandent en effet soit personnellement, soit par l'entremise de magistratures. Dans le dernier cas, leur situation est plus faible et plus périlleuse, car ils dépendent entièrement du bon vouloir des magistrats qui, surtout dans les temps troublés, peuvent facilement les ruiner, soit en les combattant à front découvert, soit en refusant seulement leurs ordres. Or ce n'est pas dans les périls que le prince peut s'emparer de la puissance absolue : ses concitoyens et sujets, qui ont coutume de recevoir les ordres des magistrats, ne sont pas disposés dans ces circonstances à obéir aux siens. Aussi, dans les heures dangereuses, manquera-t-il de gens en qui il puisse se fier. Il ne peut prêter crédit à ce qu'il voit en temps de paix; car alors, les citoyens ont besoin de l'État, chacun accourt, chacun promet, chacun veut mourir pour lui quand la mort est éloignée. Mais dans l'adversité, c'est l'État qui a besoin des citoyens, et il n'en trouve pas beaucoup. L'expérience en est d'autant plus dangereuse qu'on ne peut la faire qu'une fois, la première étant aussi la dernière. C'est la raison pour laquelle un prince sage doit se conduire de telle sorte que ses concitoyens, toujours et en toutes espèces de fortune, aient besoin de l'État et de lui-même. Ensuite, ils lui resteront longtemps fidèles.

X

DE QUELLE MANIÈRE
SE DOIVENT MESURER
LES FORCES
D'UNE PRINCIPAUTÉ

POUR bien juger les avantages de ces principautés, il est bon de considérer un autre point : gouvernant un pays étendu, un prince peut-il suffire à sa défense en cas de nécessité, ou doit-il chaque fois recourir aux forces d'autrui? Et pour mieux éclairer cette circonstance, je dis que les uns peuvent et doivent se défendre seuls, lorsqu'ils sont en mesure, en fournissant eux-mêmes les hommes ou en les payant, de mettre sur pied une armée suffisante et de livrer bataille. D'autres au contraire ont besoin d'autrui, lorsque.., ne pouvant combattre en rase campagne, ils doivent se réfugier à l'intérieur de leurs remparts et employer à les garder toutes leurs forces. Nous avons précédemment traité du premier cas et y ajouterons plus loin ce qui paraîtra nécessaire. Pour le second, l'on ne peut qu'encourager les princes de cette sorte à fortifier leur ville, et à négliger complètement le reste du territoire. Si tu t'es ainsi

retranché solidement, si tu as en même temps
gagné l'appui de tes sujets comme il a été dit ci-
dessus et sera dit plus loin, tu seras toujours attaqué
avec beaucoup d'hésitations. Les hommes sont toujours hostiles aux entreprises dans lesquelles apparaissent de grandes difficultés; et nul ne verra un jeu
dans l'attaque d'un prince entouré de murailles
bien gaillardes, et d'un peuple fortement attaché.

Les villes d'Allemagne jouissent d'une grande
liberté, au milieu d'un territoire modeste; elles
obéissent à l'empereur quand il leur plaît, sans
craindre ni lui ni aucun puissant de leur voisi-
nage : c'est qu'elles se sont si bien fortifiées que
chacun prévoit leur siège long et difficile. Elles
possèdent toutes des fossés et des murs efficaces,
une artillerie abondante, et toujours en leurs
magasins une année de vivres et de chauffage. En
outre, pour pouvoir nourrir le menu peuple sans
entamer la richesse publique, elles ont toujours
dans leur communauté de quoi l'occuper pendant
un an à ces travaux qui sont le nerf de la cité,
dans ces métiers manuels qui conviennent à la
plèbe. Enfin, elles tiennent en grand honneur les
exercices militaires par lesquels les hommes se
préparent régulièrement aux combats.

Un prince qui garde sa ville bien fortifiée et ne
se fait point haïr de ses sujets court donc peu de
risques d'être attaqué. Et si cependant quelqu'un
s'y aventurait, il devrait repartir honteux et décon-
fit, car en ce monde les événements sont si variés et

incertains qu'il semble impossible à un homme de
tenir ses armées tout un an oisives au siège d'une
ville. On pourra me répliquer : « Et si le peuple
a des biens hors les murs, s'il les voit incendier,
aura-t-il assez de patience ? La longueur du siège et
son propre intérêt ne lui feront-ils pas oublier le
prince ? » A quoi je réponds : Un prince puissant
et courageux surmontera toujours ces difficultés ;
il inspirera aux siens tantôt l'espérance d'un siège
assez court, tantôt la peur des cruautés ennemies ;
il se débarrassera si nécessaire des opposants trop
dangereux. En outre, l'adversaire doit logiquement
brûler et raser le pays dès le premier instant de son
assaut, alors que les cœurs des assiégés sont encore
échauffés et ardents au combat ; au bout de quelques jours, les ardeurs se refroidissent ; mais le
prince n'a pas de crainte à avoir : le dommage
est fait, les maux sont reçus irrémédiablement ; les
sujets s'unissent alors plus étroitement à leur
prince, car ils le croient en devoir de les venger,
puisqu'ils ont vu brûler leurs maisons et ruiner
leurs champs pour sa défense. La nature des gens
est telle qu'ils s'attachent aussi fortement à quelqu'un pour les services qu'il lui ont rendus que
pour ceux qu'ils ont reçus de lui. Si donc on
considère attentivement tous ces points, on conviendra qu'un prince prudent n'aura pas grand-peine
à tenir ferme le courage de ses sujets pendant toute
la durée du siège, pourvu que ne lui manquent ni
les vivres ni les munitions.

XI

DES PRINCIPAUTÉS ECCLÉSIASTIQUES

Il ne nous reste plus, pour le présent, qu'à parler des principautés ecclésiastiques; elles ne rencontrent de difficultés qu'avant leur établissement. Car, acquises par vertu ou par fortune, on peut s'y maintenir sans fortune ni vertu : elles se trouvent en effet soutenues par les structures très anciennes de la religion, et celles-ci se sont révélées si fortes et de si haute qualité qu'à elles seules elles préservent leur prince, quel que soit son comportement. Seuls les princes ecclésiastiques ont des territoires qu'ils n'ont pas besoin de défendre, des sujets qu'ils ne gouvernent pas; et pourtant les terres ne leur sont pas enlevées, les hommes ne se révoltent point, ne pensant ni ne pouvant se donner à un autre. Seules, donc, ces principautés vivent sûres et heureuses. Mais comme elles sont dirigées par des décrets supérieurs dont l'esprit

humain ne peut approcher, je cesserai d'en parler :
il serait présomptueux de m'y risquer, puisqu'elles
sont construites et conservées par la main de Dieu.
Du moins, pourrait-on m'interroger sur l'origine
du grand pouvoir temporel qui appartient maintenant à l'Eglise. Jusqu'à Alexandre VI, les potentats italiens, non seulement ceux qui méritaient
réllement ce titre, mais le moindre baron ou
baronneau, ne faisaient pas grand cas des forces
papales. Or aujourd'hui le roi de France en tremble, un pontife a pu le chasser d'Italie et ruiner
les Vénitiens. Bien que la chose soit connue, il ne
me paraît pas superflu de la remettre quelque peu
en mémoire.

Avant que Charles VIII, roi de France, ne des-
cendît en Italie, ce pays était sous la domination
du pape, des Vénitiens, du duc de Milan et des
Florentins. Ces potentats devaient avoir deux soucis
essentiels : l'un qu'un étranger ne fît point entrer
ses troupes en Italie ; l'autre, que nul d'entre eux ne
s'étendît. Les plus étroitement surveillés étaient
le pape et Venise. Pour tenir cette dernière en
respect, l'union de tous les autres s'avéra nécessaire, comme ce fut le cas quand ils défendirent
Ferrare. Pour retenir le pontife, les autres se
servaient des barons romains. Or ceux-ci se trouvaient divisés en deux factions, les Orsini et les
Colonna, en continuelles chamailleries ; comme
elles jouaient de l'épée jusque sous ses fenêtres,
elles affaiblissaient son autorité. Parfois il s'élevait

quelque pape courageux, comme le fut Sixte IV;
cependant, ni le succès de ses actions, ni ses capacités ne purent jamais le dégager de ces difficultés.
La brièveté de leur règne en était la cause; car pendant les dix ans qu'un pape demeurait en moyenne
sur son trône, il pouvait difficilement affaiblir une
des factions. Si l'un d'eux avait par exception quasi
éteint les Colonna, son successeur se trouvait être
ennemi des Orsini : il relevait alors les premiers
pour s'en servir contre ses adversaires, mais n'avait
pas le temps non plus d'exterminer les seconds.

Voilà pourquoi les forces temporelles pontificales
étaient bien peu estimées en Italie. Vint alors
Alexandre VI : le premier entre tous ses pareils,
il montra ce qu'un pape pouvait faire, en employant l'argent ou la force; il se servit de son fils
le duc de Valentinois, et accomplit après la descente
des Français tout ce que j'ai raconté. Certes, son
intention était de travailler non pour l'Église, mais
pour le duc; néanmoins, c'est l'Église en fin de
compte qui en profita, qui recueillit le fruit de ses
travaux après la mort du père et du fils. Jules II lui
trouva une puissance accrue, grâce à l'annexion de
la Romagne, à la ruine des barons romains et de
leurs factions, mortellement frappés par Alexandre;
et il hérita aussi d'une recette profitable : la vente
des charges ecclésiastiques, jamais pratiquée avant
Alexandre. Non seulement Jules II marcha dans
cette voie, mais il alla plus loin; il fit le projet de
conquérir Bologne, de ruiner les Vénitiens et de

chasser les Français de la péninsule. Ces entreprises
obtinrent un plein succès; et sa gloire fut d'autant
plus grande qu'il avait travaillé, non pour un profit
personnel, mais pour la grandeur de l'Église. Il
maintint les Orsini et les Colonna dans le modeste
état où il les avait trouvés; bien qu'il subsistât entre
eux certains motifs de discorde, deux raisons du
moins les ont tenus cois : la première est la force
de l'Église, devenue redoutable; la seconde est qu'il
n'y a plus de cardinaux dans leurs familles; ce qui
est toujours entre eux un motif de conflits. Jamais
ces deux bandes ne vivront en paix tant que l'une
ou l'autre aura ses cardinaux, car ceux-ci excitent
leurs rivalités, à Rome et au-dehors, et les barons
se voient contraints de les soutenir. Ainsi, c'est de
l'ambition des prélats que naissent les discordes et
les désordres entre les barons. Voilà pourquoi Sa
Sainteté Léon X a trouvé la papauté si puissante.
Et l'on peut espérer que, ses prédécesseurs l'ayant
faite grande par les armes, lui, par sa bonté et ses
vertus infinies la rendra plus grande encore, plus
digne de vénération.

XII

DES DIVERSES ESPÈCES DE MILICES
ET DE TROUPES MERCENAIRES

J'AI montré en détail les caractères divers de ces principautés que je me proposais de décrire, certaines causes de leur force et de leur faiblesse, et les moyens souvent employés pour les conquérir et les garder. Il me reste à présent à exposer d'une manière générale les dangers qui les menacent et les remèdes possibles. Nous avons dit plus haut qu'un prince doit établir à son règne des fondements solides; sinon, rien ne l'empêchera de s'effondrer. Et les fondements principaux des États, aujourd'hui comme hier, sont de deux sortes : les bonnes lois et les bonnes armes. Comme il ne peut y avoir de bonnes lois si les armes ne valent rien, je laisserai de côté la première exigence pour ne parler que de la seconde.

Les armes par lesquelles un prince est en mesure de défendre son pays sont de quatre espèces : les siennes propres, les mercenaires, les auxiliaires,

les forces mixtes. Les mercenaires et les auxiliaires
sont inutiles et dangereuses, car si tu fondes ton
État sur l'appui de troupes mercenaires, ton trône
restera toujours branlant. C'est qu'elles sont désu-
nies, ambitieuses, indisciplinées, infidèles ; braves
devant les amis, couardes devant l'ennemi ; sans
crainte de Dieu ni respect de leur parole ; avec
elles, tu ne recules ta ruine qu'autant que tu recules
l'assaut ; tu seras pillé par elles en temps de paix,
par l'ennemi en temps de guerre. La raison de
tout cela est qu'un attachement seul les retient au
camp : le peu de gages que tu leur verses ; et cet
argent ne suffit point à faire qu'ils veuillent mourir
pour toi. Ils acceptent de t'appartenir tant que
dure la paix ; mais sitôt que vient la guerre, ils ne
songent qu'à jouer des jambes. Voilà qui ne devrait
pas être très difficile à faire comprendre, car la
ruine présente de l'Italie n'a eu que cette seule
cause : pendant des années, notre pays s'est reposé
sur l'emploi des mercenaires. Ceux-ci ont servi
tel ou tel avec quelque succès, et ils semblaient
gaillards tant qu'ils s'affrontaient entre eux ; mais
quand ils ont rencontré l'étranger, ils ont bien
montré ce qu'ils valaient. Ce qui permit au roi
Charles de prendre l'Italie avec de la craie[1]. Frère
Savonarole disait que cela nous venait pour nos

1. « Et comme le dict le pape Alexandre qui règne, les
Français y sont venus avec des esperons de boys et de la croye
en la main des fourriers pour mercher leurs logiz, sans aultre
peine... » Commynes, *Mémoires*, VII, xiv.

péchés, et il avait raison; seulement, ce n'étaient
pas les péchés qu'il croyait, mais ceux que j'ai
expliqués; et comme c'étaient des péchés de princes,
eux aussi en ont porté la pénitence.

Je veux montrer plus longuement quels malheurs
viennent de cette espèce de troupes. Ou bien les
capitaines mercenaires sont excellents dans leur
profession, ou ce sont des nullités. Dans le premier
cas, tu ne peux te fier à eux, car toujours ils aspi-
reront à leur propre grandeur, soit en te dépouil-
lant toi-même, soit en s'en prenant à d'autres,
et contre tes intentions; dans le second, un capitaine sans vertu signifie ta perte assurée. Et si l'on
me répond que tout capitaine qui aura les armes
au poing, mercenaire ou non, agit de même, j'op-
poserai ceci : l'armée est au service d'un prince
ou d'une république; le prince doit prendre lui-
même la tête des expéditions, et jouer le rôle de
capitaine; la république envoyer tel ou tel de ses
citoyens; et si le premier se comporte sans vaillance,
le changer; s'il est vaillant, elle doit le tenir en
bride, afin qu'il n'outrepasse point ses attributions.
L'histoire nous apprend que seuls les princes
combattants et les républiques bien armées ont
accompli de grandes choses, alors que les armées
mercenaires n'ont jamais produit que des dommages. En outre, une république défendue par ses
propres citoyens tombe plus difficilement sous la
tyrannie d'un des siens que si elle a recours à des
troupes étrangères.

Rome et Sparte furent longtemps des républiques libres et en armes. Et les Suisses donnent aujourd'hui le même exemple. Par contre, Carthage illustre l'emploi de forces mercenaires dans l'Antiquité; et elle faillit être détruite par eux, après la première guerre contre Rome, bien que les Carthaginois eussent pour capitaines certains de leurs concitoyens. Philippe de Macédoine, après la mort d'Épaminondas, fut choisi par les Thébains comme chef de l'armée; et il leur enleva la liberté, une fois la victoire acquise. Plus récemment, les Milanais prirent à leur solde François Sforza, après le décès de leur duc Philippe, pour mener la guerre contre Venise; et lui, après sa victoire de Caravage, se joignit aux ennemis pour opprimer les Milanais, ses maîtres. Muzio Attendolo Sforza, son père, à la solde de la reine Jeanne de Naples, l'abandonna du jour au lendemain; si bien que, pour ne pas perdre son royaume, elle dut se jeter dans les bras du roi d'Aragon. Et si Vénitiens et Florentins ont accru leurs possessions en utilisant des troupes mercenaires, si leurs capitaines les ont défendus sans chercher le pouvoir, c'est que les Florentins furent favorisés par le sort. Des capitaines vertueux qu'ils choisirent et qu'ils pouvaient craindre, certains furent défaits; d'autres ont été empêchés d'agir; d'autres encore ont tourné ailleurs leurs convoitises. De ceux qui ne furent pas victorieux, il y eut l'Anglais John Hawkwood, venu de France au service de Pise, puis de Florence; et comme il n'eut pas la victoire, il ne put faire la preuve de sa loyauté; mais chacun reconnaîtra qu'en cas de succès il eût tenu Florence entre ses mains. Des seconds, il y eut François Sforza et Braccio da Montone, qui se détestaient, et ainsi se neutralisèrent l'un l'autre. Alors, François tourna ses ambitions contre la Lombardie, Braccio contre l'Église et le royaume de Naples.

Mais venons-en à des événements tout frais. Florence choisit pour capitaine Paolo Vitelli, homme intelligent et qui, venu de bas, avait acquis une très flatteuse renommée. S'il avait enlevé Pise, nul ne niera que les Florentins devaient se soumettre à lui; car s'il s'était mis au service de l'ennemi, eux se trouvaient sans recours; mais s'il demeurait au leur, eux se trouvaient contraints de lui obéir. Quant aux Vénitiens, si l'on considère bien leur politique, on verra qu'ils se sont comportés sûrement et glorieusement tant qu'ils ont fait la guerre avec leurs propres hommes; c'est-à-dire tant que leurs entreprises furent maritimes; employant leur noblesse et recrutant des gens du peuple, leurs armes opérèrent alors très vertueusement. Mais quand ils commencèrent à combattre sur la terre ferme, ils perdirent cette vertu et prirent les habitudes militaires des autres princes italiens. Au début, ils ne possédaient pas encore de grands territoires et, grâce à leur prestige, n'avaient pas grand-chose à craindre de leurs condottieri. Mais lorsqu'ils s'étendirent, ce qui eut lieu sous le commandement de Carmagnola, ils

eurent une première preuve de leur erreur : ayant
constaté naguère sa vaillance extrême lors de sa
victoire sur le duc de Milan, ils le virent ensuite d'une
extrême tiédeur au combat. Alors, ils comprirent,
d'une part qu'ils ne pourraient plus vaincre s'ils le
conservaient, à cause de sa mauvaise volonté; de
l'autre, qu'ils ne pouvaient le congédier sans perdre
ce qu'il leur avait acquis; ils se trouvèrent donc
dans l'obligation de le supprimer pour se protéger de lui. Depuis, ils ont eu pour capitaines Bar-
thélemy de Bergame, dit le Colleone; Robert de
San Severino, Napolitain; Nicolas Orsini, comte
de Pitigliano, et quelques autres. Avec eux, ils
devaient craindre les défaites plutôt que les victoires,
comme il advint à Agnadel : en une journée ils y perdirent ce qu'ils avaient mis huit siècles à gagner.
Car lorsqu'on utilise des mercenaires, les conquêtes
sont toujours lentes, tardives et minimes; mais les
pertes sont soudaines et stupéfiantes. Et comme ces
exemples m'ont conduit en Italie, où depuis tant
d'années on s'appuie sur les troupes mercenaires,
je veux en parler davantage et les examiner de plus
haut, afin que, une fois connus leur origine et leur
développement, on puisse mieux y remédier.

Vous devez donc savoir, tandis qu'au cours du
dernier siècle l'autorité de l'empereur se trouvait
rejetée d'Italie, au bénéfice du pouvoir temporel de
la papauté, que la péninsule s'est divisée en plusieurs États. La plupart des villes importantes ont pris
les armes contre leurs nobles, qui les tenaient pré-

cédemment en oppression par délégation impériale. L'Église a favorisé ces rébellions pour accroître
son crédit temporel. En beaucoup d'autres cités,
des particuliers se sont faits princes. Il en a résulté
que, l'Église et quelques républiques détenant
désormais l'autorité dans la plus grande partie du
territoire, les prêtres et les citoyens n'ayant jamais
eu aucune habitude des armes, on a commencé à
prendre en solde des étrangers. Le premier qui
conféra une certaine renommée à cette sorte de
milice fut Alberigo da Conio, comte de Romagne;
ses élèves Braccio et Sforza tinrent toute l'Italie à
leur discrétion. Après eux, vint une foule d'imitateurs, qui sévissent encore. Le résultat de leur vertu
est que l'Italie a été piétinée par le roi Charles,
pillée par le roi Louis, violée par le roi Ferdinand
et déshonorée par les Suisses. Leur politique a été,
pour s'acquérir à eux-mêmes quelque gloire, de
l'ôter à l'infanterie. Ces condottieri ont agi de la
sorte parce que, se trouvant sans terres, sans autre
ressource que leur industrie, ils ne pouvaient tirer
grand profit d'un petit nombre d'hommes de pied
et n'avaient pas les moyens d'en nourrir un grand
nombre; alors, ils se sont tournés vers la cavalerie :
un effectif modéré leur a assuré des gains satisfai-
sants. Les choses en étaient venues à ce point qu'en
un camp de vingt mille soldats il se trouvait à peine
deux mille fantassins. En outre, ils emploient tous
les subterfuges pour se mettre à l'abri, eux et leurs
hommes, des fatigues et des dangers de la guerre :

ils ne se tuent pas entre eux, mais se font prisonniers, sans exiger de rançons. La nuit, ils ne donnent
point l'assaut aux villes, et les assiégés ne tentent
rien contre les assiégeants. Ils n'établissent autour
du camp ni palissades ni fossés; l'hiver, ils refusent
de se mettre en campagne. Toutes ces choses sont
contenues dans leurs règlements, inventés par eux
pour éviter, comme j'ai dit, les peines et les risques.
A tel point qu'ils ont conduit l'Italie à l'esclavage
et à la honte.

XIII

DES TROUPES AUXILIAIRES,
DES TROUPES MIXTES,
DES TROUPES PROPRES AU PRINCE

Autres armes inutiles : les auxiliaires, celles qu'on appelle quand on recourt à l'aide d'un puissant étranger. Ainsi a fait récemment le pape Jules II : ayant constaté, dans l'entreprise contre Ferrare, les piteux résultats obtenus par ses mercenaires, il s'est tourné vers les armes auxiliaires, en appelant à son secours l'armée de Ferdinand, roi d'Espagne. Cette force peut être utile et bonne en elle-même; cependant, elle est presque toujours dommageable à ceux qui y font appel : si elle perd, tu subis leur défaite; si elle gagne, tu deviens son prisonnier. L'histoire ancienne est remplie de cas semblables; pourtant, j'en veux rester à l'exemple récent du pape Jules. En vérité, son parti ne pouvait être plus inconsidéré, puisqu'il se fourrait, pour conquérir Ferrare, entre les mains d'un étranger. Mais sa bonne fortune fit naître une troisième circonstance, qui lui épargna la pénitence de sa faute : ses auxiliaires ayant été défaits à Ravenne, survint une armée suisse à la solde du Pontife qui mit en fuite les vainqueurs, contre toute espérance; ainsi, ne demeura-t-il prisonnier ni des ennemis chassés du champ de bataille, ni de ses auxiliaires, puisqu'il l'avait emporté avec d'autres armes que les leurs. Les Florentins, se trouvant sans aucune troupe à eux, conduisirent dix mille Français devant Pise pour la conquérir; et cette décision leur causa plus de dommage qu'aucune autre adversité. L'empereur de Constantinople, pour s'opposer à ses voisins, introduisit en Grèce dix mille Turcs; ceux-ci refusèrent de partir, une fois la guerre finie, et ce fut ainsi que la Grèce tomba sous l'esclavage des infidèles.

Si donc tu n'as pas l'intention de vaincre, sers-toi de telles armes; car elles sont bien plus dangereuses que les mercenaires : avec elles, ta ruine est toute prête, habituées qu'elles sont à obéir à un autre qu'à toi. Les mercenaires, même en cas de victoire, ont besoin d'un plus grand délai, d'une occasion plus favorable, puisqu'ils ne forment pas un corps uni, puisqu'ils se trouvent appelés et payés par toi; celui que tu auras choisi pour chef parmi eux ne pourra prendre en un instant une autorité suffisante pour te nuire. En somme, chez les mercenaires, le plus grand danger est le défaut de courage; chez les auxiliaires, c'en est l'excès.

C'est pourquoi un prince sage évite toujours de telles troupes, et recourt aux siennes propres; il aime mieux perdre avec les siens que gagner avec les étrangers, estimant que celle qu'on obtient avec les armes d'autrui n'est pas une vraie victoire. Je ne manquerai jamais de rappeler l'exemple de César Borgia et de ses prouesses. Il pénétra en Romagne avec des troupes auxiliaires, y commandant une armée entièrement française, et avec elle s'empara d'Imola et de Forli. Mais ensuite, ces gens lui paraissant peu sûrs, il eut recours à des mercenaires, pensant que le danger était moindre; il prit à sa solde les Orsini et les Vitelli; trouvant ceux-ci à leur tour peu sûrs et peu fidèles, il les éteignit, et se tourna vers ses propres forces. Et l'on peut voir facilement la différence qui sépare ces sortes de troupes, en mesurant le prestige et l'autorité du duc, selon qu'il se trouvait dépendre des seuls Français, des Orsini et Vitelli, ou de lui seul. L'on constatera que son prestige alla croissant, et culmina lorsque César devint le maître incontestable de son armée.

Je ne voulais citer que des exemples italiens et récents; je ne puis toutefois passer sous silence celui de Hiéron de Syracuse, déjà mentionné. Comme je l'ai raconté, celui-ci fut placé par ses concitoyens à la tête des armées. Il comprit aussitôt l'inutilité des mercenaires, qui se comportaient comme les condottieri italiens. Pensant donc qu'il ne pouvait ni les garder, ni s'en débarrasser, il les fit tous

tailler en pièces. Par la suite, il guerroya avec ses
propres troupes, non avec les étrangères. Je veux
également rappeler un personnage de l'Ancien Tes-
tament, qui convient à ce propos. Lorsque David
offrit à Saül d'aller relever le défi du Philistin
Goliath, Saül, pour l'encourager, lui présenta ses
propres armes. Mais quand il les eut endossées,
David les refusa, disant qu'avec elles il ne pouvait
combattre comme il l'entendait : c'est donc avec
sa propre fronde et son propre couteau qu'il voulait frapper l'adversaire.

En conclusion, ou les armes d'autrui te tombent
du dos, ou elles te pèsent, ou elles t'étouffent.
Charles VII, père du roi Louis XI, ayant libéré la
France des Anglais par fortune et par vertu, recon-
nut cette nécessité d'employer ses propres armes,
et institua en son royaume des compagnies d'archers
et de fantassins. Plus tard, son fils le roi Louis
congédia l'infanterie, et commença de prendre en
gages des Suisses : erreur reprise par les successeurs,
et qui est, comme le prouvent les événements
actuels, la cause des grands dangers qui menacent
ce royaume. Car, ayant établi la réputation des
Suisses, Louis XI a discrédité ses propres troupes ;
supprimant toute son infanterie, il a lié ses hommes
au destin de troupes étrangères : habitués à combattre en compagnie des Suisses, ils ne croient pas
pouvoir gagner sans eux. Il s'ensuit que des Français n'obtiennent jamais la victoire contre les
Suisses et que sans les Suisses ils n'osent affronter

les autres. Les armées françaises sont donc mixtes, formées partie de mercenaires, partie de gens du pays : l'ensemble est bien meilleur que les simples auxiliaires ou les simples mercenaires, mais bien inférieur aux troupes recrutées dans la population. Cet exemple me paraît suffisant; car le royaume de France serait invincible si les ordonnances du roi Charles VII étaient reprises et développées. Mais le manque de sagesse des hommes les amène à goûter d'une liqueur dans laquelle, trompés par la saveur agréable, ils ne discernent pas le poison dissimulé. Il en va de même des malades pulmonaires dont j'ai parlé plus haut.

Aussi, le prince qui ne reconnaît pas les maux dès leur naissance manque-t-il de prudence et de sagesse; qualités qui n'appartiennent qu'à quelques-uns. Et si l'on veut bien rechercher la toute première origine de la chute de l'empire romain, on la trouvera le jour où l'on commença de prendre des Goths dans l'armée : dès cet instant, les forces de l'empire perdirent peu à peu leur nerf; toute la vertu qu'on enlevait aux uns, on la donnait aux autres. Je conclus donc qu'aucun État n'est sûr s'il ne dispose d'une armée qui lui soit propre; bien mieux : tout son sort est abandonné au destin, puisqu'il ne possède aucune vertu qui le défende fidèlement dans les adversités. Et ce fut toujours une opinion, un dicton d'hommes sages : *Quod nihil sit tam infirmum aut instabile quam fama potentiae non sua vi*

nixa[1]. Une armée qui te soit propre est composée
de tes sujets, de tes concitoyens, ou de gens qui
soient tes créatures : toutes les autres sont mercenaires ou auxiliaires. Quant à la façon d'organiser
une telle armée, il sera aisé de la découvrir, si l'on
examine les dispositions prises dans les quatre
exemples cités plus haut, et si l'on considère comment Philippe, père d'Alexandre le Grand, et comment nombre d'autres princes et de républiques
ont procédé : je me remets donc entièrement à leur
conduite.

1. Citation de Tacite faite de mémoire, et fautive. Le texte
exact est : *Nihil rerum mortalium tam instabile ac fluxum est quam
fama potentiae non sua vi nixae* : Rien n'est si faible ou instable
que le renom d'une puissance qui ne s'appuie pas sur une
force à elle (*Annales*, XIII, xix).

XIV

CE QU'UN PRINCE DOIT FAIRE
TOUCHANT SON ARMÉE

Un prince ne doit donc avoir d'autre objet, d'autre pensée, d'autre art que celui de la guerre et des préparatifs la concernant. Car c'est le seul art convenant à qui commande; et il possède en lui tant de vertu que non seulement il préserve le trône d'un prince héréditaire, mais bien souvent élève à ce rang les hommes de simple condition. Inversement, on voit perdre leur État les princes qui s'étaient adonnés aux plaisirs plus qu'aux armes. La première cause susceptible de te détrôner est donc l'ignorance de cet art, comme la cause qui te permettra l'ascension au pouvoir est sa connaissance approfondie.

Pour avoir choisi le métier des armes, François Sforza d'homme ordinaire devint duc de Milan; et ses héritiers, pour avoir voulu fuir les fatigues militaires, de ducs redevinrent hommes ordinaires.

Car, entres autres maux qui t'accablent, si tu es inapte à combattre, tu deviens un objet de mépris; et c'est là une des hontes dont un prince doit préserver sa réputation, comme il sera dit ci-dessous. Entre un homme armé et un désarmé, il n'y a aucune comparaison possible; car il n'est pas logique que le fort obéisse au faible de bon gré, que le maître désarmé vive en sécurité au milieu de serviteurs armés : chez les uns régnant le dédain, chez l'autre l'appréhension, il n'est pas concevable qu'ils s'accordent ensemble. De même, un prince qui n'entend rien au métier des armes, outre les désagréments que j'ai déjà dits, ne peut être estimé de ses soldats ni avoir confiance en eux.

Il ne doit donc jamais détourner sa pensée des exercices guerriers, et les pratiquera en temps de paix plus qu'en temps de guerre. Ce qu'il peut faire de deux façons : l'une par les œuvres, l'autre par l'esprit. Quant aux œuvres, il veillera à la discipline et à l'entraînement de ses hommes; il s'adonnera assidûment à toutes sortes de chasses, afin d'aguerrir son corps aux peines et aux privations, afin d'apprendre la nature des terrains : versants des montagnes, débouchés des vallées, étendue et disposition des plaines, nature des cours d'eau et des marais, mettant en cette étude la plus minutieuse attention. Ce qui lui est profitable de deux manières : il apprend d'abord à connaître son pays et à mieux préparer sa défense; ensuite, ayant bien acquis la pratique de la contrée, il pourra facilement comprendre tout autre lieu de combat. Car les collines, les vallées, les plaines, les rivières, les marécages de Toscane, par exemple, ne sont pas très différents de ceux des autres régions ; si bien que de la connaissance du terrain dans une province on en peut aisément venir à la connaissance des autres. Le prince qui n'est pas expert en cette matière manque de la première qualité que doit posséder un capitaine ; c'est elle en effet qui lui enseigne à trouver l'ennemi, établir des cantonnements, conduire une armée, la disposer en ordre de bataille, assiéger une ville de manière favorable.

Entre les louanges que les auteurs décernent à Philopœmen, prince des Achéens, on souligne qu'en temps de paix il ne songeait à rien d'autre qu'à préparer la guerre. Quand il se trouvait à la campagne avec des amis, souvent il s'arrêtait pour s'entretenir avec eux : « Si les ennemis étaient sur cette colline, et nous ici, avec notre armée, qui des deux aurait l'avantage ? Comment pourrait-on, en conservant l'ordre de bataille, entrer en contact avec eux ? Si nous voulions nous retirer, comment devrions-nous faire ? Si eux faisaient retraite, comment pourrions-nous les suivre ?... » Ainsi, au cours de la promenade, il envisageait avec eux toutes les situations possibles. Il recevait leur opinion, exprimait la sienne, l'appuyait par des arguments. En sorte que, après ces continuelles réflexions, il ne pouvait se produire pendant les opérations militaires aucun accident auquel il ne trouvât remède.

Quant à l'exercice de l'esprit, le prince doit lire l'histoire, s'intéresser principalement aux actions des plus grands modèles; voir comment ils se sont comportés au cours des guerres; examiner les causes de leurs succès et de leurs échecs, afin de pouvoir imiter les premières en évitant les secondes; et surtout faire comme quelques-uns des meilleurs princes du passé : ils choisissaient un maître aux prouesses particulièrement glorieuses, et le gardaient toujours présent à l'esprit. C'est ainsi que, dit-on, Alexandre le Grand imitait Achille; César, Alexandre; Scipion l'Africain, Cyrus. Et quiconque lit la vie de Cyrus écrite par Xénophon reconnaîtra ensuite combien cette imitation valut de gloire à Scipion, et à quel point il se conformait à son modèle par son affabilité, son humanité, sa libéralité et la pureté de ses mœurs.

Voilà comment doit se comporter un prince prudent : ne jamais demeurer oisif en temps de paix, mais employer ce temps à amasser un bagage qui pourra lui servir aux jours d'adversité. Si la fortune alors lui est hostile, elle le trouvera prêt à résister à ses assauts.

XV

DES CHOSES PAR LESQUELLES LES HOMMES, ET SPÉCIALEMENT LES PRINCES, OBTIENNENT BLÂME OU LOUANGE

Il reste à voir maintenant de quelle façon un prince doit se comporter à l'égard de ses sujets ou de ses amis. Je sais que beaucoup d'encre a été répandue sur ce point; aussi, je crains qu'on ne me juge présomptueux si à mon tour je m'y emploie, d'autant plus que mon opinion sur ce sujet s'éloignera des précédentes. Mais comme j'ai l'intention de servir ceux qui m'entendront, il m'a paru nécessaire de m'attacher à la vérité effective de la chose, plus qu'à l'imagination qu'on peut s'en faire. Beaucoup en effet se sont imaginé des républiques et des principautés que jamais personne n'a vues ni connues réellement. Mais la distance est si grande entre la façon dont on vit et celle dont on devrait vivre, que quiconque ferme les yeux sur ce qui est et ne veut voir que ce qui devrait être apprend plutôt à se perdre qu'à se conserver; car si tu veux

en tout et toujours faire profession d'homme de
bien parmi tant d'autres qui sont le contraire, ta
perte est certaine. Si donc un prince veut conserver son trône, il doit apprendre à savoir être
méchant, et recourir à cet art ou non, selon les
nécessités.

Laissons donc de côté toutes les imaginations
qui se sont faites à propos des princes, et ne voyons
que les réalités. Quand on parle des hommes, et
spécialement des princes, plus connus à cause de
leur élévation, on les juge selon certaines qualités qui
leur valent le blâme ou les louanges. L'un est tenu
pour généreux, l'autre pour lésineur *(misero)* (usant
ici d'un terme toscan, parce que *avaro* en notre
langue est aussi celui qui est avide de posséder par
rapine, et nous traitons de *misero* celui qui regarde
un peu trop à la dépense); celui-ci est connu pour
ses largesses, celui-là pour sa rapacité; l'un est
cruel, l'autre magnanime; l'un méprise ses engagements, l'autre est homme de parole; quelqu'un est
efféminé et poltron, quelque autre hardi et courageux; l'un affable, l'autre orgueilleux; l'un pail-
lard, l'autre chaste; l'un débonnaire, l'autre astu-
cieux; l'un opiniâtre, l'autre arrangeant; l'un grave,
l'autre léger; l'un religieux, l'autre incrédule; et
ainsi de suite. Chacun affirmera, je le sais, que ce
serait une chose digne des plus grandes louanges
si un prince possédait, dans l'énumération ci-dessus, les seules qualités généralement tenues pour
bonnes. Mais comme il ne peut les avoir toutes,

ni, les ayant, les observer tout à fait, la condition des hommes ne le lui permettant point, il doit être assez prudent pour savoir éviter les vices ignominieux qui lui feraient perdre son État; quant aux vices qui ne présentent pas ce risque, qu'il s'en garde, si possible; sinon, il peut s'y adonner sans trop de souci. Mais qu'il n'hésite pas non plus à accepter les vices nécessaires à la conservation de son État, si honteux qu'ils puissent paraître; car, tout bien considéré, telle qualité qui semble une vertu est susceptible de provoquer sa ruine; telle autre au contraire qui semble un vice pourra apporter à son gouvernement le bonheur et la sécurité.

XVI

DE LA LIBÉRALITÉ ET DE LA PARCIMONIE

Pour commencer, donc, par les qualités que j'ai nommées ci-dessus les premières, je dis que la libéralité serait chez un prince une excellente chose. Néanmoins, si tu l'emploies seulement pour en acquérir le renom, elle te coûtera cher; car si tu la pratiques comme on doit pratiquer les vertus, sans ostentation, on ne le saura point, et tu conserveras sur l'échine la marque honteuse de lésineur. Quand un prince au contraire veut garder une réputation de générosité, il ne doit hésiter devant aucune dépense, si somptueuse qu'elle soit; de la sorte, il consommera peu à peu tous ses biens et devra, à la fin, pour maintenir sa renommée, accabler son peuple d'impôts, employer tous les stratagèmes susceptibles de lui rapporter quelque argent. Bientôt, il s'attirera ainsi la haine de ses sujets, le mépris de tous, sans pouvoir éviter la pauvreté. Si bien qu'en employant une libéralité aussi mal conduite, lésant la plupart et ne donnant qu'à quelques-uns, il trébuchera et tombera au premier danger réel. S'il s'aperçoit de son erreur et veut faire marche arrière, il s'attirera aussitôt le renom qu'il voulait tant éviter.

Ne pouvant pratiquer sans dommage cette libéralité ostentatoire, un prince sage ne doit donc avoir aucun souci du renom de lésineur. Car avec le temps on lui reconnaîtra de plus en plus une libéralité véritable puisque, grâce à sa parcimonie, ses recettes normales lui suffisent, qu'il peut se défendre contre quiconque veut l'attaquer, que ses entreprises n'exigent pas du peuple des charges supplémentaires. Il se montre donc libéral envers l'écrasante majorité, à qui il n'enlève rien, et les quelques rares seulement qui auraient pu prétendre à ses largesses l'accuseront de ladrerie. A notre époque, seuls ont pu faire de grandes choses les princes lésineurs; les autres ont été éliminés. Le pape Jules II obtint le pontificat en se faisant une réputation de libéralité, en promettant monts et merveilles à ceux qui pouvaient le servir; mais une fois en place, il n'eut aucun souci de tenir ces promesses, ayant l'intention de faire la guerre. Le roi de France actuel, Louis XII, a mené plusieurs guerres sans augmenter les impôts, simplement parce qu'il avait évité de longue date toute dépense superflue. Et si le roi d'Espagne Ferdinand avait été tenu pour libéral, il n'aurait pas conduit avec succès tant d'entreprises.

Un prince doit donc se soucier peu qu'on le traite de ladre, pour n'être point porté à piller ses sujets, pour pouvoir se défendre, pour éviter la pauvreté et le mépris, pour n'être point réduit aux stratagèmes; car la ladrerie est un de ces vices qui assureront son règne. On me dira : « César parvint à l'empire à force de libéralité, et beaucoup d'autres s'élevèrent très haut parce qu'ils se montraient généreux ou étaient tenus pour tels. » Et je réponds : Ou tu es déjà assis sur ton trône, ou tu t'efforces d'y parvenir; dans le premier cas, ce genre de libéralité est dangereux; dans le second, il n'est pas mauvais d'être tenu pour libéral. Jules César était un de ceux qui voulaient à Rome s'emparer du pouvoir; mais si, une fois en place, il avait survécu et continué ces dépenses exagérées, il aurait perdu son principat. On peut encore me répliquer : « Beaucoup de princes ont mené de glorieuses entreprises militaires, qui avaient cependant renom de magnificence. » A quoi je réponds : Ou le prince dépense son argent et celui de ses sujets, ou il recourt au bien extérieur; dans le premier cas, il doit se montrer parcimonieux; dans le second, au contraire, il n'hésitera devant aucune somptuosité. Car le prince qui conduit une armée, qui se repaît de rapines, de sacs, de rançons, gaspille le bien extérieur; il doit alors se montrer généreux, faute de quoi ses troupes ne le suivront point. En ce qui concerne des richesses qui n'appartiennent ni à toi ni à ton peuple, tu peux te montrer munificent,

comme firent Cyrus, Alexandre et Jules César.
Dépenser les biens étrangers ne ternit pas ta réputation, mais lui ajoute de l'éclat. Gaspiller ton
patrimoine te porte tort. Et il n'y a chose au monde
qui se consume elle-même plus vite que la générosité : pendant que tu l'emploies, tu perds la faculté
de l'employer, tu deviens pauvre et méprisable, ou,
pour échapper à la pauvreté, rapace et détestable.
Or un prince doit éviter par-dessus tout d'inspirer
la haine et le mépris : deux malheurs auxquels la
libéralité conduit inévitablement. Il y a donc plus
de sagesse à accepter l'appellation de lésineur, qui
engendre un mauvais renom sans haine, qu'à ambi-
tionner celle de libéral, qu'accompagne nécessairement celle de rapace, qui engendre un mauvais
renom avec haine.

XVII

DE LA CRUAUTÉ ET DE LA CLÉMENCE ET S'IL VAUT MIEUX INSPIRER L'AMOUR OU LA CRAINTE

Descendons maintenant aux autres qualités ci-dessus énumérées. Je dis que tout prince doit grandement souhaiter d'être tenu pour pitoyable, et non pas pour cruel; toutefois, il doit bien se garder de faire mauvais usage de sa pitié. César Borgia était tenu pour cruel; néanmoins, sa cruauté avait relevé la Romagne, lui avait donné l'unité, la paix, la fidélité. Si l'on considère bien ces résultats, on verra que le duc se montra ainsi plus pitoyable que le peuple florentin qui, pour éviter l'accusation de cruauté, laissa détruire Pistoie. Aussi, un prince ne doit-il se soucier aucunement d'être traité de cruel si l'unité et la fidélité de ses sujets sont en jeu. En infligeant un petit nombre de punitions exemplaires, il se montrera plus pitoyable que ceux qui, par excès de pitié, laissent se poursuivre les désordres, engendreurs de meurtres et de rapines :

ces crimes nuisent ordinairement à tous, tandis que les exécutions commandées par le prince frappent un seul individu. Parmi tous les princes, un prince de fraîche date est spécialement dans l'impossibilité d'échapper au renom de cruauté, car les États nouveaux sont remplis de périls. C'est pourquoi Virgile fait dire à Didon :

> *Res dura, et regni novitas me talia cogunt*
> *Moliri, et late fines custode tueri*[1].

Toutefois, un prince nouveau doit être lent à se laisser persuader de cette nécessité, éviter tout affolement, agir avec modération, prudence et humanité, de peur que trop de confiance ne le rende imprudent, et trop de méfiance intolérable.

Sur ce point un problème se pose : vaut-il mieux être aimé que craint, ou craint qu'aimé ? Je réponds que les deux seraient nécessaires ; mais comme il paraît difficile de les marier ensemble, il est beaucoup plus sûr de se faire craindre qu'aimer, quand on doit renoncer à l'un des deux. Car des hommes on peut dire généralement ceci : ils sont ingrats, changeants, simulateurs et dissimulateurs, ennemis des coups, amis des pécunes ; tant que tu soutiens leur intérêt, ils sont tout à toi, ils t'offrent leur sang, leur fortune, leur vie et

---

1. « Les difficultés où je suis et la nouveauté de mon règne m'obligent à prendre ces mesures et à fortifier mes frontières. » (*Enéide*, I, 563-564).

leurs enfants pourvu, comme j'ai dit, que le besoin
en soit éloigné; mais s'il se rapproche, ils se
révoltent. Le prince qui s'est fondé entièrement sur
leur parole, s'il n'a pas pris d'autres mesures, se
trouve nu et condamné. Les amitiés qu'on pré-
tend obtenir à force de ducats et non par une
supériorité d'âme et de desseins, sont dues mais
jamais acquises, et inutilisables au moment opportun. Et les hommes hésitent moins à offenser quelqu'un qui veut se faire aimer qu'un autre qui se
fait craindre; car le lien de l'amour est filé de reconnaissance : une fibre que les hommes n'hésitent
pas à rompre, parce qu'ils sont méchants, dès que
leur intérêt personnel est en jeu; mais le lien de la
crainte est filé par la peur du châtiment, qui ne les
quitte jamais.

Cependant, le prince doit se faire craindre de
telle sorte que, s'il ne peut gagner l'amitié, du
moins il n'inspire aucune haine, car ce sont là
deux choses qui peuvent très bien s'accorder. Il lui
suffira pour cela de ne toucher ni aux biens de ses
sujets ou concitoyens, ni à leurs femmes. Si pourtant il doit frapper la famille de quelqu'un, que
cette action ait une cause manifeste, une convenable
justification; qu'il évite par-dessus tout de prendre
les biens d'autrui; car les hommes oublient plus
vite la perte de leur père que la perte de leur patrimoine. Sinon, les motifs de dépouiller quelqu'un
ne font jamais défaut : celui qui a commencé de
pratiquer les rapines trouve toujours de bonnes

raisons pour s'emparer des terres des autres; s'il veut nuire à leur famille, au contraire, les raisons sont plus rares et viennent très vite à lui manquer.

Quand le prince se trouve à la tête de ses armées et doit commander à une multitude de soldats, il doit se soucier moins que jamais d'être traité de cruel; car sans cette réputation, jamais personne n'a pu tenir ses troupes unies et prêtes à l'action. Parmi les admirables choses qu'a faites Annibal, il faut compter celle-ci : au sein de l'armée innombrable qu'il commandait, formée de nations infinies mêlées ensemble, guerroyant en pays étranger, jamais une seule dissension ne s'éleva, ni entre ses membres, ni contre leur général, quelle que fût l'issue des batailles. Et cela ne pouvait être le fruit que de son inhumaine cruauté : ajoutée à ses autres vertus, elle inspira toujours à ses hommes le respect et la terreur; et sans elle, les autres vertus eussent été inefficaces. Or les historiens, avec inconséquence, d'une part admirent les résultats, et de l'autre condamnent les moyens.

L'insuffisance de ces vertus est prouvée par son adversaire Scipion, personnage exceptionnel dans son temps et dans toute l'histoire des hommes. Alors qu'il combattait en Espagne, ses soldats se révoltèrent. La rébellion n'eut d'autre cause que l'excessive douceur avec laquelle il traitait ses gens, leur permettant plus de liberté qu'il ne convient à la discipline militaire. La chose lui fut reprochée en plein Sénat par Fabius Maximus, qui l'appela

« corrupteur des armées romaines ». La ville de
Locres, pillée et ruinée par un de ses lieutenants,
n'obtint ni réparation ni la punition du coupable.
Tout cela naissait de la nature trop facile de Scipion; si bien que quelqu'un voulant l'excuser devant les mêmes sénateurs affirma qu'il était de ces
hommes qui savent mieux ne pas manquer à leurs
devoirs que punir les manquements d'autrui. Une
telle attitude aurait à la longue terni la gloire de
Scipion; cependant, comme il obéissait néanmoins
aux commandements du Sénat, cette dangereuse
qualité finit par tourner à sa louange.

Pour apporter une conclusion à ce dilemme de
la crainte et de l'amour je dirai qu'un prince prudent, puisque les hommes donnent leur amitié selon leur caprice et tremblent selon sa volonté, doit
s'appuyer sur ce qui lui appartient totalement, non
sur ce qui dépend des autres. Il suffira, comme j'ai
dit, qu'il fasse tout son possible pour ne susciter
aucune haine.

XVIII

COMMENT LES PRINCES
DOIVENT TENIR LEURS PROMESSES

COMBIEN il est louable à un prince de respecter ses promesses et de vivre avec intégrité, non dans les fourberies, chacun le conçoit clairement. Cependant, l'histoire de notre temps enseigne que seuls ont accompli de grandes choses les princes qui ont fait peu de cas de leur parole et su adroitement endormir la cervelle des gens; en fin de compte ils ont triomphé des honnêtes et des loyaux.

Sachez donc qu'il existe deux manières de combattre : l'une par les lois, l'autre par la force. L'une est propre aux hommes, l'autre appartient aux bêtes; mais comme très souvent la première ne suffit point, il faut recourir à la seconde. C'est pourquoi il importe qu'un prince sache user adroitement de l'homme et de la bête. Cette distinction fut enseignée aux princes en termes imagés par les anciens écrivains : l'éducation d'Achille et d'autres grands seigneurs fut jadis confiée au centaure Chiron, afin qu'il les formât à sa discipline. Et avoir ainsi pour précepteur un être double, demi-homme et demi-bête, n'a qu'une signification : la nécessité pour un prince de savoir user de ces deux natures, car l'une sans l'autre n'est point durable.

Si donc tu dois bien employer la bête, il te faut choisir le renard et le lion; car le lion ne sait se défendre des lacets, ni le renard des loups. Tu seras renard pour connaître les pièges, et lion pour effrayer les loups. Ceux qui se bornent à vouloir être lions n'y entendent rien. C'est pourquoi un seigneur avisé ne peut, ne doit respecter sa parole si ce respect se retourne contre lui et que les motifs de sa promesse soient éteints. Si les hommes étaient tous gens de bien, mon précepte serait condamnable; mais comme ce sont tous de tristes sires et qu'ils n'observeraient pas leurs propres promesses, tu n'as pas non plus à observer les tiennes. Et jamais un prince n'a manqué de raisons légitimes pour colorer son manque de foi. On pourrait alléguer des exemples innombrables dans le temps présent, montrer combien de traités, combien d'engagements sont partis en fumée par la déloyauté des princes; et celui qui a su le mieux user du renard en a tiré les plus grands avantages. Toutefois, il est bon de déguiser adroitement

ce caractère, d'être parfait simulateur et dissimu-
lateur. Et les hommes ont tant de simplesse, ils se
plient si servilement aux nécessités du moment que
le trompeur trouvera toujours quelqu'un qui se
laisse tromper.

Je ne veux point passer sous silence un exemple
récent. Alexandre VI ne fit jamais rien d'autre, ne
pensa jamais à rien d'autre qu'à duper les hommes,
et jamais il ne manqua d'occasions. Jamais personne ne fit des promesses plus solennelles, ne pro-
nonça des serments plus enflammés, et ne les oublia
plus vite; néanmoins, ses fourberies répondirent
toujours à ses espérances, car il connaissait cet art
à la perfection.

Il n'est donc pas nécessaire à un prince de posséder toutes les vertus énumérées plus haut; ce qu'il
faut, c'est qu'il paraisse les avoir. Bien mieux :
j'affirme que s'il les avait et les appliquait toujours,
elles lui porteraient préjudice; mais si ce sont de
simples apparences, il en tirera profit. Ainsi, tu peux
sembler — et être réellement — pitoyable, fidèle, humain, intègre, religieux : fort bien; mais tu dois
avoir entraîné ton cœur à être exactement l'opposé,
si les circonstances l'exigent. Si bien qu'un prince
doit comprendre — et spécialement un prince
nouveau — qu'il ne peut pratiquer toutes ces
vertus qui rendent les hommes dignes de louanges,
puisqu'il lui faut souvent, s'il veut garder son
pouvoir, agir contre la foi, contre la charité,
contre l'humanité, contre la religion. Il doit

donc disposer d'un esprit en mesure de tourner
selon les vents de la fortune, selon les changements des situations. En somme, comme j'ai dit
plus haut, qu'il reste dans le bien, si la chose est
possible; qu'il sache opter pour le mal, si cela est
nécessaire.

Le prince doit donc soigneusement prendre garde
que jamais ne lui sorte de la bouche un seul mot qui
ne soit marqué des cinq qualités en question. A l'entendre, à le voir, qu'il semble tout confit de pitié, de
foi, d'intégrité, d'humanité, de religion. Et ce dernier principe est le plus nécessaire. D'une façon
générale, les hommes jugent plus souvent d'après
leurs yeux que d'après leurs mains : chacun est en
mesure de voir, bien peu sont en mesure de toucher. N'importe qui peut voir ce que tu sembles
être; quelques rares seulement peuvent tâter ce que
tu es. Et ces derniers n'osent contredire l'opinion du
grand nombre, renforcée par toute la majesté de
l'État. Quand il s'agit de juger les actions des
hommes, et spécialement des princes qui n'auto-
risent aucun tribunal d'appel, on ne considère pas
les moyens, mais la fin. Qu'un prince choisisse
donc celle-ci : la conquête et la préservation de son
État. Ses moyens seront toujours tenus pour honorables et loués de chacun, car le vulgaire est toujours pris par les apparences et les résultats. Or en
ce monde tout n'est que vulgaire : la minorité ne
compte point quand la majorité s'appuie sur des
arguments qu'elle croit solides. Tel seigneur des

temps présents[1] qu'il n'est pas bon de nommer n'a
d'autres mots à la bouche que ceux de paix et de
fidélité; mais en fait il se montre leur farouche
ennemi. Et s'il avait agi autrement, l'une ou l'autre
lui auraient plusieurs fois fait perdre son prestige
ou ses États.

1. Ferdinand le Catholique.

XIX

COMMENT IL FAUT ÉVITER LE MÉPRIS
ET LA HAINE

*

COMME j'ai parlé des plus importantes qualités
énumérées précédemment, je veux traiter brièvement des autres en certaines maximes générales :
qu'un prince s'efforce, comme. je l'ai dit plus
haut, d'éviter tout ce qui pourrait lui valoir le
mépris ou la haine; et chaque fois qu'il y par-
viendra, il aura bien œuvré et pourra sans danger
braver la honte des autres vices. Je le répète : il
suscite la haine dès qu'il porte la main sur les
biens ou sur les femmes de ses sujets. Il doit
donc s'en abstenir : si l'on n'enlève aux hommes
ni leurs avoirs ni leur honneur, ils vivent contents.
Il ne reste plus qu'à combattre l'ambition de
quelques-uns, ce qui peut se faire de plusieurs
manières et sans difficulté. Il inspire le mépris en
se montrant léger, changeant, efféminé, poltron,
irrésolu : c'est ce qu'un prince doit éviter comme

la peste, s'ingéniant à faire paraître dans ses actions grandeur, magnanimité, gravité, force de caractère. Quand il doit juger des affaires privées de ses sujets, il exigera que sa sentence soit irrévocable; et il engendrera l'opinion que personne n'est en mesure de le tromper, par quelque moyen que ce soit.

Un prince qui répand cette idée de lui-même s'acquiert une grande réputation; et cette renommée paralysera les conjurations, les attaques contre son trône si ses ennemis sont persuadés qu'il a ces qualités et l'appui de son peuple. Car un prince doit nourrir deux craintes : l'une intérieure, à l'égard de ses sujets; l'autre à l'égard des potentats étrangers. Contre ceux-ci, il se défendra avec de bonnes armes et de bonnes alliances; et s'il a de fidèles soldats il aura toujours de fidèles amis. Si les affaires extérieures sont assurées, celles du dedans le seront aussi, à moins qu'une conjuration ne vienne à les troubler. Quand même les étrangers voudraient s'agiter, s'il s'est comporté selon mes préceptes, s'il ne s'affole pas, il sera en mesure de supporter n'importe quelle attaque, selon l'exemple rapporté de Nabis de Sparte. En ce qui touche ses sujets, hors de toute crainte extérieure, un prince doit prévoir un possible complot : il s'en préservera efficacement s'il évite la haine et le mépris, si le peuple est satisfait de lui, chose tout à fait indispensable, comme je l'ai dit longuement. Un des plus puissants remèdes contre les conjurations consiste donc à ne pas être détesté du populaire; car les conjurateurs pensent toujours satisfaire le peuple en mettant à mort le seigneur; mais s'ils pensaient le heurter, ils n'auraient pas l'audace de se lancer dans une telle entreprise, à cause des difficultés innombrables qu'ils devraient affronter. L'histoire montre que, de tant de complots qui ont été ourdis, bien peu ont connu le succès; car un conjurateur ne peut agir seul, et ne peut prendre pour alliés que ceux qu'il pense mécontents; mais dès qu'à un mécontent tu as ouvert tes sentiments, tu lui donnes le moyen de se contenter : en te dénonçant, il peut espérer tout ce qu'il lui plaira. Si bien que voyant par ce moyen un gain assuré, par le tien un gain douteux et dangereux, il faut que ce soit pour toi un ami bien rare pour qu'il te reste fidèle, ou un ennemi du prince bien obstiné. Pour réduire la chose en de courtes propositions, je dirai que du côté du conjurateur il n'y a que trouble, peur, envie, crainte du châtiment; chez le prince, en revanche, on trouve la majesté du pouvoir, les lois, le rempart de l'État et de ses proches. Si bien que l'affection populaire s'ajoutant à tous ces atouts, le conjurateur a besoin d'une impossible témérité. Car si ordinairement il doit craindre avant d'exécuter son coup, il doit craindre davantage après, puisque le peuple est contre lui et qu'il ne peut en attendre aucune protection.

On pourrait là-dessus donner des exemples innombrables; je n'en produirai qu'un, qui date du temps de nos pères. Messire Annibal Bentivogli (aïeul de l'Annibal actuel), était seigneur de Bolgne, lorsque ses parents et rivaux, les Canneschi, conjurèrent contre lui et le tuèrent. Il ne laissait d'autre héritier que Giovanni, un enfant au berceau. Aussitôt après le meurtre, le peuple se souleva et massacra tous les Canneschi. Ce fut là une conséquence de l'affection que le peuple portait aux Bentivogli à cette époque. Elle était si grande que, n'étant demeuré personne de cette famille qui pût après la mort d'Annibal gouverner l'État, les Bolonais vinrent à Florence où vivait, murmurait-on, un descendant des Bentivogli, qui se croyait jusqu'alors fils d'un forgeron; ils le cherchèrent et lui donnèrent le gouvernement de leur ville, qu'il garda jusqu'au jour où Giovanni fut en âge de lui succéder.

Je conclus donc qu'un prince ne doit pas trop se soucier des conjurations, pourvu qu'il ait gagné la sympathie de son peuple; sinon, il doit se garder de tout et de tous. Les États bien ordonnés, les princes prudents se sont toujours évertués à ne pas réduire les grands à des partis désespérés, à satisfaire le peuple autant qu'ils le pouvaient. C'est là une des plus importantes affaires que doive régler un prince.

Le royaume de France est un des mieux gouvernés de notre temps; on y trouve de nombreuses et excellentes institutions qui garantissent au roi liberté d'action et sécurité. La première est le parlement et ses prérogatives. L'ordonnateur de ce royaume, connaissant l'ambition et l'insolence des puissants, jugea bon de leur mettre dans la bouche quelque frein qui les bridât. D'autre part, sachant bien quelle crainte le peuple nourrissait contre les seigneurs féodaux et voulant le rassurer, il prit soin que cette besogne n'incombât point au roi : il lui épargnait ainsi la rancune des grands s'il favorisait les petits, celle des petits s'il favorisait les grands. Il institua donc un tiers juge afin que, sans l'intervention du souverain, fussent frappés les orgueilleux et soutenus les humbles. Aucune mesure ne pouvait être plus sage, aucune ne pouvait mieux soutenir la cause du roi et du royaume. On en peut tirer une autre maxime : les princes doivent mettre sur le dos des autres les besognes désagréables, et se réserver à eux-mêmes les agréables. Et j'en conclus de nouveau qu'il doit certes faire cas des puissants, mais gagner la sympathie des faibles.

Ayant considéré la vie et la mort de certains empereurs romains, d'aucuns croiront y voir des exemples contraires à cette opinion : plusieurs d'entre eux, après avoir toujours fait preuve de grandes qualités d'esprit et de courage, ont perdu cependant leur pouvoir, ou même la vie à la suite d'une conjuration. Afin de répondre à ces objections, j'examinerai les qualités de ces empereurs, rechercherai les causes de leur ruine, qui ne contredisent nullement ce que j'ai soutenu ; en même temps, je soulignerai les faits importants qui doivent frapper quiconque s'intéresse à cette période. Il me suffira de considérer tous les empereurs qui se succédèrent de Marc Aurèle jusqu'à Maximin, à savoir : Marc lui-même, son fils Commode, Pertinax, Septime Sévère, Antonin Caracalla son fils, Macrin, Héliogabale, Alexandre Sévère et Maximin. Notons d'abord ceci : alors que dans les autres États le prince doit seulement refréner l'ambition des nobles et l'insolence de la plèbe, les empereurs romains rencontraient une troisième difficulté : ils devaient supporter des soldats brutaux et avides. Ce mal était si grave qu'à lui seul il causa la ruine de beaucoup, car il était malaisé de satisfaire en même temps le peuple et les soldats : le premier aimait le repos et la paix, et par voie de conséquence un souverain modeste; les seconds aimaient un prince batailleur, insolent, cruel, rapace, qualités qu'il devait exercer à l'encontre du peuple, afin de pouvoir gonfler les soldes et donner libre champ à la férocité, à la cupidité de ses troupes. Ces exigences contraires ont renversé les empereurs qui manquaient du prestige suffisant, naturel ou acquis, pour tenir en bride les uns et les autres. La plupart, et spécialement les souverains de fraîche date, se trouvant devant ces deux humeurs opposées, préféraient donner satisfaction aux militaires, pensant que c'était peu de chose de maltraiter le peuple. Il leur fallait prendre ce parti; car lorsqu'un prince ne peut éviter d'être détesté, mieux vaut qu'il ne le soit pas de tous; et s'il doit choisir parmi ses sujets, mieux vaut qu'il emploie tous les moyens à s'épargner la haine des plus puissants. C'est pourquoi les empereurs qui, à cause de la nouveauté de leur avènement,

avaient besoin d'appuis extraordinaires, cherchaient
à gagner la troupe plutôt que les peuples. Ce n'était
d'ailleurs pas un parti toujours profitable; il fallait
encore que le prince sût garder son prestige auprès
de ses hommes. Or il se trouva que Marc Aurèle,
Pertinax et Alexandre eurent des goûts modestes,
aimèrent la justice, détestèrent la cruauté, agirent
toujours avec humanité et bienveillance; voilà pourquoi ils eurent une triste fin, Marc excepté. Lui seul
vécut et mourut très honoré, car il accéda à l'empire
par droit d'héritage : il ne devait donc rien au peuple
ni aux soldats; par la suite, pourvu comme il était
des plus hautes, des plus respectables vertus, il maintint toujours chacun des deux groupes à sa juste
place, et jamais n'inspira de haine ni de mépris.
Pertinax, au contraire, fut fait empereur contre la
volonté de ses troupes; habituées à vivre sous
Commode en pleine licence, elle ne purent souffrir
les manières honnêtes que Pertinax voulut leur
imposer; il engendra de la sorte une haine à laquelle s'ajouta le mépris, à cause de son grand âge;
si bien qu'il tomba dès les premiers instants de son
règne.

C'est ici l'occasion de remarquer qu'on peut inspirer la haine aussi bien par les bonnes œuvres que
par les mauvaises. C'est pourquoi, comme je l'ai dit
plus haut, s'il veut maintenir son État, un prince
doit souvent recourir à la méchanceté; en effet, lorsque le groupe dont tu penses avoir besoin pour
conserver ta place est corrompu (peuple, soldats ou

nobles), tu te trouves obligé de suivre et de satisfaire ses goûts; alors les bonnes œuvres sont les plus
mauvaises. Mais passons à Alexandre Sévère. Parmi
les louanges sans fin qu'on fait de lui, il y a celle-
ci : en quatorze années d'empire, il ne mit jamais
personne à mort sans jugement préalable; néanmoins, comme c'était un efféminé, qui se laissait
gouverner complètement par sa mère, il suscita
le mépris, l'armée conspira contre lui et le mit à
mort.

Examinons à présent les caractères inverses de
Commode, Sévère, Caracalla et Maximin; tous
quatre très rapaces et très féroces. Pour satisfaire
leurs soldats, ils ne reculèrent devant aucune exac-
tion contre le peuple; mais tous eurent une triste fin,
sauf Septime Sévère. Car il y eut chez celui-ci tant de
vertu que, conservant l'amitié de ses troupes, il put
régner heureusement malgré les charges qu'il impo-
sait à la plèbe. Ses terribles qualités inspiraient tant
d'admiration aux uns et aux autres que les peuples
en restaient stupides, les militaires respectueux et
satisfaits.

Et parce que les actions de Sévère furent grandes
et chargées d'enseignements pour un prince nouveau, je veux montrer brièvement avec quel art il sut
user du renard et du lion : natures qu'un prince doit
bien savoir imiter, comme j'ai précédemment
conseillé. Ayant constaté la veulerie de l'empereur
Julien, Sévère persuada l'armée qu'il commandait en Esclavonie, d'aller à Rome venger la mort de

Pertinax, assassiné par sa garde prétorienne. Dissimulant ses visées impériales, il fit marcher sous ce
prétexte son armée contre Rome, et arriva en Italie
avant même qu'on eût appris son départ. Sitôt qu'il
fut entré dans la ville, le Sénat terrorisé vota la mort
de Julien et le proclama empereur à sa place. Après
ce bon début, Sévère rencontrait deux difficultés
pour s'emparer de tout l'État : l'une en Asie, où
Pescennius Niger, chef des armées orientales s'était
fait nommer empereur; l'autre en Occident, où
Decius Albinus aspirait lui aussi à l'empire. Comme
il jugeait dangereux de se déclarer ennemi de l'un et
de l'autre, il décida d'attaquer Niger et de duper
Albinus. Il lui écrivit, disant que, élu empereur par
le Sénat, il entendait partager avec lui cette dignité;
de fait, il lui fit parvenir le titre de César et convainquit le Sénat d'en faire son associé. Albinus prit tout
cela pour argent comptant. Mais quand Sévère eut
vaincu et supprimé Niger, pacifié les terres orientales, il revint à Rome et se plaignit d'Albinus devant
le Sénat : peu reconnaissant des bienfaits reçus de
lui, son associé avait, dit-il, tenté de le faire assassiner traîtreusement; aussi lui, devait-il aller punir
cette ingratitude. A la suite de quoi, il alla le trouver
en Gaule, lui enleva le gouvernement et la vie.

Si donc tu examines par le menu les actions de cet
empereur, tu verras en lui un lion très féroce et un
renard très subtil; tu constateras que chacun lui
portait crainte et respect, que ses armées ne le détestaient point; et tu ne seras pas surpris que lui, prince

nouveau, ait pu tenir un empire si puissant. C'est que son extraordinaire prestige le préserva toujours de la haine qu'auraient pu lui valoir dans le peuple ses exactions. Son fils Caracalla eut également de brillantes qualités qui lui gagnèrent l'admiration des peuples et la reconnaissance des militaires; car il avait la fibre guerrière, supportait les plus dures fatigues, méprisait toute délicatesse de bouche et autres mollesses, ce qui le faisait aimer de tous ses soldats. Cependant, ses férocités furent si grandes, si inouïes qu'il se fit haïr du monde entier : après un nombre infini d'assassinats particuliers, il massacra une grande partie de la population de Rome et toute celle d'Alexandrie. Il finit par faire peur même à son propre entourage, si bien qu'il fut tué par un centurion, au milieu de son armée. Notons en passant qu'aucun prince ne peut se prémunir contre des attentats de cette espèce : tout individu qui en a la ferme intention et se soucie peu de sa propre mort est en mesure de l'atteindre; leur rareté, cependant, diminue la crainte qu'il en peut avoir. Seulement, il doit prendre garde d'injurier gravement tel ou tel des ministres ou serviteurs qui vivent quotidiennement autour de lui : c'est l'erreur qu'avait commise Caracalla, en faisant mourir ignominieusement un frère de ce centurion, et en le menaçant tous les jours; il le conservait cependant en sa garde personnelle, ce qui était une seconde faute : elle ne pouvait que provoquer sa perte, comme cela se produisit.

Venons-en à Commode. Conserver son trône lui

semblait facile, puisqu'il le tenait par droit d'héritage, étant fils de Marc Aurèle : il lui suffisait de marcher sur les traces de son père, ce qui aurait satisfait en même temps et le peuple et l'armée. Mais comme il était de tempérament cruel et bestial, afin de pouvoir satisfaire sa rapacité aux dépens du populaire, il entreprit de s'attacher les troupes en y autorisant toutes licences. Sans souci de la dignité impériale, lui-même descendait souvent dans les arènes combattre avec les gladiateurs et pratiquait cent autres indignités, ce qui lui valut le mépris de ses hommes. Méprisé d'un côté, détesté de l'autre, il finit par tomber sous les coups des conjurateurs.

Il nous reste à parler de Maximin. Dégoûtés de la mollesse d'Alexandre Sévère dont j'ai parlé plus haut, ses soldats l'élurent empereur, à cause de son tempérament extrêmement batailleur. Il garda peu de temps son empire, car deux choses lui attirèrent la haine et le mépris : l'une était son extraction très vile, puisqu'il avait autrefois gardé les moutons en Thrace, ce qui était connu de chacun et ne l'avantageait guère ; l'autre, la réputation de férocité qu'il s'était acquise en différant, au début de son règne, d'aller à Rome prendre possession du trône impérial, laissant la ville aux mains de ses préfets, tous plus sanguinaires les uns que les autres. Ainsi, soulevé de dédain par la bassesse de sa race et de colère par son inhumanité, l'empire entier se rebella ; ce fut d'abord l'Afrique, puis le Sénat avec le peuple de

Rome; enfin toute l'Italie se joignit à la conjuration.
A son tour, l'armée entra en révolte; alors qu'elle
assiégeait Aquilée et trouvait des difficultés à la
prendre, écœurée de ses férocités continuelles et se
sentant plus forte par la multiplication de ses ennemis, elle se souleva et le mit à mort.

Je ne parlerai ni d'Héliogabale, ni de Macrin, ni
de Julien qui durent leur fin rapide à leur nature
totalement méprisable, mais je viendrai à la conclusion de ce propos. Les princes de notre temps ont
moins de difficulté à contenter leurs soldats; bien
qu'il soit bon d'avoir pour eux certains égards, le
problème est plus simple aujourd'hui, car généralement les armées ne sont pas établies dans les provinces depuis aussi longtemps que l'administration
civile, et n'y forment point un État dans l'État. Il
n'en était pas de même dans l'empire romain. S'il
fallait alors donner plus grande satisfaction aux
militaires qu'aux peuples, c'était parce que les premiers avaient plus de force que les seconds. De nos
jours au contraire les princes doivent satisfaire les
peuples avant les militaires, car ce sont eux les plus
forts. Je fais une exception pour le Grand Turc et le
sultan d'Égypte. Le premier garde toujours autour
de sa personne douze mille fantassins et quinze mille
cavaliers, desquels dépendent la sécurité et la force
de son royaume; et il lui est indispensable avant
toute autre considération de conserver leur amitié.
De même, le royaume du second repose entièrement
entre les mains des militaires; et le sultan doit aussi

s'assurer leur soutien, sans autre égard pour le peuple. Remarquez que son État est différent de toutes les autres principautés, parce qu'il ressemble à la papauté chez les chrétiens, qu'on ne peut appeler ni principauté héréditaire, ni principauté nouvelle : les successeurs de l'ancien souverain ne sont pas ses fils, mais quelqu'un qui est élu à cette dignité par ceux qui en ont la prérogative. Ces dispositions étant fort anciennes, on ne peut parler de principauté nouvelle, on n'y trouve point les difficultés habituelles aux États fraîchement établis. Bien que le prince en soit nouveau, la charpente de l'État est ancienne et elle a été construite pour le recevoir comme s'il était seigneur héréditaire[1].

Mais revenons à notre matière. Celui qui voudra bien étudier le discours précédent verra que la haine et le mépris ont été la cause de la chute des empereurs romains considérés. Il verra également que certains ont agi d'une façon, d'autres de manière opposée, en obtenant des résultats heureux ou malheureux. Car Pertinax et Alexandre Sévère, qui étaient des princes nouveaux, eurent grand tort d'imiter Marc Aurèle, prince par droit héréditaire. De même, Caracalla, Commode et Maximin commirent une grave erreur en voulant imiter Septime Sévère, car ils ne possédaient pas une vertu suffisante pour préten-

1. Chaque sultan était élu par une aristocratie : les chefs de la caste militaire des mameluks, qui avait formé jadis la première garde du sultan.

dre marcher sur ses traces. C'est pourquoi un prince nouveau, dans un État nouveau, ne peut imiter la conduite de Marc Aurèle, ni ne doit nécessairement suivre l'exemple de Sévère. Ce qui lui convient, c'est d'emprunter à Sévère les actions efficaces pour établir son État, et à Marc Aurèle, une fois son pouvoir solidement assis, les actions susceptibles de le conserver glorieusement.

XX

SI LES FORTERESSES
ET TOUTES LES AUTRES CHOSES
QUE LES PRINCES FONT CHAQUE JOUR
LEUR SONT UTILES OU NON

Certains princes, pour tenir sûrement leur État, ont désarmé leurs sujets ; d'autres ont entretenu les divisions dans les territoires qui leur sont soumis ; d'autres ont nourri des inimitiés contre eux-mêmes ; d'autres ont voulu gagner le cœur de ceux qui leur étaient suspects au commencement de leur règne ; d'autres ont édifié des forteresses ; d'autres enfin les ont démantelées. Et bien qu'il soit malaisé d'émettre sur tout cela un jugement précis sauf à l'examiner cas par cas, je m'efforcerai de présenter quelques observations générales.

Jamais donc un prince nouveau n'a désarmé ses sujets. Bien mieux : chaque fois qu'il les a trouvés démunis d'armes, il leur en a fourni. Ainsi, ces armes que tu donnes s'emploieront désormais à ton service ; les suspects te deviennent fidèles ; les fidèles restent tels, mais de simples sujets se font tes partisans. Certes, il est difficile d'armer tout le monde ; mais par le plaisir que tu fais à ceux que tu armes, tu pourras gouverner les autres avec plus de sûreté. Cette différence de traitement et ce privilège fait des uns tes obligés ; les autres t'excuseront, comprenant que ceux qui sont le plus à la peine et aux dangers doivent recevoir davantage d'honneur. Si au contraire tu désarmes tes sujets, tu commences à les offenser déjà, montrant par là que tu te méfies d'eux, de leur couardise ou de leur traîtrise : deux opinions qui engendreront contre toi la même aversion. Comme dans ce cas tu ne peux rester désarmé, tu dois recourir aux troupes mercenaires, dont j'ai dit plus haut ce qu'elles valent ; mais quand elles seraient bonnes, elles ne peuvent l'être assez pour te garder d'un ennemi puissant ni de sujets douteux. C'est pourquoi, je le répète, un prince nouveau dans un État nouveau a toujours armé ses sujets. L'histoire est pleine de ces exemples.

Mais quand un prince acquiert nouvellement quelque province qu'il annexe à son État, il est alors nécessaire qu'il désarme les territoires conquis, exception faite des habitants qui l'ont aidé dans sa conquête. Encore est-il bon, selon le temps et les occasions, de les amollir et affaiblir, en sorte que toutes les troupes de tout le pays soient composées de soldats anciens, de ceux qui ont toujours vécu auprès du prince.

Nos sages ancêtres avaient coutume de dire : « Il faut tenir Pistoie par les factions, et Pise par les forteresses. » C'est pourquoi ils entretenaient les divisions dans certaines villes qui leur étaient sujettes, afin de les garder plus facilement. Cette politique convenait sûrement à une époque où existait en Italie un certain équilibre des puissances; mais je ne crois pas qu'on la doive tenir pour bonne de nos jours : à mon avis, les divisions ne peuvent profiter à personne. Lorsque approche l'ennemi, les villes divisées tombent fatalement et tout de suite; car les plus faibles se joindront toujours aux assaillants, les autres ne pourront soutenir seuls l'assaut.

Poussés, je pense, par les raisons indiquées ci-dessus, les Vénitiens entretenaient dans les villes soumises à leur autorité les sectes guelfes et gibelines; ils empêchaient tout affrontement sanglant, mais nourrissaient leurs dissensions, afin qu'elles ne s'unissent point contre eux. Ce qui, comme on le vit, ne tourna point à leur profit : après le désastre d'Agnadel, une partie des factieux s'enhardit, et leur enleva toutes leurs conquêtes pour les donner aux ennemis. Ce sont là des procédés qui révèlent la faiblesse du prince : jamais chez un prince fort ne seront tolérées pareilles divisions. Sans doute peuvent-elles servir en temps de paix, car elles permettent de mieux tenir en main la population; mais quand la guerre survient, on voit éclater leur caractère fallacieux.

A coup sûr, les princes deviennent grands quand ils surmontent les difficultés et les embûches qu'on dresse sous leurs pas. Voilà pourquoi la fortune, pour grandir spécialement un prince nouveau (qui a plus besoin de prestige qu'une prince héréditaire), lui suscite des ennemis, inspire des conjurateurs, afin qu'il ait l'occasion d'en venir à bout; ainsi, sur cette échelle que lui présentent ses adversaires, il peut monter plus haut. Aussi, certains estiment-ils qu'un prince habile, quand s'en présente l'occasion, doit subtilement nourrir contre lui-même quelques inimitiés afin que, les ayant matées, il sorte grandi de l'affaire.

Les princes, et surtout les nouveaux, ont trouvé plus d'avantage et de fidélité chez des hommes qui paraissaient suspects au début de leur règne que chez les alliés de la première heure. Pandolphe Petrucci, seigneur de Sienne, employait plus volontiers les premiers que les seconds pour gouverner ses États. Mais il est difficile de s'étendre sur ce point, car il change selon les sujets. J'en dirai donc ceci seulement : si ces suspects ont besoin pour se maintenir de l'appui du prince, il pourra très facilement les gagner à sa cause. Ils le serviront alors avec d'autant plus de zèle qu'ils se sentiront plus en devoir d'effacer la mauvaise opinion qu'il avait d'eux en son début. Ils lui rendront ainsi plus de services que des amis trop assurés, qui songeront moins à ses intérêts qu'aux leurs propres.

Puisque la matière l'exige, au prince qui s'est récemment emparé d'un État avec l'aide de quelques-uns de ses habitants, je ne veux pas manquer de rappeler ceci : considère bien les motifs qui les ont poussés à te servir; si ce n'est point par une affection naturelle, si c'était seulement parce qu'ils se trouvaient mécontents de la situation antérieure, il te sera extrêmement malaisé de conserver leur alliance, car il te sera extrêmement malaisé de les satisfaire. Si l'on examine attentivement les exemples anciens et modernes, on verra qu'il est beaucoup plus facile au prince conquérant de gagner l'amitié de ceux que l'ancien gouvernement satisfaisait, qui donc devaient se montrer hostiles au nouveau maître, que de gagner les mécontents, devenus provisoirement les alliés de son entreprise.

La coutume a été que les princes, pour pouvoir tenir plus fermement leurs États, bâtissent des forteresses, destinées à leur servir de refuge contre une attaque soudaine et à effrayer des adversaires éventuels. J'approuve cet usage très ancien. Néanmoins, pour conserver son État, on a vu récemment Nicolas Vitelli démanteler deux forts en sa ville de Città di Castello. De même Guido Ubaldo, duc d'Urbin, recouvrant le trône d'où il avait été chassé par César Borgia, rasa par le pied toutes les fortifications du pays, jugeant qu'ensuite il perdrait plus difficilement son pouvoir. Les Bentivogli, rentrés dans Bologne, agirent de même. Les forteresses sont donc utiles ou nuisibles, selon les circonstances; et si elles te servent d'un côté, elles peuvent te desservir de l'autre. On résumera la chose ainsi : le prince qui redoute plus ses peuples que les étrangers doit se fortifier; mais celui qui craint davantage les

étrangers doit faire le contraire. Le château de Milan,
que François Sforza fit construire, a causé et causera à
cette famille plus de dommages qu'aucun désordre
survenu dans l'État. La meilleure forteresse au
monde est l'affection du peuple. Si tu as les pierres
sans avoir les cœurs, elles ne suffiront point à te
protéger ; car s'il prend les armes contre toi, le peuple ne manquera jamais de secours extérieurs. De ces
pierres, aucun prince actuel n'a jamais profité,
excepté la comtesse de Forli, après le meurtre de
Jérôme Riario son époux : grâce à sa citadelle, elle
put échapper à la fureur populaire, attendre le
secours de son oncle Ludovic de Milan et récupérer
son trône. La situation était alors telle que l'étranger
ne pouvait venir au secours du peuple ; mais plus
tard, les murailles lui furent d'une mince utilité
quand César Borgia l'attaqua et que le peuple hostile
se joignit à l'envahisseur. Aussi, en ces deux occasions, l'appui populaire lui eût été d'un plus grand
secours que les forteresses. Ayant donc considéré
toutes ces choses, je louerai en même temps celui
qui les construit et celui qui ne les construit pas ; et
je blâmerai quiconque, se fiant à elles, ne fera qu'un
petit cas de la haine populaire.

XXI

COMMENT UN PRINCE DOIT SE COMPORTER POUR ACQUÉRIR DE L'ESTIME

RIEN ne procure autant d'estime à un prince qu'accomplir de grandes entreprises et donner de soi des exemples rares et mémorables. Considérons quelqu'un de cette espèce : Ferdinand d'Aragon, l'actuel roi d'Espagne. On peut l'appeler justement prince nouveau, car de roi sans puissance il est devenu le plus glorieux des monarques chrétiens. Et si tu considères ses actions, tu les trouveras toutes remarquables, et certaines tout à fait extraordinaires. Au début de son règne, il assaillit Grenade, le dernier établissement sarrasin en Espagne. Ce fut là le fondement de son pouvoir. Tout d'abord, il mena l'affaire rondement, sans entrave d'aucune sorte : par elle, il occupait les esprits des barons de Castille qui, pensant à la guerre, n'avaient en tête aucune idée de rébellion. Et de la sorte, il acquérait prestige et autorité sur eux, qui ne s'en apercevaient même pas. Grâce à l'argent de l'Église et de

ses peuples, il put entretenir des troupes, établir
une armée longuement aguerrie qui l'a depuis couvert de gloire. En outre, pour pouvoir aller plus
loin, sous couvert de la religion, il entreprit une
pieuse cruauté : il dépouilla et chassa de son
royaume les Juifs et les Mores convertis au chris-
tianisme. On ne saurait trouver un exemple plus
digne de pitié et d'admiration. Ensuite, toujours
couvert du même manteau, il attaqua l'Afrique,
conquit le royaume de Naples, se jeta enfin sur la
France, à la tête de la Sainte Ligue. Telles ont été
les superbes entreprises par lesquelles il a gagné
l'admiration de ses sujets, suspendus dans l'attente
des résultats. Et ses actions ont été si bien enchaî-
nées qu'elles n'ont jamais permis à personne de
pouvoir à loisir travailler contre lui.

Il est aussi fort utile à un prince de donner d'in-
signes exemples de son savoir-faire dans les pro-
blèmes intérieurs. C'est ainsi que lorsqu'on parle
d'actions extraordinaires, en bien ou en mal, dans
le gouvernement civil, de châtiments ou de récompenses inouïs et dignes de mémoire, on cite Bar-
nabé Visconti, seigneur de Milan. Par-dessus tout,
un prince doit s'ingénier par ses actions à obtenir
le renom d'homme exceptionnel en dimension et
en intelligence.

Un prince gagne aussi de l'estime quand son
amitié ou son inimitié sont sans équivoque; c'est-
à-dire lorsqu'il se déclare franchement pour ou
contre quelqu'un. Attitude qui lui sera toujours

plus profitable que la neutralité. Car si deux voisins
puissants en viennent aux mains, deux cas se présentent : tu auras quelque chose ou tu n'auras rien
à craindre du vainqueur. Dans ces deux situations,
il te sera plus utile de te découvrir et de jouer franc
jeu; car dans la première, si tu ne t'es point dé-
claré, tu seras nécessairement la proie du gagnant,
à la grande satisfaction du perdant, et tu ne pourras
recourir à personne; l'un ne voudra point d'un
ami douteux qui ne lui sera d'aucune aide dans les
adversités; l'autre refusera de t'assister, toi qui
n'as pas voulu partager le sort de ses armes.

Les Étoliens avaient appelé Antiochus en Grèce
pour en chasser les Romains. Il envoya des ambassadeurs aux Achéens, qui étaient amis de Rome,
pour les engager à rester neutres; d'un autre côté,
les Romains essayaient de s'en faire des alliés. Le
problème vint en délibération au Sénat des Achéens,
devant lequel le légat d'Antiochus développait ses
arguments; et le légat romain de répondre : *Quod
autem isti dicunt non interponendi vos bello, nihil magis
alienum a rebus vestris est; sine gratia, sine dignitate,
praemium victoris eritis*[1].

---

1. Citation inexacte de Tite-Live. Le texte précis est : *Nam
quod optimum esse dicant, nihil tam vanum, immo tam alienum rebus
vestris est. Quippe sine gratia, sine dignitate, præmium victoris est*
(XXXV, 48). « Quant à ce parti (de rester neutre) qu'on dit le
plus avantageux pour vous, aucun n'est aussi inutile, aussi
contraire à votre politique; en fait, sans y gagner la grâce de
personne, mais y perdant votre dignité, vous serez la proie du
vainqueur. »

Tu constateras toujours que celui qui n'est point ton ami te priera de rester neutre, alors que ton ami voudra que tu engages tes armes à ses côtés. Les princes irrésolus, pour éviter les dangers immédiats, suivent généralement le chemin de la neutralité, ce qui le plus souvent les mène à leur ruine. Quand, au contraire, un prince se découvre résolument en faveur d'une partie, si celle-ci l'emporte, elle se sent liée par un pacte d'amitié et de reconnaissance, même quand elle est puissante et te tient à sa discrétion; les hommes ne sont pas déloyaux au point d'offrir, en t'écrasant dans ces circonstances, un tel exemple d'ingratitude; d'autre part, une victoire n'est jamais si complète que le vainqueur puisse se permettre de piétiner la justice. Si au contraire ton allié est vaincu, il t'aidera de ses secours, autant qu'il le pourra; tu deviendras ainsi le compagnon d'une fortune qui peut se relever. Dans le cas où tu n'as rien à craindre du vainqueur, la prudence davantage encore veut que tu t'engages; car ainsi tu contribues à ruiner l'un avec l'aide de l'autre, qui devrait le sauver, s'il était sage, en s'alliant à lui contre toi; votre victoire commune met ton allié à ta merci; et il est impossible, puisque des trois tu es le plus puissant, qu'il ne triomphe pas avec ton aide.

Sur quoi il faut noter qu'un prince doit bien se garder de faire jamais compagnie, en temps de guerre, avec plus puissant que soi, si ce n'est contraint par la nécessité, comme j'ai dit précédem-

ment. S'il gagne, tu resterais son prisonnier, et les
princes doivent éviter autant qu'ils le peuvent de
tomber à la discrétion d'autrui. Venise s'allia à la
France contre le duc de Milan, et elle pouvait éviter
cette association qui causa sa ruine. En revanche,
si on ne peut l'éviter (ce fut le cas des Florentins
quand les troupes du pape Jules II et de l'Espagne
allèrent attaquer la Lombardie), il faut accepter une
telle alliance, pour les raisons indiquées ci-dessus.
Un gouvernement ne doit jamais croire infaillibles
ses résolutions; il doit au contraire les tenir toujours pour aléatoires. Car l'ordre des choses est
ainsi fait que chaque fois qu'on veut échapper à un
inconvénient on tombe dans un autre; la prudence
consiste à savoir mesurer les inconvénients, et à
prendre pour bon le moins mauvais.

Un prince doit encore montrer qu'il apprécie les
divers talents, accordant travail et honneurs à ceux
qui s'illustrent le plus en tel ou tel art. Il encoura-
gera ses concitoyens dans l'exercice paisible de leurs
professions, que ce soit dans l'agriculture, le négoce
ou d'autres spécialités. Ainsi, Pierre ne craindra pas
d'embellir sa maison ou son domaine, de peur
qu'on ne les lui enlève; Paul d'entreprendre un
nouveau commerce par crainte des impositions.
Le seigneur attribuera des récompenses à ces arti-
sans, et à tous ceux qui, d'une manière ou d'une
autre, s'emploieront à enrichir le pays. En outre,
à des périodes de l'année convenables, il distraira
ses peuples au moyen de fêtes et de spectacles. Et

comme chaque cité est divisée en corporations ou en tribus, il lui faut tenir compte de ces groupements, les rencontrer parfois dans leurs assemblées, donner de lui-même des exemples de magnificence et d'humanité. Il aura soin cependant de préserver la majesté de son rang, qui en aucune occasion ne doit être ternie.

XXII

DES MINISTRES D'UN PRINCE

Il n'est pas de peu d'importance qu'un prince sache bien choisir ses ministres, car, selon sa prudence, ils seront bons ou mauvais. Et l'on peut juger de la cervelle d'un seigneur rien qu'à voir les gens dont il s'entoure. Quand ils sont compétents et fidèles, on peut croire à sa sagesse, puisqu'il a su les reconnaître compétents et les maintenir fidèles; mais s'ils sont le contraire, on peut douter de ce qu'il vaut lui-même, puisque la première erreur qu'il commet réside dans ce choix.

Tous ceux qui ont connu Antoine de Vénafre, ministre de Pandolphe Pétrucci, seigneur de Sienne, n'ont pu concevoir qu'une haute opinion du maître qui l'avait élu. Il existe trois sortes de cerveaux : les uns comprennent les choses d'eux-mêmes, les seconds quand elles leur sont expliquées, les troisièmes ne comprennent ni d'une façon ni de l'autre; les premiers sont les meilleurs, les seconds encore excellents, les troisièmes inutiles. Il fallait donc nécessairement que, si Pandolphe n'appartenait pas à la première classe, il fût de la seconde; car chaque fois qu'un homme est pourvu d'assez de jugement pour reconnaître si les actions d'un autre ont ou non quelque prix, même dépourvu lui-même d'imagination, il distinguera le mauvais du bon dans les actions de son ministre, exaltera celle-ci, corrigera celle-là. Ne pouvant donc espérer le leurrer, le ministre restera dans le droit chemin.

Mais comment un prince pourra-t-il juger exactement son ministre? Voici un moyen qui jamais n'est en défaut. Quand tu le vois penser moins à toi qu'à lui-même, rechercher en toutes choses ce qui convient le mieux à son intérêt, tu peux être certain qu'il ne sera jamais un bon serviteur, jamais un homme de confiance. Celui qui a entre ses mains la responsabilité de l'État d'un autre ne doit jamais penser à lui-même, mais toujours à son maître, ne doit jamais l'entretenir d'autre sujet que de ceux du royaume. D'autre part, le seigneur, afin de se l'attacher, le couvrira d'honneurs, de charges, de richesses, gagnera sa reconnaissance, le persuadera qu'il ne peut se passer de ses services. Les honneurs, les richesses seront si abondants que le ministre ne pourra en désirer davantage, les charges si hautes qu'il ne pourra que s'opposer à tout changement. Quand prince et ministres suivent cette voie, ils peuvent avoir toute confiance l'un en l'autre. Autrement, l'un et l'autre iront vers le malheur.

XXIII

COMMENT ON DOIT FUIR LES FLATTEURS

Je ne veux pas oublier un point d'importance, un danger dont les princes se défendent malaisément, s'ils ne sont pas d'une sagesse exemplaire, d'une rare clairvoyance. Il s'agit des flatteurs, dont les cours princières sont remplies. Car les hommes ont tant de goût pour leurs histoires personnelles, se font là-dessus tant d'illusions qu'ils ont grand mal à se préserver de cette peste. Or à vouloir t'en défendre, tu risques de tomber dans un autre mal et de susciter le mépris. Car il n'y a pas d'autres moyens de te garder des flatteries qu'en faisant comprendre autour de toi que la vérité ne t'offense point; mais si chacun a le droit de te dire la vérité, on peut te manquer de respect. Aussi, un prince avisé doit-il suivre une troisième voie en choisissant dans le pays un certain nombre d'hommes sages à qui seuls il permettra de s'exprimer librement, et uniquement sur les matières de son choix.

En fait, il doit s'informer de toutes choses, et entendre leurs opinions, ensuite décider par lui-même, selon ses principes. Ces conseillers auront appris par son comportement que plus ils parleront avec franchise, plus ils lui seront agréables. En dehors d'eux, il ne voudra entendre personne, et accomplira ce qu'il aura décidé avec une complète obstination. Celui qui agit autrement est perdu par les flatteurs, ou change souvent d'avis, selon le dernier qui a parlé, ce qui ne peut guère lui valoir d'estime.

Je veux appuyer ce propos par un exemple récent. Dom Luca, évêque et homme de confiance de Maximilien, l'empereur actuel, parlant de Sa Majesté, disait qu'elle ne recevait le conseil de personne et cependant ne faisait jamais rien selon ses goûts. Cela signifie qu'elle se comporte à l'inverse de mes préceptes. Car l'empereur est un homme secret; il ne communique à qui que ce soit ses projets, ne prend aucun avis. Toutefois, lorsqu'il entreprend de les réaliser, on en connaît le commencement; les personnes de son entourage se mettent à les critiquer; et lui, qui n'est point contrariant, s'en détourne. De là vient que les choses qu'il entreprend un jour, il les détruit le lendemain, qu'on ne comprend jamais clairement ses intentions, et qu'on ne peut compter sur la fermeté de ses décisions.

C'est pourquoi un prince doit toujours entendre les conseils, mais selon son désir à lui, non sur celui

des autres; il doit même décourager chacun de lui
donner des conseils qu'il ne sollicite point. Il doit
cependant souvent les solliciter, et entendre ensuite
patiemment la vérité requise, s'irriter même si
quelqu'un la dissimule par prudence. Certains
s'imaginent que les princes qui ont une réputation de
sagesse la doivent seulement à leurs conseillers, non
à leurs qualités naturelles, mais ils se trompent.
Car voici une règle infaillible : un prince qui manque de sagesse ne sera jamais sagement conseillé,
à moins qu'il ne s'en remette complètement au choix
du hasard, et que le hasard désigne un sage second.
En ce cas, on pourrait bien évoquer la sagesse du
prince, mais elle serait de courte durée, car ce gouverneur lui ravirait son État. S'il écoute les conseils
de plusieurs, ce même seigneur dépourvu de sagesse
recevra toujours des avis contradictoires, et de
lui-même ne saura point les mettre en accord; en
fait, chaque conseiller pensera seulement à son
intérêt personnel, et lui ne saura ni les juger, ni les
corriger. Les choses ne peuvent aller autrement, car
les hommes finiront toujours par mal te servir, si
aucune nécessité ne les oblige au bien. C'est pourquoi je conclus que les bons conseils, d'où qu'ils
viennent, procèdent toujours de la sagesse du
prince, et non la sagesse du prince de ces bons
conseils.

POURQUOI LES PRINCES D'ITALIE
ONT PERDU LEURS ÉTATS

Si les préceptes énoncés précédemment sont obser-
vés avec sagesse par un prince, ils le feront paraître
ancien là où il sera nouveau, et lui donneront aussitôt plus de fermeté et d'assurance en son État que
s'il y était enraciné depuis très longtemps. Car on
observe un prince nouveau plus attentivement en
ses actes que s'il avait son trône par droit d'héritage; et quand on y reconnaît une grande vertu,
ils gagnent le cœur des sujets et les lui attachent
plus forts qu'une simple ancienneté de race. C'est
que les hommes sont beaucoup plus épris du présent que du passé, et s'ils trouvent ce présent à leur
convenance, ils s'y prélassent et ne demandent rien
d'autre; et même ils défendront par tous moyens
leur seigneur; pourvu qu'en tout il se montre digne
de lui-même. Il en recevra ainsi double gloire : pour
avoir établi une principauté nouvelle; pour l'avoir
ensuite embellie et fortifiée avec de bonnes lois, de

bonnes armes et de bons exemples. A l'inverse, celui qui, né prince, aura perdu son trône, en recevra double déshonneur.

Si l'on considère en Italie les princes qui ont perdu leurs États de notre temps, comme Frédéric d'Aragon, roi de Naples, Ludovic le More, duc de Milan et quelques autres, on trouvera dans leurs conduites une faute commune : ils ne surent pas se donner une armée forte et fidèle, pour les raisons que j'ai longuement exposées ci-dessus. De plus, certains ne surent pas se garder de l'insolence de leurs grands, qu'ils eussent ou non l'amitié des petits. Si l'on ne commet point ces deux erreurs, il est impossible de perdre ses États, pourvu qu'on y trouve assez de substance pour entretenir une armée en campagne. Philippe de Macédoine (non le père d'Alexandre, mais celui qui fut vaincu par Titus Quintus) ne disposait pas d'un grand pays en face des Romains et des Grecs qui venaient l'assaillir; cependant, parce que c'était un homme de guerre, qu'il avait obtenu l'appui de son peuple et muselé ses barons, il tint tête de longues années à ses ennemis; et si à la fin il perdit quelques villes, du moins conserva-t-il son royaume.

Nos princes qui, après être restés longtemps sur leur trône, ont fini par le perdre, ne doivent donc pas accuser la fortune mais leur seule veulerie. Car, n'ayant jamais pensé en période de paix que ce temps pouvait changer (commun défaut de tous les hommes qui durant la bonace ne prévoient pas la tempête) lorsque ensuite sont venus les orages, ils se sont réfugiés dans la fuite au lieu de se défendre, espérant que leurs peuples, excédés de l'insolence des vainqueurs, finiraient par les rappeler. Faute de mieux, ce parti n'est pas mauvais; mais c'était fort mal avisé d'avoir renoncé aux autres remèdes. C'est comme si tu te laissais tomber avec l'espoir que quelqu'un te ramassera : cela n'arrive pas souvent; et quand cela arrive, tu n'y peux trouver aucune sûreté, à cause de la lâcheté de ta défense qui t'a fait t'abandonner toi-même. Seules sont bonnes, durables, certaines, les défenses qui dépendent exclusivement de toi et de ta vertu.

XXV

POUVOIR DE LA FORTUNE
DANS LES CHOSES HUMAINES
ET COMMENT LUI RÉSISTER

Je n'ignore pas cette croyance fort répandue : les
affaires de ce monde sont gouvernées par la fortune
et par Dieu; les hommes ne peuvent rien y changer,
si grande soit leur sagesse; il n'existe même aucune
sorte de remède; par conséquent il est tout à fait
inutile de suer sang et eau à vouloir les corriger, et
il vaut mieux s'abandonner au sort. Opinion qui a
gagné du poids en notre temps, à cause des grands
bouleversements auxquels on assiste chaque jour, et
que nul n'aurait jamais pu prévoir. Si bien qu'en
y réfléchissant moi-même, il m'arrive parfois de
l'accepter. Cependant, comme notre libre arbitre ne
peut disparaître, j'en viens à croire que la fortune
est maîtresse de la moitié de nos actions, mais
qu'elle nous abandonne à peu près l'autre moitié.
Je la vois pareille à une rivière torrentueuse qui
dans sa fureur inonde les plaines, emporte les arbres
et les maisons, arrache la terre d'un côté, la dépose

de l'autre; chacun fuit devant elle, chacun cède à son assaut, sans pouvoir dresser aucun obstacle. Et bien que sa nature soit telle, il n'empêche que les hommes, le calme revenu, peuvent prendre certaines dispositions, construire des digues et des remparts, en sorte que la nouvelle crue s'évacuera par un canal ou causera des ravages moindres. Il en est de même de la fortune : elle fait la démonstration de sa puissance là où aucune vertu ne s'est préparée à lui résister; elle tourne ses assauts où elle sait que nul obstacle n'a été construit pour lui tenir tête. Si maintenant vous considérez l'Italie, siège et berceau de ces bouleversements, vous verrez que c'est une campagne sans digues et sans remparts d'aucune sorte; car si elle était protégée par une solide vertu, comme le sont l'Allemagne, l'Espagne, la France, l'inondation n'aurait pas produit de si grands ravages; sans doute même n'aurait-elle pas eu lieu.

Je ne veux rien ajouter sur les moyens d'endiguer la fortune en général. Mais si j'en viens au particulier, je vois tel prince être aujourd'hui heureux et demain ruiné sans avoir entre-temps changé de politique. Cela vient d'abord, me semble-t-il, des raisons longuement exposées ci-dessus : ce prince s'appuie totalement sur la fortune, et il tombe quand elle tourne. Ensuite, celui qui sait adapter sa conduite aux circonstances sera plus sûrement heureux que son collègue qui n'a pas appris cet art. Chaque homme vise aux mêmes buts, qui sont les honneurs et la richesse; mais ils emploient pour les atteindre des moyens variés : l'un la prudence, l'autre la fougue; l'un la violence, l'autre l'astuce; celui-ci la patience, cet autre la promptitude; et toutes ces méthodes sont bonnes en soi. Et l'on voit encore de deux prudents l'un réussir et l'autre échouer; et à l'inverse deux hommes également prospères qui emploient des moyens opposés. Tout s'explique par les seules circonstances qui conviennent ou non à leurs procédés. De là résulte ce que j'ai dit précédemment : des façons de faire différentes produisent un même effet, et de deux conduites toutes pareilles l'une atteint son but, l'autre fait fiasco. Ainsi s'explique également le caractère variable du résultat. Voici quelqu'un qui se gouverne avec patience et circonspection; si les choses tournent d'une manière, sa méthode est heureuse, son succès assuré; si elles changent soudain de sens, il n'en tire que ruine parce qu'il n'a pas su modifier son action. Très peu d'hommes, quelle que soit leur sagesse, savent s'adapter à ce jeu; ou bien parce qu'ils ne peuvent s'écarter du chemin où les pousse leur nature; ou bien parce que, ayant toujours prospéré par ce chemin, ils n'arrivent point à se persuader d'en prendre un autre. C'est pourquoi l'homme d'un naturel prudent ne sait pas employer la fougue quand il le faudrait, ce qui cause sa perte. Si tu savais changer de nature quand changent les circonstances, ta fortune ne changerait point.

Le pape Jules II agit toujours impétueusement ; et les temps se trouvèrent si adéquats à sa manière qu'il vint heureusement à bout de toutes ses entreprises. Voyez la première, contre Bologne, en 1506, du vivant de Giovanni Bentivogli. Les Vénitiens en étaient mécontents, le roi d'Espagne aussi ; des discussions étaient en train avec la France ; lui, néanmoins, avec sa fureur et son audace coutumières, marcha en personne à la tête de l'expédition. Ce qui tint en suspens le roi d'Espagne et les Vénitiens, ceux-ci de frayeur, celui-là par désir de recouvrer tout son royaume de Naples. D'autre part, Jules II entraîna Louis XII à sa suite ; car le voyant si résolu, le roi de France, qui avait besoin de son alliance pour abaisser Venise, pensa ne pouvoir lui refuser l'appui de ses troupes sans l'humilier manifestement. Par sa décision impétueuse, Jules obtint donc ce qu'aucun autre pontife n'aurait obtenu à force de prudence. Si, pour partir de Rome, il avait attendu la ferme conclusion de tous les arrangements, comme aurait fait tout autre pape, jamais il n'aurait réussi : le roi de France eût trouvé mille excuses, les autres auraient opposé mille craintes. Je ne parlerai pas de ces autres actions, qui eurent toutes le même caractère et le même succès. Son règne trop court ne lui permit pas de goûter de l'échec ; si des temps étaient venus qui eussent exigé la patience, il était perdu, car il n'aurait jamais dévié de ces façons où la nature l'inclinait.

Je conclus donc que la nature change et que les hommes sont entêtés; quand leur comportement s'accorde avec les nécessités du moment, ils sont heureux en affaires; sinon, c'est le désastre. D'autre part, j'estime qu'il vaut mieux employer la fougue que la prudence : la nature est femme; il est indispensable, pour la dominer, de la battre, de la bousculer. Elle cède plus volontiers aux hommes de cette trempe qu'aux froids calculateurs; c'est aussi pourquoi, en tant que femme, elle préfère les jeunes gens, qui la traitent avec moins de respect, avec plus de feu et plus d'audace.

XXVI

EXHORTATION À PRENDRE L'ITALIE
ET LA DÉLIVRER DES BARBARES

J'AI donc considéré toutes les choses exposées ci-dessus, et je me suis demandé si les circonstances présentes de l'Italie étaient favorables à l'établissement d'un prince nouveau ; si quelqu'un, rempli à la fois de prudence et de vertu, pouvait y trouver l'occasion d'opérer des changements susceptibles d'assurer sa propre gloire à lui et le bonheur de la population. Or il me semble que tant de choses concourent à favoriser une telle entreprise que je me demande s'il y eut jamais temps plus propice. Si, comme je l'ai montré, il était nécessaire, pour faire éclater la vertu de Moïse, de Cyrus, de Thésée que le peuple d'Israël fût esclave en Égypte, les Perses opprimés par les Mèdes, les Athéniens dispersés, il est sans doute pareillement nécessaire aujourd'hui, pour constater la vertu d'un esprit italien, que l'Italie soit réduite à son état présent : plus esclave que les Hébreux, plus serve que les

Perses, plus dispersée que les Athéniens; sans chef, sans gouvernement, battue, dépouillée, déchirée, piétinée, après avoir souffert toutes sortes de ruines.

Certes, quelque lueur a parfois brillé chez tel ou tel, pouvant laisser croire que celui-là était désigné par Dieu pour sa rédemption; néanmoins, on a vu par la suite qu'au plus haut sommet de ses actions il a été repoussé de la fortune. De sorte que, à bout de souffle, elle attend celui qui pourra guérir ses blessures, mettre fin aux saccages de Lombardie, aux rançonnements de Naples et de Toscane, et cautériser ses plaies depuis si longtemps purulentes. Elle prie Dieu chaque jour qu'il lui envoie un sauveur pour la délivrer de ces barbares cruautés, de ces tyrannies. La voilà toute prête à suivre un drapeau, pourvu qu'il se trouve quelqu'un qui veuille le saisir. Et l'on ne voit pas où elle pourrait mieux placer ses espérances qu'en votre illustre maison[1]. Quelle autre, riche de tant de fortune et de vertu, favorisée comme elle par Dieu et par l'Église (puisqu'elle en a fourni l'actuel souverain) pourrait présider à cette rédemption? Et l'entreprise ne sera pas très difficile si vous gardez présentes à l'esprit la vie et les actions de Moïse, de Cyrus et de Thésée. Et quoiqu'il y eût là des hommes d'une espèce rare et merveilleuse, ce ne furent cependant que des

---

1. Les Médicis, qui venaient de rentrer à Florence, semblaient au sommet de leur puissance. Jean de Médicis, oncle de Laurent II à qui *Le Prince* est dédié, venait d'être élu pape sous le nom de Léon X.

hommes, et chacun connut des circonstances moins favorables que les présentes : leur entreprise ne fut pas plus juste ni plus facile, Dieu ne leur fut pas plus propice qu'à vous-même. Il s'agit là d'un acte de grande justice : *Justum enim est bellum quibus est necessarium, et pia arma ubi nulla nisi in armis spes est*[1]. Toutes choses semblent disposées à cet effet. Et dans de telles circonstances, il ne peut y avoir de sérieux obstacles, pourvu que vous reteniez quelque chose des modèles que je vous ai proposés. Outre tout cela, on assiste à des prodiges sans exemples, par lesquels Dieu annonce de grands changements : la mer s'est ouverte; une nuée y a marqué le chemin à suivre; de l'eau a jailli de la pierre; la manne est tombée du ciel. Toutes choses préparent votre grandeur. Le reste vous appartient. Dieu ne veut pas tout faire, pour ne pas diminuer notre libre arbitre et la part de gloire qui nous revient.

Il ne faut pas s'étonner si aucun des Italiens mentionnés précédemment n'a pu réaliser ce qu'on est en droit d'attendre de votre illustre maison; et si, parmi tant de bouleversements et de guerres, il semble chaque fois que la vertu militaire ait disparu de l'Italie. Cela provient des mauvaises institutions du passé, que personne n'a été capable de réfor-

---

1. La citation exacte de Tite-Live (IX, I) est : *Justum est bellum quibus necessarium, et pia arma quibus nulla nisi in armis relinquitur spes*. « La guerre est juste pour ceux à qui elle est nécessaire, et saintes sont les armes quand il n'est plus d'espoir qu'en elles. »

mer. Rien, cependant, ne donne autant de gloire à
un homme nouveau que de créer de nouvelles lois
et de nouveaux gouvernements, choses qui lui valent
toujours le respect et l'admiration si elles ont de la
grandeur et de solides fondements. En Italie, la
matière à réformer ne fait point défaut; on y trou-
verait grande vertu dans les membres, si elle ne
manquait pas aux têtes. Regardez par exemple ce
qu'il advient dans les duels et les rencontres de petits groupes[1]; voyez comme les Italiens s'y montrent
supérieurs en force, en adresse, en intelligence;
mais quand il s'agit d'armées, ils font piètre figure.
Cela provient de l'insuffisance des capitaines; car
ceux qui savent ne sont pas obéis, chacun croit
savoir, et personne n'a pu jusqu'à ce jour s'élever
assez, par fortune ou par vertu, pour s'imposer à tous.
Et c'est pourquoi, dans les combats livrés ces vingt
dernières années, quand une armée a été composée
exclusivement d'Italiens, elle s'est toujours mal
comportée. Ce dont témoignent Fornoue, Alexandrie, Capoue, Gênes, Agnadel, Bologne, Mestre.

Si donc votre illustre maison veut imiter ces
grands hommes qui sauvèrent leur pays, elle doit
avant toutes choses — c'est là le fondement de toute
entreprise — s'assurer des armes qui lui soient propres : on ne peut avoir des soldats plus fidèles, plus
ardents, ni meilleurs. Et si chacun est bon, leur

1. Allusion au défi de Barletta (1502) où treize Italiens défi-
rent treize Français, dont l'illustre Bayard.

valeur augmentera quand ils se verront commandés, honorés, entretenus par leur prince. Si vous formez une armée de cette sorte, vous pourrez par la vieille vertu italienne vous défendre des étrangers. Je sais que l'infanterie suisse et l'espagnole sont tenues pour redoutables; cependant, ni l'une ni l'autre n'est sans défaut, si bien qu'un troisième arrangement militaire pourrait non seulement les affronter, mais espérer les vaincre. En effet, les Espagnols ne résistent point au choc de la cavalerie; les Suisses doivent craindre des fantassins aussi acharnés qu'eux-mêmes à combattre. C'est pourquoi l'on a vu; et l'on verra encore, que les Espagnols ne peuvent tenir tête à une cavalerie française, que les Suisses sont mis en déroute par une infanterie espagnole. Ce dernier cas ne s'est pas présenté complètement jusqu'ici; néanmoins, on en a vu un commencement à la bataille de Ravenne, où les fantassins espagnols attaquèrent les bataillons allemands, qui se disposent dans le même ordre que les Suisses. A force d'agilité, derrière leurs boucliers à pointe, les Espagnols s'étaient faufilés par-dessous les piques ennemies, et ils pourfendraient en toute tranquillité les lansquenets allemands qui n'en pouvaient mais; sans la charge de la cavalerie française, ils les auraient hachés jusqu'au dernier. Il est donc possible, connaissant la faille de ces deux infanteries, d'en construire une nouvelle qui résistera aux chevaux en même temps qu'aux gens de pied : on l'obtiendra en employant des troupes de qualité et en changeant la disposition des ordres. De telles réformes confèrent à un prince nouveau prestige et puissance.

On ne peut donc laisser perdre cette occasion de voir, après une si longue attente, surgir le rédempteur de l'Italie. Les mots me manquent pour exprimer avec quelle passion il serait accueilli dans toutes ces provinces éprouvées par les invasions étrangères, avec quelle soif de vengeance, quelle foi obstinée, quel dévouement, quelles larmes! Quelles portes se fermeraient à lui? Quel peuple lui refuserait obéissance? Quelle ambition oserait lui faire obstacle? Quel Italien ne plierait le genou devant lui? La tyrannie de ces barbares pue au nez de chacun. Que votre illustre maison assume donc ce devoir avec tout le cœur, toute l'espérance qu'on met dans les justes entreprises. Afin que sous ses enseignes notre patrie s'en trouve ennoblie, et que sous ses auspices se réalise cette prédiction de Pétrarque :

> *Vertu contre fureur*
> *Prendra les armes ; court sera le combat,*
> *Car l'antique valeur*
> *Dans les cœurs d'Italie n'est pas encore éteinte*[1].

1. Sixième strophe de la « canzone » : *Aux seigneurs d'Italie.*

CORRESPONDANCE

AU CARDINAL GIOVANNI LOPEZ

Déjà secrétaire à la deuxième Chancellerie, Machiavel souligne dans cette lettre latine l'ancienneté de sa famille. En son nom, il écrit au cardinal de Pérouse, Giovanni Lopez.

On sait par expérience que tous les biens de ce monde proviennent de deux donateurs : de Dieu d'abord, juste répartiteur de toutes choses ; en second lieu, de nos parents, par héritage ; de nos amis, par donation ; ou d'une acquisition commerciale. Ces biens méritent d'autant plus d'estime qu'ils dépendent d'un plus digne donateur. Or votre Révérendissime Seigneurie, par dérogation pontificale, nous a privés de nos droits sur la propriété de Fagna que nous tenions de nos ancêtres. Voici que soudain se présente l'occasion pour votre R. S. de démontrer son humanité et sa libéralité, sa pitié aussi

envers nous, ses très dévoués fils, et de faire ainsi
remonter nos droits à un donateur beaucoup plus
glorieux que le précédent. Rien n'est plus digne en
effet de votre R. S. que de donner généreusement,
là où elle pourrait enlever. Surtout à des fils qui
cherchent à défendre votre honneur et votre intérêt, comme les leurs propres; qui de plus ne s'esti-
ment inférieurs ni en noblesse, ni en hommes, ni
en richesses à des gens qui emploient tous les
moyens, qui affichent l'espoir, que dis-je, la certitude de recevoir ces biens de votre R. S. Et quiconque voudra peser dans une juste balance notre
famille et celle des Pazzi, nos adversaires, jugeât-il
nos mérites égaux en tout le reste, trouvera les
Machiavel très supérieurs en libéralité et vertus
de l'esprit.

Nous nous prosternons donc aux pieds de votre
R. S., la suppliant de ne pas permettre que des
hommes moins dignes que nous, qu'à juste titre
nous pouvons appeler nos ennemis, se parent de
nos dépouilles et se vantent d'une telle victoire,
à notre grande honte. Daignez de grâce, Révérend
Seigneur, moyennant le même émolument que
vous attendez d'eux, parer notre maison du grand
honneur de recevoir de vous cette libre possession.
Ne souffrez pas que nous soyons marqués d'ignominie, en nous ôtant ce que nous nous sommes
évertués avec tant de ténacité à sauver jusqu'à présent. Et pour dire la vérité, comme nous la per-
drons au prix du plus grand déshonneur si votre

clémence n'intervient pas, nous nous efforcerons de la reprendre par tous moyens, quoi qu'il en coûte à l'adversaire. Mais nous espérons dans l'humanité de votre R. S., comme le sait bien messire Francesco R., votre familier, que nous avons fait notre intercesseur auprès de vous, et à qui nous avons donné carte blanche pour défendre notre cause. *Vale iterum. Vive in aeternum.* De Florence, le 2 décembre 1497.

Vos Respectueux et Dévoués Fils.
Famille Machiavel, Citoyens florentins.
Pierre, Nicolas et toute la famille.

A RICCIARDO BECHI

Machiavel raconte à l'ambassadeur florentin à Rome, comment Jérôme Savonarole, interdit par un bref d'Alexandre VI, abandonna la cathédrale pour prêcher en l'église de Saint-Marc.

Pour satisfaire votre désir de connaître tous les détails concernant frère Jérôme, sachez qu'après les deux sermons déjà faits, dont vous avez eu copie, il a prêché le dimanche de carnaval, invitant tous ses fidèles à s'en aller communier en l'église de Saint-Marc, et ajoutant : « Je vais prier Dieu pour qu'il veuille bien, si ce n'est pas Lui-même qui m'a prédit les choses que j'ai ensuite annoncées, en apporter le démenti éclatant. » Par là il voulait, disent certains, rassembler ses partisans, les exciter à le défendre, craignant que la Seigneurie nouvellement élue, mais pas encore publiée, ne lui fût hostile. La proclamation fut faite le lundi, et vous devez avoir eu connaissance de la liste. Il jugea qu'elle lui était ennemie pour plus des deux tiers. Sachant par ailleurs que le pape avait, par un bref, demandé qu'il lui fût livré, sous peine d'interdit contre la ville et craignant qu'elle n'obéît, il décida, ou on lui conseilla de cesser sa prédication dans la cathédrale Sainte-Réparate et d'aller la poursuivre à Saint-Marc. Aussi, le jeudi matin, jour où la Seigneurie entra en fonction, il a annoncé sa décision, disant que pour faire cesser tout scandale et défendre l'honneur de Dieu, il appelait les hommes à Saint-Marc, les femmes à Saint-Laurent où elles entendraient fra Domenico, son fidèle disciple. Frère Jérôme se trouvait donc chez lui. Vous avez dans le passé entendu ses premières prédications; il met dans celles-ci autant d'audace, ce qui suscite une grande stupeur. En effet, il est peu rassuré sur le sort qui l'attend, et craint que la nouvelle Seigneurie ne soit portée à lui nuire, sans autre considération; il a décidé que nombre de ses concitoyens le suivraient dans sa ruine. Il a donc commencé par agiter de grandes épouvantes, des arguments très efficaces si on ne les examine pas de près. « Mes partisans sont de parfaits hommes de bien, mes ennemis de parfaits scélérats... » Tout lui était bon pour frapper la partie adverse et fortifier la sienne. Et comme je me trouvais présent, je veux raconter certains de ces propos.

Le texte de son premier sermon à Saint-Marc était ces paroles de l'Exode : *Quanto magis premebant eos, tanto magis multiplicabantur et crescebant*[1]. Avant de les expliquer, il a montré pourquoi il s'était retiré de sa première chaire, disant : *Prudentia est recta cognitio agibilium*[2]. Il a dit ensuite : « Tous les hommes se proposent une fin, mais elle diffère : le Christ est celle des chrétiens; celle des autres varie suivant leur religion. Nous qui sommes chrétiens, devons donc défendre l'honneur du Christ, avec la prudence, les moyens qui conviennent le mieux à l'époque. Si l'époque exige que nous exposions notre vie pour Lui, nous l'exposerons; mais si elle veut que nous nous cachions, cachons-nous, comme le firent saint Paul et le Christ lui-même. Voilà donc ce que je devais faire, et c'est ce que j'ai fait. Cependant, quand est venu le temps d'affronter la fureur de l'adversaire, je n'y ai pas manqué : ce fut le cas le jour de l'Ascension; c'est ce que l'honneur de Dieu et les circonstances exigeaient. Ils veulent à présent qu'on cède à la colère : j'ai cédé. » Après ce bref exorde, il a rangé les Florentins en deux camps : l'un combat

---

1. « Plus on les opprimait, plus ils croissaient et se multipliaient » (*Ex.* I, 12).
2. « La prudence est un bon guide de l'action » (saint Thomas, *Somme Th.* II, 2).

sous les ordres de Dieu, lui et ses partisans; l'autre
sous ceux du diable, ses adversaires. Après avoir
longuement développé ce sujet, il est entré dans
l'explication du texte de l'Exode : « Les malheurs
ne font que grandir les bons, en esprit et en
nombre. En esprit, car l'homme s'unit plus étroitement à Dieu et devient plus fort, car il se rapproche de son moteur, comme fait l'eau chaude
qui, approchée du feu, devient brûlante. En nombre, car il y a trois sortes d'hommes : les bons,
c'est-à-dire mes fidèles; les méchants obstinés, mes
adversaires; les voluptueux, qui mènent une vie
désordonnée, consacrée aux plaisirs, sans nul souci
du bien ni du mal, qu'ils ne savent point distinguer. Mais dès qu'entre les premiers et les seconds
surgit quelque conflit, parce que les contraires
juxtaposés marquent mieux leur différence, les
troisièmes reconnaissent la malice des uns et l'honnêteté des autres; ils se rapprochent de ceux-ci et
s'éloignent de ceux-là, car c'est une tendance naturelle à chacun de fuir le mal et de rechercher le
bien. Voilà comment les malheurs réduisent le
nombre des méchants et augmentent celui des
justes. Par conséquent : *Quanto magis...,* etc. »

Il me faut abréger, car les dimensions d'une
lettre ne permettent pas un long récit. Cherchant
toujours, selon son habitude, à frapper ses adversaires, il a eu recours ensuite à divers arguments,
et a jeté un pont vers son prochain sermon, disant
que nos discordes pourraient faire surgir un tyran

qui abattra nos maisons et ravagera nos territoires.
Cette prédiction ne contredisait nullement ses précédentes où il annonçait la prospérité de Florence
et sa domination sur l'Italie, car ce tyran sera
bientôt chassé. Là-dessus, il a terminé son prône.

Le lendemain matin, il a repris son explication
de l'Exode, évoquant le passage où il est dit que
Moïse tua un Égyptien. Il a dit que l'Égyptien
représentait tous les méchants, et Moïse le prédicateur qui les détruisait en dénonçant leurs vices.
Il a ajouté : « O Égyptien! Moi aussi je veux te
porter un coup de couteau! » Alors, il a entrepris
d'éplucher vos écrits, ô prêtres, vous arrangeant
de telle sorte que même les chiens n'auraient pas
voulu de vous. Et voici où il voulait en venir : « Je
porterai à l'Égyptien une autre estocade, et fort
rude. Dieu m'a dit qu'il existe dans Florence un
homme qui travaille à s'en faire le tyran, et ne
recule devant rien pour réussir. Vouloir me chasser, m'excommunier, me persécuter ne signifie
rien d'autre qu'exercer une tyrannie! » Il a recom-
mandé de sauvegarder les lois. Il a parlé si longtemps que le lendemain chacun avançait publique-
ment le nom d'un citoyen, qui en fait est aussi près
de jouer au tyran que vous de monter au ciel.
Par la suite, comme la Seigneurie a écrit au pape
en sa faveur, voyant qu'il n'avait plus rien à craindre
de ses adversaires florentins, au lieu de chercher
comme avant l'union des siens seulement dans la
haine du parti opposé et la crainte de la tyrannie,

voilà qu'il change de musique : il ne fait plus mention de tyran, de scélératesses, et s'efforce de dresser tout le monde contre le Souverain Pontife et ses partisans, leur réservant ses coups de dents, le traitant comme le dernier des criminels. C'est ainsi que, selon moi, colorant habilement ses mensonges, il change de cap selon le vent.

Quant aux commentaires de la rue, aux espérances ou aux craintes qu'on en nourrit, je vous laisse le soin d'en juger, en homme sage que vous êtes. Vous le pouvez mieux que moi, car vous connaissez parfaitement nos humeurs, les circonstances présentes, et puisque vous vivez à Rome les sentiments du Pontife. Je vous demande une chose seulement : si vous avez lu ma lettre sans déplaisir, veuillez me faire connaître votre opinion sur la situation actuelle et l'opinion des gens. *Valete*.

Fait à Florence le 9 mars 1498.

Votre Nicolas MACHIAVEL.

À LA SEIGNEURIE

En 1494, Charles VIII avait rendu à Pise son indépendance. Cinq ans plus tard, Florence tente de récupérer cette possession. Elle y emploie d'abord le condottiere Paolo Vitelli, qui échoue piteusement, et est sommairement exécuté. Elle demande ensuite à Louis XII de réparer l'erreur de Charles ; mais les troupes franco-suisses se mutinent et abandonnent le siège. Machiavel est envoyé en

*mission auprès du roi de France, qu'il doit poursuivre de
ville en ville. Il est accompagné par Francesco della Casa.*

Vos Seigneuries savent quel salaire m'a été assi-
gné à mon départ de Florence, et quel autre à
Francesco della Casa. Elles croyaient sans doute
que j'aurais moins de frais que lui, et il n'en a
rien été. N'ayant pas trouvé Sa Majesté Très Chrétienne à Lyon, nous avons dû nous pourvoir en
chevaux, domestiques, vêtements, si bien que nous
suivons la Cour avec les mêmes frais. Il me semble
donc contraire à toute raison divine et humaine
que nous ne recevions pas les mêmes émoluments.
Si ce que vous versez à Francesco vous semble trop
pour moi, je pense que ces florins sont aussi bien
dépensés chez l'un que chez l'autre. Mais si vous
croyiez que ce serait un gaspillage, je vous prierais de
me rappeler. Dans le cas contraire, ayez l'obligeance
d'empêcher que je ne me ruine. Que si je m'endette
ici, veillez du moins à ce que je sois crédité d'autant à Florence. Croyez-en ma parole, j'ai dépensé
jusqu'à présent quarante ducats de ma poche, et
donné l'ordre à mon frère de Florence de m'en débi-
ter plus de soixante-dix autres. Je prie Vos Seigneuries d'empêcher que moi, leur serviteur, alors que
les autres en les servant y gagnent honneur et profit,
je n'en récolte que préjudice et humiliation.

Fait à Saint-Pierre-le-Moûtier, ce 5 août 1500.

Votre très humble serviteur,
Nicolas MACHIAVEL.

*Les deux chargés de mission rattrapent enfin la cour
du roi à Nevers. Ils rendent compte de leurs entretiens.*

DEPUIS notre départ de Lyon, nous avons écrit par
deux fois de divers lieux, informant V. S. de la
raison qui nous a empêchés de trouver la Cour
plus tôt. Nous ne les répéterons pas, tant pour ne
pas ennuyer V. S. que parce que nous estimons
que ces lettres vous sont bien parvenues, envoyées
à la grâce de Dieu.

Nous avons ensuite poursuivi notre chemin,
dominant lassitude et crainte, du mal qui infeste
le pays : il s'agit d'une fièvre accompagnée de
toux, contre laquelle on porte un capuchon dit
coqueluche. En invoquant le nom du Seigneur, nous
avons rejoint ce matin Sa Majesté, au milieu d'une
petite Cour, car l'endroit est petit. Aussitôt, nous
nous sommes présentés au Rév. cardinal de Rouen,
bien que nous n'eussions pas de lettres de créance
à son nom, ce qui n'aurait pas nui. Nous avons
brièvement exposé notre mission, suivant vos instructions et celles de l'ambassadeur de Florence,
recommandant votre cause au roi comme à notre
unique protecteur, à qui nous conservons toute
notre confiance. Le cardinal a répondu que l'affaire
de Pise importait peu, puisque c'était du passé;
qu'il fallait plutôt songer à réparer les pertes tant
d'honneur que d'intérêt. Ensuite, il nous a demandé comment V. S. voyaient la reprise du siège.
Nous n'avons pas eu le loisir de répondre, car le

roi nous a fait appeler. Quand nous sommes arrivés
en son logis, il était en train de dîner, ce qui lui
a pris beaucoup de temps; il a d'abord entendu
le cardinal sur l'objet de notre visite, puis nous
lui avons présenté nos lettres. Il nous a conduits
aussitôt en une chambre écartée, où il nous a reçus
très gracieusement...

Nous avons commencé notre exposé, rapportant
que le siège de Pise ne s'était pas terminé comme
les éclatantes victoires de naguère, au grand préjudice de V. S. et à la honte de l'armée royale.
Ayant participé nous-mêmes à toutes les péripéties,
nous étions députés à Sa Majesté pour lui faire
entendre que s'il avait fallu lever le siège il n'y
avait nulle faute de V. S. Nous avons ainsi donné
toutes les précisions opportunes, ce qu'exigeait
notre mission : notamment ce qui concerne la dé-
fection des Gascons, les bestialités des Suisses,
l'arrestation par les mutins du commissaire de
V. S., Luca degli Albizzi, les contacts avec l'ennemi,
les calomnies répandues contre vous et le peuple
de Florence. Nous avons démontré que toutes ces
choses étaient à l'origine de la résistance inattendue
des Pisans et de l'échec de notre entreprise. Nous
avons évité de mettre en cause des Italiens, selon
vos instructions; vu la présence de quelques-uns
à l'entretien, nous avons estimé qu'une telle accusation faite en public nous causerait plus de tort
que de profit. Le roi et le cardinal répondent qu'il
y avait eu autant de manquement chez les Floren-

tins que chez eux. Et comme nous demandions
des précisions sur nos fautes, ils ont allégué le
défaut de ravitaillement, de munitions et d'autres
choses dont il valait mieux ne point parler, pour
éviter une longue polémique. Mais nous qui trou-
vions là l'occasion d'accuser leurs chefs et de nous
justifier, nous avons affirmé que V. S. avaient toujours abondamment fourni l'armée en vivres;
qu'elle n'en manqua jamais, malgré les pillages et les
violences de toutes sortes que devaient subir en
route les porteurs. Si parfois ils semblèrent insuf-
fisants, cela provenait d'une mauvaise distribution,
provoquée par lesdits pillages. Comme nous pro-
posions d'apporter sur ce point des exemples précis, ils ont détourné la conversation. Quant aux
munitions et aux soldes prétendument en retard,
nous avons répondu sur le premier point que V. S.
avaient ravitaillé le maître des bombardes au-delà
de ses demandes; sur le second, que l'argent était
arrivé à temps dans le camp, mais que les capitaines eux-mêmes avaient négligé cinq jours durant
d'en vérifier les comptes. En ce qui concerne les
Gascons, Sa Majesté a montré plusieurs fois en ses
propos qu'elle connaissait leur fourberie et leur
infidélité, se promettant de les châtier de toute
manière. Quand nous lui avons appris qu'ils
s'étaient enfuis par mer, elle a dit avoir donné
en leur province des instructions pour les arrêter
et les punir. Nous nous sommes longuement étendu
sur l'arrestation du commissaire, flétrissant cette

action et son honteux motif; à quoi ils ont répondu seulement que les Suisses ont cette coutume de pratiquer des extorsions de fonds. Là-dessus, le roi a coupé court, disant : « Je sais que les miens n'ont pas fait tout leur devoir; mais de votre côté on a failli également. Beaumont n'a pas obtenu l'obéissance qu'il voulait. La guerre n'eût pas été perdue si notre capitaine avait pu se faire mieux obéir. » Instruits par notre ambassadeur Lenzi que le cardinal de Rouen prisait très fort Beaumont et qu'il ne supporterait aucune accusation contre lui, nous avons confirmé ces désobéissances exorbitantes et scandaleuses; mais nous avons ajouté que nous avions trouvé Beaumont toujours jaloux de la gloire de son roi, ami des Florentins; que si les autres capitaines avaient fait preuve des mêmes sentiments et du même souci, nous aurions sans nul doute remporté la victoire. Nous avons ainsi satisfait le cardinal. Nous avons constaté que ces paroles lui plaisaient, sans contredire les conclusions de Sa Majesté sur la désobéissance, etc.

Elle s'est alors tournée vers nous, jugeant que nous avions assez parlé de ce sujet. « Si notre entreprise a obtenu des résultats aussi désastreux tant pour vous que pour moi, aucune de mes armées n'ayant jamais subi pareil revers, il nous faut maintenant décider de la conduite à tenir pour recouvrer, moi mon honneur et vous, vos biens. Il y a déjà plusieurs jours que j'ai expliqué cela à Vos Seigneurs, tant par leurs ambassadeurs que par

un courrier spécial envoyé exprès en Toscane. Si
j'ai fait jusqu'à présent tout ce qui était en mon
pouvoir, j'entends faire de même à l'avenir. Quelle
réponse me donnez-vous à cela ? » Nous avons
répliqué que nous n'avions aucun pouvoir en cette
matière ; que notre mission était seulement de rapporter les événements du siège auquel nous avions
personnellement participé. Nous avons exprimé
cependant notre opinion : accablés depuis tant
d'années par une guerre écrasante et interminable,
après l'incroyable résultat de cette dernière entreprise, nos concitoyens désespéraient de réussir
quoi que ce fût en Italie ou ailleurs, à cause de
la méchanceté de la fortune et du nombre de leurs
ennemis ; ils perdaient, en même temps que la confiance, le courage et la force de recommencer ;
mais si un jour Sa Majesté leur livrait Pise, qu'on
entrevît par là quelque fruit des nouvelles dépenses
qu'il faudrait affronter, nous pensions qu'elle en
serait équitablement rémunérée par V. S. A ces
mots, le roi, le cardinal et tous les assistants n'eurent
qu'un cri : « Est-il convenable que le roi fasse à
ses frais la guerre pour vous ? » Nous avons répondu que nous ne l'entendions pas ainsi : Sa
Majesté serait remboursée de toutes les dépenses
qu'elle aurait subies sitôt qu'elle nous aurait rendu
Pise. Et eux : « Le roi fera toujours son entier
devoir, en respectant les clauses du traité de Milan.
Si la République venait à y manquer, le roi serait
excusé aux yeux de tous. » Sa Majesté a ajouté

que Pise et Montepulciano étaient à sa merci autant que Pietrasanta et Mutrone, s'il lui prenait le caprice de s'en emparer; comme pour nous faire entendre que s'il n'en faisait rien, c'était pour respecter sa parole. Messire Trivulce, capitaine du roi, présent à l'entretien, s'est tourné vers nous pour insister : si on laissait passer une occasion si favorable, étant donné les bonnes dispositions royales, il était fort possible que Pise ne fût jamais rendue à V. S., surtout par un tel moyen.

Sans répondre autre chose, nous avons souligné que nous exprimions seulement notre avis personnel, puisque nous n'avions reçu aucun pouvoir sur cette matière. Le roi et le cardinal ne se sont pas étonnés de notre incapacité, puisque nous avions dû nous croiser avec leur courrier. Nous avons ajouté qu'il serait facile à V. S. de répondre d'ici quelques jours. Le roi a conclu : « Je ne peux rien faire sans connaître la décision de Vos Seigneurs. Je veux savoir si je dois licencier l'infanterie qui se trouve en Toscane sur leur demande, et dont la dépense court toujours à leur compte. Dans l'attente de cette réponse, vous pouvez vous rendre à Montargis où je serai moi-même dans les trois jours. » Là-dessus, nous nous sommes séparés.

V.S. peuvent donc constater que nos propos concernant le siège de Pise sont exactement conformes aux pouvoirs que nous avions reçus et aux instructions adressées à vos ambassadeurs. En

relisant vos dernières lettres, nous avons confirmation de vos ordres. Toutefois, nous avons pris
assez de précautions pour ne gêner aucune de vos
décisions ultérieures. Nous espérons par là vous
avoir satisfaits.

Voilà jusqu'à présent tout ce que nous pouvons
rapporter de notre mission. Nous aurions aimé la
remplir plus entièrement, n'eût été la présence
de ces Italiens. Nous avons vu que ces discussions
ne plaisaient à personne, soit parce qu'il s'agissait
de choses passées et révolues, soit parce que plusieurs points ne faisaient honneur ni aux soldats
du roi ni à leur conduite. Nous croyons n'avoir
omis aucun fait d'importance, sauf ceux que les
scrupules exprimés ci-dessus nous obligeaient à
taire. Dès le prochain entretien avec le roi, nous
ne manquerons pas cependant de l'en instruire,
lui et le cardinal, surtout ceux qui concernent les
Lucquois. Nous avons déjà parlé au ministre Robertet de leurs lettres que nous avions interceptées ;
il en a paru frappé, et nous a demandé de traduire
en français les passages les plus importants ; il nous
a appris que, la veille, les ambassadeurs de Lucques
avaient été invités à la Cour. V. S. ont écrit d'autre
part à leurs ambassadeurs pour obtenir du roi que
Giovanni Bentivogli pût vous apporter le renfort
de ses troupes ; de son côté Lorenzo Lenzi nous a
chargés de demander au roi de mettre deux cents
lances à votre disposition : nous avons préféré
ne point parler de ces deux demandes devant les

Italiens; nous avons seulement pris à part Robertet
pour l'informer de votre projet sur Bentivogli. Il
estime que ce renfort ne nous est pas nécessaire,
vu qu'il reste à Pietrasanta assez de troupes royales,
augmentées récemment de cent autres lances, pour
faire une guerre sérieuse. Il informera cependant
Sa Majesté et le cardinal dès qu'on sera à Montargis. Et si V. S. n'y sont pas opposées, nous tâche-
rons d'obtenir une permission écrite pour le chiffre
que vous demandez...

Des choses qui se passent ici, nous n'avons rien
à dire, n'étant arrivés à la Cour qu'aujourd'hui.
Quant au motif qui a empêché le roi de poursuivre
vers Troyes pour se diriger vers Montargis, on ne
le comprend pas clairement : nous avons seulement ouï dire en cours de route que les ambassadeurs impériaux qui devaient venir ne s'y rendent
pas. Nous ferons de notre mieux pour nous informer et vous renseigner plus exactement.

De Nevers, ce 7 août 1500.

Vos serviteurs,

Francesco DELLA CASA et Nicolas MACHIAVEL.

P. S. Lettre gardée jusqu'au 10, faute de courrier, malgré toute notre diligence. Nous l'envoyons à
présent par quelqu'un qui se rend chez Rinieri Dei à
Lyon, lequel l'expédiera par le premier courrier.
Nous voici à Montargis où Sa Majesté est arrivée
ce matin. Nous n'avons rien de nouveau à dire à
V. S., à qui nous nous recommandons encore.

À LOUIS GUICHARDIN

*Machiavel fut un ami de la famille Guichardin, spécia-
lement de « messire François », de quatorze ans son cadet :
comme lui homme d'action, historien, théoricien politique;
comme lui plusieurs fois victime des vicissitudes de Florence. Louis est le frère de François, le père de Jacques.*

*L'empereur Maximilien Ier est descendu en Italie pour
rançonner ses sujets. Le secrétaire florentin lui est dépêché
afin de marchander au mieux le tribut de la République.*

*Spectabili viro Luigi Guicciardini tanquam fratri caris-
simo,* à Mantoue.

Donnée chez Giovanni Borromei.

Bien cher Louis,
J'ai reçu aujourd'hui votre lettre du 26 qui m'a
chagriné plus que si j'avais perdu mon procès, en
apprenant que Jacques avait eu une rechute de
fièvre. Mais votre prudence, la diligence de Marco,
la vertu des médecins, la patience et la sagesse de
Jacques m'inspirent confiance et me font croire
que vous la chasserez, cette fièvre, comme une
putain de bourrique, comme une salope éhontée
qu'elle est. J'espère apprendre par votre prochaine
lettre que, à son grand dépit, vous vous êtes mis
en route pour Florence, ensemble et tout joyeux.

Je suis ici à Vérone comme vous dans une île
déserte, car on n'y sait rien de rien. Cependant,

pour donner signe de vie, j'alambique des lettres
impeccables que j'expédie aux Dix, et je vous envoie la dernière non cachetée. Quand tout le monde
l'aura lue, vous la remettrez à Giovanni afin qu'il
l'expédie par la première estafette de Pandolfino,
ou par tout autre moyen de son gré. Rappelez-moi
à son souvenir, dites-lui que je suis ici en compagnie de son cher Stefano, et que je m'occupe
à passer du bon temps. Je serais bien allé à la Cour
impériale, mais le chancelier Lank, à qui est destinée ma lettre de créance, est absent; et je n'ai
rien pour l'Empereur, si bien que je pourrais être
pris pour un espion. D'ailleurs, chaque jour on
nous annonce sa venue et tous les idiots qui forment son cortège sont déjà arrivés.

Je suis heureux que vous ayez envoyé ces attes-
tations à Florence; vous avez par là bien mérité
de Dieu et des hommes du monde. Si vous écrivez
à votre cher François, dites-lui qu'il me rappelle
au souvenir de toute la clique. Croyez-moi vôtre,
vôtrissime. Quant au petit ouvrage en vers que je
compose[1], j'y suis attelé du matin au soir. Adieu.
Ce 29 novembre 1509.

Nicolas Machiavel,
Secretarius apud Cesarem.

---

1. Il s'agit de la deuxième *Décennale*.

Toujours de Vérone où il est venu rencontrer Maximilien.

En ce temps-là, les voyages étaient beaucoup trop longs, dangereux, inconfortables pour que les femmes de diplomates songent à suivre leurs maris.

Spectabili viro Luigi Guicciardini tanquam fratri carissimo, à Mantoue.

PUTRÉFACTION, Louis! Voyez comme la fortune dans une même affaire donne aux hommes des rations différentes! Vous, sitôt que vous avez baisé votre femme, s'il vous vient envie de la rebaiser, vous demandez une autre prise. Mais moi, quelques jours après mon arrivée ici, n'y voyant plus clair à force de disette conjugale, j'ai trouvé une vieille qui me lavait mes chemises. Elle habite une maison plus qu'à moitié enterrée, et la seule lumière qu'on y voit entre par la porte. Un jour que je passais par là, elle me reconnaît, me fait fête, m'invite à entrer chez elle un moment afin de me montrer certaines belles chemises que je pourrais acheter. Et moi, naïf et rose comme une bite de quinze ans, j'avale la couleuvre. J'entre et j'aperçois dans la pénombre une femme, tête et figure recouvertes d'une serviette, qui faisait l'effarouchée, blottie dans un coin. La vieille maquerelle me prend par la main, et me conduit à elle : « Voilà la chemise que je veux vous vendre. Mais essayez-la d'abord, vous paierez ensuite. » Timide comme je suis, j'en demeure tout estomaqué. Mais ensuite, la vieille sort de la maison, fermant la porte derrière elle. Je reste seul avec l'autre, dans le noir. Alors, v'lan! je lui en fous un bon coup; et bien que je lui trouve les cuisses ratatinées, la vulve humide et l'haleine putride, je me sens une fringale si désespérée que tout se passe bien. Une fois l'affaire terminée, il me vient l'envie d'examiner la marchandise. J'attrape un tison dans une cheminée qui était là, j'allume une lanterne suspendue au plafond. Sitôt que j'y vois un peu, il s'en faut d'un poil que la lampe ne m'échappe des mains. Pauvre de moi! J'ai failli tomber raide mort, tant cette femelle était affreuse. On distinguait d'abord une touffe de cheveux poivre et sel, c'est-à-dire grisouillâtres. Le sommet du crâne était chauve, et l'on y voyait quelques poux en promenade. Les rares cheveux qui lui restaient pendaient sur les yeux. Au milieu de la tête, petite et toute ridée, elle montrait une cicatrice de feu, comme un animal marqué pour la foire. A l'extrémité des sourcils, elle avait un petit bouquet de poils garnis de lentes. De ses yeux, l'un était plus bas, l'autre plus gros, tous deux chassieux au possible, avec des paupières pelées. Elle portait le nez court, en pied de marmite, débordant de morve, une narine fendue. Sa bouche ressemblait à celle de Laurent de Médicis, mais tordue d'un côté, et il en suintait un filet de bave; car elle ne pouvait retenir sa salive, faute de dents. Sa lèvre d'en haut

portait une jolie moustache, longue mais clair-
semée. Elle avait le menton pointu et crochu; il en
pendouillait des peaux qui rejoignaient la racine
du cou. Me voyant pétrifié de stupeur et d'effroi,
le monstre a voulu parler : « Qu'avez-vous, messire? » Mais il n'y est point parvenu, car c'était
un monstre bafouilleur. Dès qu'elle a ouvert la
bouche, il en est sorti une haleine si fétide que
mes yeux et mon nez — nos sens les plus délicats —
se sont trouvés offensés par cette pestilence; mon
estomac s'est révolté, si bien que je lui ai vomi
dessus. Je me suis enfui, l'ayant ainsi payée de la
monnaie qu'elle méritait. Et j'en parie ma part
de ciel : tant que je serai en Lombardie, je ne
pense pas que cette fringale me reprenne. Quant
à vous, remerciez Dieu de pouvoir goûter ces délices
quand il vous plaira, comme je le remercie de
n'avoir plus jamais à craindre ici pareille dégoû-
tation.

Je crois qu'il me restera de ce voyage un peu
d'argent et, de retour à Florence, je voudrais l'employer dans quelque petit commerce. J'ai dessein
de monter un poulailler; il me faut trouver un
valet qui s'en occupe. On me dit que Piero, fils de
Martino, s'y entend assez; voulez-vous lui demander si le travail serait de son goût, et m'informer
de sa réponse? Sinon, j'en chercherai un autre.

Giovanni vous donnera des nouvelles d'ici.
Saluez pour moi votre fils Jacopo, sans oublier
Marco.

De Vérone, ce 8 décembre 1509.
J'attends la réponse de Gualtieri à ma cantilène[1].

Nicolas MACHIAVEL.

À UNE NOBLE DAME

Et voici la fin de la République rétablie par Savonarole. A la diète de Mantoue (août 1512), les alliés de la Sainte Ligue décident d'attaquer Florence qui a refusé de se joindre à eux. Précipitamment, la Seigneurie confie à Machiavel le soin de rassembler des troupes : il va avoir enfin l'occasion de mettre sur pied cette milice nationale dont il rêvait. Hélas, ses paysans inexpérimentés lèveront les bras au premier assaut que les Espagnols du vice-roi Ramon de Cardona lanceront contre Prato : 4 000 seront massacrés sans avoir combattu. Dans Florence rongée par le parti intérieur des médicéens, le gonfalonier Soderini échappera d'un cheveu à la mort, et sera exilé.

On n'est pas certain de l'identité de cette noble dame à qui Machiavel fait le récit des événements. Il s'agit vraisemblablement d'Alfonsina de Médicis et la lettre est dans ce cas un geste de bonne volonté, voire une offre de services aux nouveaux princes.

Très illustre Dame,
PUISQUE Votre Seigneurie désire connaître les évé-

1. Il s'agit toujours de la seconde *Décennale*.

nements de Toscane advenus récemment, je lui en ferai volontiers le récit, tant pour la satisfaire que pour montrer le triomphe de ses amis, mes protecteurs. Deux raisons qui effacent tous les déplaisirs que j'ai eus à cette occasion, comme il apparaîtra dans la suite de ma narration.

Quand la diète de Mantoue eut décidé de faire rentrer les Médicis à Florence et que le vice-roi fut retourné à Modène, on eut de grandes craintes à Florence que l'armée espagnole n'entrât en Toscane. Les délibérations de la diète étaient tenues secrètes et beaucoup refusaient de croire que le pape permettrait à ces troupes d'apporter le désordre dans notre province, d'autant plus qu'entre lui et les Espagnols ne semblait pas régner la confiance. Faute de certitude, nous restions l'esprit en suspens, sans aucun préparatif. Il en fut ainsi jusqu'au moment où nous vint de Bologne la connaissance du danger : l'ennemi n'était plus qu'à une journée de nos frontières. A cet assaut imminent et presque inattendu, la frayeur remplit toute la cité. On délibéra sur ce qu'il fallait faire. Comme il était déjà trop tard pour garder les passages des montagnes, on décida d'envoyer au plus vite à Firenzuola, place forte sur la frontière entre Florence et Bologne, 2 000 fantassins, supposant que les Espagnols, pour ne pas laisser sur leurs derrières une telle garnison, se résoudraient à l'assiéger, et nous laisseraient ainsi le temps de renforcer la nôtre. On pensa d'abord ne pas lancer nos hommes en rase campagne, parce qu'ils n'étaient pas assez aguerris, mais les rassembler à Prato, très forte place située dans la plaine, au pied des montagnes du Mugello, à quelque dix milles de Florence. Nous estimions la place assez vaste pour les recevoir tous en bonne sécurité, et assez proche de Florence pour pouvoir être secourue à l'approche des Espagnols. Cette résolution arrêtée, nos troupes se mirent en route vers les lieux désignés. Mais le vice-roi n'avait pas l'intention d'attaquer les villes fortes; ce qu'il voulait, c'était entrer dans Florence pour y renverser le régime établi, espérant qu'avec l'aide des médicéens il y parviendrait aisément. Il laissa donc derrière lui Firenzuola, franchit les Apennins et descendit jusqu'à Barberino di Mugello, point fortifié à dix-huit milles de Florence seulement. Il s'empara sans coup férir de toutes les places de la région, absolument dégarnies, qui capitulèrent et fournirent de vivres son armée, selon leurs possibilités. Beaucoup de gens s'étaient cependant réfugiés dans Florence. Les condottieri se réunirent et délibérèrent avec eux sur la conduite à tenir. Ils conseillèrent de faire front à Florence même, et non à Prato, où ils ne pensaient pas pouvoir résister aux troupes du vice-roi dont ils ne savaient pas l'importance, mais qu'ils supposaient considérables, à en juger par l'audace avec laquelle elles s'avançaient. Ils jugeaient donc plus sûr de s'enfermer dans Florence, qu'ils pourraient défendre avec l'aide populaire, sans abandonner Prato où

ils laisseraient une garnison de trois mille hommes.
Cette proposition plut en général, et spécialement
au gonfalonier, qui y vit un moyen de se protéger
davantage contre le parti des Médicis. Les choses
en étaient là, quand le vice-roi envoya ses ambassadeurs à la Seigneurie. Ils affirmèrent qu'ils ne
venaient pas en ennemis de la province; qu'ils ne
voulaient toucher ni aux libertés ni au régime de
la cité; ils n'avaient d'autre intention que s'assurer
qu'elle abandonnerait la cause des Français pour
adhérer à la Sainte Ligue. Toutefois, celle-ci n'estimait pas pouvoir se fier à la ville, ni à ses promesses tant qu'elle aurait à sa tête Piero Soderini,
qu'on savait partisan de la France; elle demandait
donc sa démission et l'élection d'un autre gonfalonier. Soderini répondit qu'il n'avait accédé à
cette charge ni par fourberie ni par violence, mais
par la volonté du peuple; que même si tous les
rois du monde s'associaient pour ordonner son
départ, jamais il ne démissionnerait; mais que si
le peuple de Florence, lui, le voulait ainsi, il s'en
irait aussi volontiers qu'il était venu, sans avoir
ambitionné le pouvoir. Afin de sonder les sentiments de la population, dès le départ de l'ambassadeur, il rassembla le Conseil au complet et lui
notifia la proposition, ajoutant que si l'on estimait
que son départ pouvait ramener la paix, il était
prêt à s'en aller. Sa démission fut refusée unanime-
ment, chacun offrant sa vie pour défendre la sienne.

Sur ces entrefaites, l'armée espagnole se présenta

devant Prato et lui livra un violent assaut. N'ayant pu s'en emparer, Son Excellence le vice-roi commença des pourparlers avec l'ambassadeur florentin, et l'envoya à Florence avec l'un des siens, offrant de se contenter d'une certaine somme d'argent; quant aux Médicis, il remettait leur cause entre les mains de S. M. catholique, qui pourrait employer la prière et non la force pour les faire accueillir. Les deux ambassadeurs arrivèrent avec cette nouvelle proposition, parlant de la situation critique des Espagnols, prétendant qu'ils mouraient de faim et que Prato devait tenir. Le gonfalonier et la population, dont il suivait les avis, en éprouvèrent une telle assurance qu'ils refusèrent de traiter tout de suite, contre le conseil des hommes sages. Si bien qu'un beau jour arriva la nouvelle que Prato était tombé : ayant ouvert une petite brèche, les assaillants avaient repoussé les défenseurs, semant parmi eux une telle panique qu'après une brève résistance, tout le monde s'était enfui. Ensuite, les Espagnols occupèrent la ville, la mirent à sac, massacrèrent tous les hommes, et commirent les pires horreurs. J'en épargnerai les détails à V. S. pour ne point lui soulever le cœur; je dirai seulement que plus de 4 000 hommes y périrent; les autres furent faits prisonniers et durent payer rançon; on ne respecta pas même les vierges enfermées dans les lieux sacrés, qui furent remplis de tous les stupres et sacrilèges imaginables.

Cette nouvelle sema la frayeur dans la ville, sauf

chez le gonfalonier, qui se reposait sur je ne sais quelles chimères à lui. Il espérait conserver Florence, apaiser les Espagnols en leur donnant tout l'or qu'ils voudraient, et s'obstinait à refuser le retour des Médicis. Ses propositions furent transmises; on lui répondit qu'il devait recevoir les Médicis, ou s'attendre à la guerre. Alors chacun commença de craindre que la ville ne fût mise à sac à son tour, vu la couardise que nos soldats avait montrée à Prato. La noblesse, qui voulait renverser le régime, s'efforçait d'augmenter la terreur. Si bien que le lundi soir, 30 août, à la deuxième heure de nuit, il fut ordonné à nos envoyés de traiter à tout prix avec le vice-roi. L'épouvante monta à un tel degré que le palais et les autres points gardés furent abandonnés et laissés sans aucune défense; la Seigneurie fut contrainte de relâcher nombre de suspects, arrêtés pour leurs sympathies envers les Médicis et enfermés dans le palais depuis plusieurs jours. Ces prisonniers et beaucoup de membres de la haute noblesse, qui désiraient regagner leur prestige, devinrent si audacieux que le mardi matin, ils entrèrent en armes dans le palais qu'ils occupèrent entièrement, pour en chasser le gonfalonier. Toutefois, ils se laissèrent persuader de ne pas lui faire violence et de le laisser partir librement. C'est ainsi que, encadré par eux, il rentra chez lui; la nuit d'après, sous bonne escorte, avec le consentement des Seigneurs, il fût conduit à Sienne.

A l'annonce de ces événements, les magnifiques Médicis furent d'avis de ne pas rentrer dans Florence avant d'avoir réglé le sort de la ville avec le vice-roi. Après quelques difficultés, l'accord se fit, et ils ont été reçus par le peuple entier avec les plus grandes marques de respect.

Certains changements furent alors apportés au gouvernement de Florence. Mais le vice-roi jugea insuffisantes ces garanties offertes aux Médicis et à la Sainte Ligue; il exigea des Seigneurs que fût rétabli l'État dans les conditions où il se trouvait sous Laurent le Magnifique; les nobles acceptèrent d'obéir à cet ordre, mais ils redoutaient l'opposition populaire. Tandis qu'on disputait ce point, le cardinal Jean de Médicis fit son entrée dans Florence, accompagné de nombreux soldats, principalement italiens. Le 16 de ce mois, les Seigneurs et plusieurs citoyens avec le magnifique Julien de Médicis se réunirent dans le palais. Tandis qu'ils examinaient les réformes, un certain tumulte se produisit sur la place. Le condottiere Melchiorre Ramazzotti en prit prétexte pour faire occuper par ses soldats et d'autres personnes le palais, aux cris de *Palle! Palle*[1]*!* Et aussitôt, toute la ville fut en armes, tandis que partout résonnait ce cri de guerre. Si bien que les Seigneurs durent appeler le peuple à cette assemblée que nous appelons par-

1. « Boules! Boules! » Cri de guerre des partisans des Médicis, à cause des six boules qui figuraient dans leurs armes.

lement : une loi y fut promulguée qui rendait aux Médicis tous les honneurs et toutes les dignités de leurs ancêtres. Le plus grand calme règne à présent dans la ville, et elle espère, sous leurs auspices, vivre non moins honorablement que par le passé, alors que gouvernait leur père Laurent le Magnifique de très glorieuse mémoire.

Telles sont, illustre Dame, les circonstances détaillées de nos événements, dans lesquelles je n'ai pas voulu introduire les points trop horrifiques ou de peu d'importance afin de ne pas vous blesser. Sur le reste, je me suis étendu autant que le permet l'espace réduit d'une lettre. Si je vous ai satisfaite, j'en serai très heureux. Sinon, je prie Votre Seigneurie Illustrissime de vouloir bien m'en excuser. *Quae diu et fœlix valeat.*

[Après le 16 septembre 1512.]

A FRANCESCO VETTORI

Les offres de service de Machiavel tombent dans des oreilles sourdes : il est révoqué. En 1513, un complot est découvert contre les nouveaux maîtres. Tandis que les meneurs sont décapités, Machiavel, accusé faussement, est jeté en prison et torturé. Reconnu innocent, il est relâché, mais reste suspect aux deux camps : à l'un pour avoir été arrêté, à l'autre pour avoir été rendu à la liberté. Impatient de l'oisiveté dans une province où il y a tant à faire, il continue à solliciter qu'on l'emploie, et prend pour avocat Francesco Vettori, ambassadeur de Florence auprès du Saint-Siège.

Magnifice vir,

COMME vous l'avez appris par votre frère Paolo, je suis sorti de prison à la satisfaction générale de mes concitoyens, avant même que votre intervention à

tous deux — dont je vous remercie — ait pu s'exercer. Je ne vous répéterai point la longue histoire de
mon malheur, vous disant seulement que le sort a
fait tout ce qu'il a pu pour m'accabler; mais grâce
à Dieu, voilà qui est fini. J'espère ne plus jamais
courir ce risque, tant parce que je serai plus prudent que parce que les temps à venir montreront
plus de libéralité et moins de suspicion à mon
endroit.

Vous savez en quelle situation se trouve mon
frère, notre pauvre Totto. Je vous le recommande,
à vous et à Paolo d'une façon générale. Lui et moi
ne désirons qu'une chose : qu'il soit inscrit sur les
rôles de la maison du pape[1] et en reçoive le bre-
vet. Nous vous prions d'intervenir en ce sens.

Rappelez-moi s'il est possible à la mémoire de
notre magnifique Seigneur, afin que, si c'est fai-
sable, il me donne quelque emploi, lui ou les
siens, si peu que ce soit pour commencer, car j'ose
croire qu'il en retirerait autant d'honneur que
moi de profit.

Le 13 mars 1512. Votre Nicolas MACHIAVEL.

Magnifice vir,

VOTRE lettre si affectueuse m'a fait oublier toutes
mes souffrances passées; bien que je fusse certain

---

1. Le cardinal Jean de Médicis, devenu Léon X deux jours
plus tôt.

de votre amitié, cette lettre m'a fait le plus grand
plaisir. Je vous remercie de tout cœur et je prie
Dieu qu'il me donne l'occasion de vous prouver
par quelque service ma reconnaissance, car je peux
bien dire que le peu de vie qui me reste, je le dois
à votre frère Paolo et au magnifique Julien. Quant
à regarder en face la fortune contraire, que mes
tourments vous donnent du moins cette satisfaction : je les ai supportés si fermement que moi-
même je m'en sais gré, et qu'il me semble valoir
plus que je ne pensais. Si nos nouveaux maîtres
veulent bien ne pas me laisser au rebut, j'en serai
heureux, et je pense pouvoir me comporter de telle
façon qu'eux aussi pourront s'en féliciter. Sinon, je
vivrai en ce monde comme j'y suis venu, car je suis
né pauvre, et j'ai connu l'école des privations avant
celle des plaisirs. Si votre mission à Rome dure
assez, je viendrai volontiers passer quelque temps
avec vous, puisque vous m'y invitez. Et pour ne pas
tomber dans les bavardages, je vous prie de me
garder dans votre cœur, vous et Paolo, à qui je
n'écris pas, n'ayant rien d'autre à lui dire.

J'ai communiqué le paragraphe concernant Filippo Casavecchia à certains amis communs; ils se
sont réjouis de le savoir arrivé à bon port... Dites-
lui que Niccolò degli Agli claironne son nom dans
tout Florence, je ne sais pour quel motif; sans le
moindre égard, la moindre indulgence, il le salit
avec un tel acharnement que chacun en est surpris.
Avertissez donc notre ami que, s'il connaît la rai-

son de cette inimitié, il y porte quelque remède. Hier encore, j'ai rencontré Niccolò, qui tenait à la main une liste où étaient inscrits tous les clabaudeurs de la ville; il m'a dit qu'il les payait pour qu'ils le vengent de Filippo par leurs médisances. J'ai voulu vous en informer, afin que vous lui rapportiez l'affaire, tout en lui renouvelant mon amitié.

Toute la clique se rappelle à votre bon souvenir, depuis Tommaso del Bene jusqu'à Donato del Corno. Chaque jour, nous allons dans la maison de quelque fille accueillante pour y reprendre des forces. Hier encore, nous étions chez Sandra di Pero, d'où nous avons pu voir passer la procession en l'honneur du nouveau pape. Voilà comment nous tuons le temps grâce à ces plaisirs qui sont offerts à tous, comment je profite de ce reste d'existence, à laquelle j'ai quelque peine à croire, comme si je vivais un rêve. *Valete*.

De Florence, ce 18 mars 1512.

Nicolas MACHIAVEL.

Magnifice domine orator,
« Et moi qui m'aperçus de sa pâleur,
Je dis : Comment viendrai-je, si tu trembles,
Toi qui soulais conforter ma frayeur[1]? »
VOTRE dernière lettre me chagrine plus que n'a fait la corde de l'estrapade. Je suis désolé de votre dé-

---

1. Dante, *Enfer* IV, 16-18.

couragement et je dois le partager, non point à mon sujet, car je me suis habitué à ne plus rien désirer fortement, mais au vôtre. Je vous prie donc d'imiter ces gens qui, à force d'effronterie et d'astuce, plus que par le talent et l'habileté, se font une place au soleil. Quant à l'insuccès de vos efforts en faveur de Totto, j'en suis fâché comme vous, mais je ne veux plus y penser : si on ne peut le faire enrôler, qu'on le fasse rouler. Une fois pour toutes, ne vous donnez point souci de mes nombreuses requêtes, car même si je n'obtiens aucune satisfaction, je n'en serai pas autrement affecté.

Si vous avez pris en dégoût de parler des événements, car très souvent ils se passent autrement qu'on ne les voyait et prévoyait, vous avez bien raison, c'est aussi ce qui m'arrive. Toutefois, si je pouvais vous entretenir, je ne pourrais m'empêcher de vous emplir l'esprit de mes chimères; en effet, ne sachant parler de la soie ni de la laine, des profits ni des pertes, la fortune m'a fait ainsi : il me faut parler de la seule chose que je connaisse, la politique — ou bien me taire. Si je pouvais mettre le nez hors du territoire florentin où je suis retenu, j'irais bien moi aussi jusqu'à Rome frapper à la porte du pape; mais parmi tant de grâces accordées, la mienne, par suite de ma négligence, est restée le bec dans l'eau. J'attendrai donc septembre.

J'apprends que le cardinal Soderini se démène beaucoup auprès du pontife. Me conseilleriez-vous de lui écrire, pour qu'il me recommande à Sa

Sainteté? A moins que vous n'estimiez préférable d'intervenir vous-même, verbalement, auprès du cardinal. Ou préférable de ne rien faire du tout. Donnez-moi votre sentiment là-dessus.

Quant au cheval que vous voulez me payer, vous me faites bien rire de me le rappeler. Vous me le paierez donc quand j'y penserai moi-même, pas avant.

Notre archevêque Cosimo dei Pazzi doit être mort à l'heure qu'il est : que Dieu ait son âme et celle des siens. *Valete*.

De Florence, ce 9 avril 1513.

Nicolas MACHIAVEL, ex-secrétaire.

Magnifique ambassadeur,
SAMEDI dernier je vous ai écrit; et quoique je n'aie rien à ajouter, je ne veux pas laisser passer ce samedi-ci sans vous faire une nouvelle lettre.

La clique que vous connaissez est en pleine débandade : il n'y a pas de pigeonnier qui veuille de nous, car chacun a reçu un coup sur la tête. Tommaso del Bene est devenu bizarre, grossier, ennuyeux, minable, si bien qu'à votre retour vous ne le reconnaîtrez plus; et je vais vous en expliquer la raison. La semaine dernière, il acheta sept livres de viande de veau et l'envoya chez notre traiteur Marione. Ensuite, il estima qu'il avait trop dépensé et, pour récupérer partie de ses débours, se mit à mendier des volontaires pour partager sa table. Ému de pitié, j'y allai donc avec deux autres que je lui racolai. Après le déjeuner, il fit l'addition; chacun devait quatorze sous. Je n'en avais que dix sur moi; je lui en devais donc quatre. Et chaque jour qu'il me rencontre, il me les réclame; hier soir, nous nous sommes chamaillés là-dessus sur le Ponte Vecchio. Je ne sais si vous lui donnerez tort; mais ce n'est là que bagatelle, près de ses autres manigances.

La femme de Girolamo del Guanto est décédée. Lui est resté trois jours comme un poussin perdu. Ensuite, il a repris du poil de la bête, et il pense à reprendre femme; chaque soir, sur le banc des Capponi, nous parlons de ce mariage. Le comte Orlando s'est toqué de nouveau d'un éphèbe de Raguse, mais il ne peut le consommer. Donato del Corno a ouvert un autre élevage de pigeons; toute la journée il court de l'ancienne boutique à la nouvelle, ne sachant où donner de la tête, en compagnie tantôt de Vincenzo, tantôt de Piero, tantôt de son valet, tantôt d'un autre. Néanmoins, je ne sache pas qu'il se soit brouillé avec Riccio... Filippo Casavecchia est de retour à Florence, et il se plaint terriblement de Giuliano Brancacci, mais d'une façon vague, et sans avoir encore précisé ses griefs; si cela arrive, je vous en informerai afin que vous puissiez le conseiller.

> « Et si parfois je ris ou chante
> C'est que je n'ai pas d'autre voie
> Pour épancher mes pleurs amers[1]. »

1. Pétrarque, *Canzoniere*, sonnet LXXXI.

S'il est vrai que vos prédécesseurs à Rome Jacopo Salviati et Matteo Strozzi aient obtenu leur congé, c'est vous qui resterez là-bas comme personnage officiel; et puisque Jacopo s'en va, de tous ceux qui arrivent je vois mal qui pourrait demeurer à votre place; c'est pourquoi je présume que vous pourrez rester aussi longtemps qu'il vous plaira. Le magnifique Julien va débarquer, et vous le trouverez bien disposé à mon endroit; même chose pour le cardinal de Volterra, Francesco Soderini. Si bien que j'ai peine à croire, si mon cas est présenté avec adresse, que je ne réussisse pas à être employé à quelque travail, sinon au service de Florence, du moins à celui de Rome et du pontificat, où je devrais sembler moins suspect. Sitôt que je vous saurai fermement établi à Rome, si vous le jugez bon (car autrement il ne m'est pas permis de me déplacer sans éveiller des soupçons), je me rendrai sur place. Si Sa Sainteté veut me mettre à l'épreuve, je suis certain de servir les intérêts et l'honneur de tous mes amis en même temps que les miens.

Je ne vous écris point cela par un désir immodéré de cet emploi, et je ne veux pas que, par amitié pour moi, vous vous jetiez tête première dans les peines, les dépenses ni les tracas; je veux seulement que vous connaissiez ainsi mes sentiments et si vous pouvez m'être de quelque utilité, que vous sachiez que toute mon affection appartient à vous et à votre famille à qui je suis redevable du peu qui m'est resté.

Le 16 avril 1513, Nicolas MACHIAVEL, à Florence.

*Au moment où Machiavel écrit la lettre suivante,
l'armée française a été défaite à Novare par les Suisses de
Maximilien Sforza. Le sort de Louis XII semble réglé, et
tel est l'avis de Vettori. Au contraire, Machiavel souhaite
la victoire française, seule capable d'arrêter l'invasion
tudesque, et de sauvegarder la liberté italienne.*

Seigneur ambassadeur,

VOTRE lettre du 20 m'a démonté : l'ordre et la multitude des arguments et toutes les autres qualités
m'ont si bien entortillé que j'en suis resté d'abord
confondu; et si je ne m'étais un peu ressaisi en la
relisant, j'aurais donné ma langue aux chiens et
vous aurais répondu sur tout autre sujet. Mais à
force de la parcourir, il m'est arrivé la même chose
qu'au renard quand il vit le lion : la première fois,
il faillit mourir de frayeur; la seconde, il s'arrêta
derrière un buisson pour l'examiner; la troisième,
il entra en conversation. Ayant donc recouvré quelque assurance, je vais tâcher de vous répondre.

En ce qui concerne les affaires du monde, j'en
tire cette conclusion : nous sommes gouvernés par
des princes qui sont, par accident ou par nature,
pourvus des caractères suivants : un pape sage,
Léon X, et par conséquent circonspect dans ses
décisions; un empereur instable, Maximilien; un
roi de France, Louis XII, irritable et timoré; un roi
d'Espagne, Ferdinand d'Aragon, ladre et avide; un
roi d'Angleterre, Henri VII, riche, féroce et assoiffé
de gloire; des Suisses brutaux et insolents dans leur

victoire; les potentats d'Italie, pauvres, ambitieux et lâches; les autres rois, je ne les connais point. Si bien que, considérant l'état présent des choses, j'en viens à croire frère Jérôme qui disait *Pax, pax, et non erit pax*[1] ; et je vous accorde que toute paix est difficile, aussi bien la vôtre que la mienne. Si vous pensez qu'il y a plus de difficultés dans la mienne, je l'admets; mais je vous prie d'écouter patiemment en quoi je crains que vous ne vous trompiez, et en quoi je suis sûr que vous vous trompez. Premier point : vous faites trop peu de cas de Louis XII et trop grand cas d'Henri VII. A moi, il semble peu vraisemblable que le roi de France ne possède plus que dix mille fantassins, car s'il ne dispose pas de mercenaires allemands, il peut en lever un grand nombre dans son pays; et s'ils ne sont pas aussi aguerris que les Allemands, ils vaudront bien les Anglais. Ce qui me le fait croire, c'est que le roi d'Angleterre, venu avec tant de fougue, tant d'hommes, tant d'envie de la fiche en l'air, n'a pas encore pris Térhouanne, bourgade qui ne pèse pas plus lourd que notre Empoli, et qui aurait dû tomber au premier assaut, quand les troupes sont le plus impétueuses : voilà qui suffit à me faire moins mépriser la France et moins craindre l'Angleterre. Je pense que cette lenteur de Louis dérive d'un calcul, non de la peur : il espère que si les Anglais ne prennent pas pied dans son État, l'hiver venu ils

---

1.   « Paix, paix, et de paix il n'en sera point. » Ezéchiel, XIII, 10. Texte d'un sermon de Savonarole.

seront forcés de retourner dans leur île, ou de rester en France exposés à de graves dangers. La région est en effet marécageuse, sans un arbre, et ils doivent déjà s'y sentir bien mal à l'aise. C'est aussi pourquoi je pensais que le pape et l'Espagne réunis n'auraient pas grand-peine à disposer d'eux. Ce qui me confirme dans cette opinion, c'est que le roi de France ne renonce pas à la réunion de Pise, qui représente pourtant une menace pour Rome ; car s'il était si bas que vous le dites, il aurait besoin de tout le monde et ne voudrait se brouiller avec personne.

Que l'Angleterre ait envoyé de l'argent aux Suisses, je le crois volontiers ; mais que ce soit par les mains de l'empereur, voilà qui me surprend, car je pense qu'il l'aurait dépensé pour ses troupes et non pour les Suisses. Et je ne puis me fourrer dans la tête que cet empereur et le reste de l'Allemagne soient assez inconsidérés pour laisser les Suisses acquérir tant de puissance. Quand je vois qu'il en est bien ainsi cependant, je tremble de me prononcer sur quoi que ce soit, car ce qui arrive est contraire à toute raison. Je ne comprends pas davantage comment les Suisses n'ont pas voulu s'emparer de la citadelle de Milan, alors qu'elle était à leur portée ; en la prenant, me semble-t-il, ils atteignaient leur but, bien mieux qu'en allant conquérir la Bourgogne pour le compte de l'empereur. Second point : je pense que votre erreur est complète, dans la crainte modérée que vous avez des

Suisses. Pour ma part, j'estime qu'on ne saurait les craindre trop. Francesco della Casa et bien d'autres amis avec qui j'ai coutume de débattre ces matières, savent que j'estimais médiocrement les Vénitiens, même au sommet de leur grandeur; car la conquête d'un si vaste domaine faite au moyen d'armes étrangères m'a paru bien plus surprenante que sa perte. La fin même de cet empire fut trop honorable pour eux, car elle n'aurait pas dû exiger un roi de France : un duc de Valentinois, n'importe quel honnête capitaine à la tête de quinze mille hommes en serait venu à bout. Ce qui contrariait mes théories, c'était leur façon de guerroyer sans capitaines ni soldats à eux. Or, ces mêmes motifs qui m'empêchaient de les craindre me font craindre les Suisses maintenant. J'ignore ce que dit Aristote des républiques morcelées auxquelles vous faites allusion; mais je pense que ce qui est, ce qui a été, peut raisonnablement être encore. Je me rappelle avoir lu que les Lucumoniens occupèrent toute l'Italie jusqu'aux Alpes, avant d'être chassés de la Lombardie par les Gaulois. Si les Étoliens et les Achéens ne firent aucun progrès, cela tint aux circonstances, non à eux-mêmes; en effet, ils eurent toujours sur le dos un roi de Macédoine très puissant qui les empêcha de sortir de leur nid; après lui, ce furent les Romains; c'est donc la force d'autrui plus que leur volonté, qui les retint de s'étendre. Or, les Suisses prétendent ne pas vouloir conquérir des sujets parce qu'ils n'y voient pas leur avantage;

c'est là leur conviction présente; mais comme je vous disais dans une lettre antérieure, le monde évolue lentement, et souvent les hommes en viennent à faire par nécessité ce qui n'entrait point dans leurs intentions premières, et la coutume des populations est d'agir sans se presser. Si l'on regarde où en sont les choses, on voit que les Suisses ont déjà chez nous deux tributaires : un duc de Milan et un pape. L'argent qu'ils en reçoivent, ils le considèrent comme une rente, et n'admettent pas qu'il puisse leur faire défaut. Si cela arrivait, ils crieraient à la rébellion, sauteraient sur leurs piques et, une fois maîtres du terrain, prendraient de bonnes précautions, ajouteraient un mors à ceux qu'ils avaient déjà bridés, et finiraient par s'emparer de toute la maison.

Ne vous fiez pas à ces armes qui, dites-vous, pourraient un jour être de quelque utilité en Italie, car rien de bon n'en peut venir. D'abord à cause des défauts du système : trop de capitaines, et désunis, et pas un seul qui puisse commander à l'ensemble; ensuite, à cause des défauts propres aux Suisses. Vous devez comprendre une chose : les meilleures troupes du monde sont formées par les populations en armes, et seules des troupes de même espèce peuvent leur tenir tête. Rappelez-vous toutes les armées célèbres : celles des Romains, des Lacédémoniens, des Athéniens, des Étoliens, des Achéens et d'une foule d'ultramontains; seuls ont accompli de grands exploits ceux qui ont armé leurs sujets : Ninus les Assyriens, Cyrus les Perses, Alexandre les Macédoniens. Dans le nombre, je ne vois qu'Annibal et Pyrrhus qui aient fait des prouesses avec des armées de raccroc; ce qui s'explique par l'extraordinaire vertu de ces chefs : elle avait un si grand prestige qu'elle insufflait dans ces files disparates la même détermination, la même discipline qu'on peut trouver dans le peuple en armes. Si vous considérez les défaites et les victoires de la France, vous verrez qu'elle a toujours gagné contre les Italiens et les Espagnols, qui formaient des armées mercenaires pareilles à la sienne; mais à présent qu'elle doit combattre des populations armées, telles que les Suisses et les Anglais, elle perd et risque de perdre encore. Les connaisseurs ont toujours prévu ces revers du roi de France; ils l'attribuent au fait qu'il ne possède pas de fantassins à lui et qu'il a désarmé ses sujets, à l'inverse de ce que font les princes clairvoyants. Faute que ne commirent point les rois français de jadis, puisqu'elle date du roi Louis XI. Aussi, ne comptez pas que des troupes italiennes, homogènes ou disparates, forment un corps comme celui des Suisses.

Quant aux discordes dont vous parlez, n'espérez pas qu'elles puissent faire grand effet parmi eux tant qu'ils observeront leurs propres lois, ce qui semble devoir durer longtemps; car nul ne peut dresser la tête chez eux et être suivi; or les têtes sans queue n'ont ni effet ni durée. Quant à ceux de leurs compatriotes qu'ils ont décapités, il devait

s'agir de quelques individus, civils ou militaires;
accusés de trahison au profit des Français, ils
furent découverts et mis à mort; et ils n'ont pas
plus d'importance chez eux que chez nous quelques
voleurs pendus. Je ne crois certes pas que les
Suisses puissent bâtir un empire comparable à celui
des Romains; mais je pense cependant qu'ils pourraient devenir les arbitres de l'Italie, à cause de leur
proximité et de nos lamentables désordres. C'est
bien là ce qui m'épouvante, ce à quoi je voudrais
porter remède. Si la France ne l'empêche pas, je ne
vois aucun autre recours, et dès à présent je veux
pleurer avec vous sur notre ruine et notre servitude.
Elles ne seront peut-être ni pour aujourd'hui ni
pour demain, mais nous les verrons avant de mourir. Voilà ce que l'Italie devra au pape Jules II et
à tous ceux qui ne font rien pour la sauver, en
admettant que la chose soit encore possible. *Valete*.

A Florence, ce 26 août 1513,

Nicolas MACHIAVEL.

Magnifique ambassadeur,
« FAVEUR divine jamais ne vient trop tard. » Si je
cite Pétrarque, c'est que votre long silence me faisait craindre d'avoir, non perdu, mais égaré votre
faveur et que j'en cherchais la raison. Plusieurs
explications me venant à l'esprit, je n'attachais de
poids qu'à une seule : quelqu'un m'aura accusé de
laisser traîner vos lettres. Or je sais avec certitude

qu'elles n'ont été lues de personne avec mon
accord, si ce n'est de notre ami Filippo Casavecchia
et de votre frère Paolo. Me voici rassuré par votre
lettre du 23 novembre. Je suis très heureux de voir
avec quelle tranquillité bien réglée vous exercez
vos fonctions officielles; et je vous engage à poursuivre de même, car celui qui sacrifie ses aises pour
les aises d'autrui, y perd seulement les siennes sans
gagner nulle reconnaissance. Et puisque la fortune
veut se mêler de tout, il faut la laisser faire, attendre
patiemment sans la déranger qu'elle veuille bien con-
céder quelque chose à l'intervention des hommes;
alors il vous appartiendra de besogner davantage,
d'observer les événements, et à moi de quitter ma
campagne pour venir vous dire : me voici. C'est
pourquoi je ne peux, voulant vous rendre grâce pour
grâce, que vous raconter en cette lettre comment je
passe mon temps; et si vous estimez que mon existence vaut mieux que la vôtre, je suis prêt à faire
l'échange.

Je vis donc à la campagne; après mes récentes
mésaventures, je n'ai pas eu l'occasion, en les addi-
tionnant tous, de passer vingt jours à Florence.
Au commencement, j'ai pratiqué la chasse aux
grives. Je me levais avant le jour, préparais les
gluaux, et me mettais en route, avec un chargement
de cages qui me faisaient ressembler à l'esclave
Geta, quand il revient du port avec les livres d'Amphitryon. Je n'attrapais jamais moins de deux oiseaux, jamais plus de six. Et j'ai vécu ainsi tout sep-

tembre. Depuis, ce passe-temps me manque bien, si piètre et singulier soit-il. Car voici comment je vis maintenant. Le matin, je me lève avec le soleil, et m'en vais à un de mes bois que je fais abattre; j'y reste deux heures à revoir l'ouvrage du jour précédent, à tuer le temps en compagnie des bûcherons : ils ont toujours quelque querelle entre eux ou avec les voisins. A propos de ce bois, j'aurais à dire mille choses curieuses qui me sont arrivées, avec Frosino da Panzano et d'autres, amateurs de mon bois. Frosino en particulier en a fait prendre plusieurs piles sans m'avertir; au paiement, il voulait retenir dix lires qu'il disait lui être dues depuis quatre ans, gagnées aux cartes chez Antoine Guichardin. Moi, j'ai commencé à faire du vacarme, à accuser de vol le transporteur; enfin, Giovanni Machiavel est intervenu et nous a mis d'accord. Quand la tramontane s'est mise à souffler, chacun en a voulu une charretée : Baptiste Guichardin, Filippo Ginori, Tommaso del Bene et quelques autres habitants de la ville. Moi, je promettais à tout le monde. Celle que j'expédiai à Tommaso n'arriva à Florence qu'à moitié, car, pour la soutenir, il y avait lui, sa femme, ses servantes, ses enfants : on aurait dit Gaburra, le boucher, quand le jeudi il rosse avec ses valets le bœuf qu'il vient d'acheter. Si bien que, ayant considéré ceux qui me rapportaient, j'ai dit aux autres que je n'avais plus de bois. De quoi tous m'ont fait la tête, spécialement Baptiste, qui semble frappé par ce malheur comme par le sac de Prato.

Partant du bois, je m'en vais à une source, et de
là vers ma tenderie. J'ai un livre sous le bras, un
Dante, un Pétrarque, un poète mineur, comme
Tibulle, Ovide ou quelque autre; je relis leurs pas-
sions et leurs amours, qui me rappellent les
miennes; cette pensée me réjouis un bon moment.
Je prends ensuite le chemin de l'auberge; je parle
avec ceux qui passent, je leur demande des nouvelles de leurs pays, j'en entends de toutes les cou-
leurs, je remarque la variété des goûts et des humeurs chez les hommes. Cependant, arrive l'heure
du déjeuner; avec ma maisonnée, je mange les ali-
ments que me permettent ma pauvre femme et mon
maigre patrimoine. Ensuite, je retourne à l'auberge;
j'y rencontre ordinairement l'aubergiste, un boucher, un meunier, deux chaufourniers. Je m'enca-
naille avec eux tout l'après-midi, jouant aux cartes,
au tric-trac, ce qui suscite mille disputes et dix
mille injures; le plus souvent on se collette pour un
quart de sou, les gens nous entendent brailler de
San Casciano. C'est en me roulant dans cette pouillerie que j'empêche ma cervelle de moisir; par ce
moyen j'épanche la malignité dont m'abreuve le
sort, presque content d'en être si bien piétiné, avec
l'espoir qu'il finira par en rougir.

Le soir venu, je retourne au logis, et j'entre dans
mon cabinet. Dès le seuil, je me dépouille de cette
robe quotidienne, pleine de crasse et de boue,
pour me couvrir de vêtements royaux et magistraux.
Alors, vêtu avec décence, j'entre dans les cours des

princes antiques; ils me reçoivent affectueusement,
et je m'y repais de cet aliment qui est le mien par
excellence, et pour lequel seul je suis né; je n'ai
pas honte de m'entretenir avec eux, de les interroger sur les motifs de leurs actions; et eux me répondent avec bienveillance; et pendant quatre
heures d'horloge je n'éprouve aucun ennui, j'oublie
tous mes chagrins, je ne crains plus ni la pauvreté
ni la mort; je me transporte en eux entièrement. Et
comme Dante dit qu'il n'est pas de science sans
mémoire de ce qu'on a compris, j'ai noté ce que
j'ai trouvé de plus important dans leur conversation, et composé un opuscule intitulé *De Principa-*
tibus. J'y approfondis autant qu'il m'est possible
les différents aspects de cette matière, examinant ce
qu'est une principauté, combien d'espèces il en
existe, comment on les acquiert, on les garde, on
les perd. Si jamais vous eûtes quelque goût pour
mes élucubrations, celle-ci ne devrait pas vous
déplaire; un prince, surtout un prince nouvellement établi, devrait aussi l'agréer; c'est pourquoi je
la dédie au magnifique Julien. Filippo Casavecchia
l'a lue; il pourra vous fournir des détails sur l'ouvrage lui-même, et sur les discussions que nous en
avons eues, bien que je travaille encore à l'étoffer et
à le fignoler.

Vous souhaiteriez, magnifique ambassadeur, me
voir quitter la vie que je mène pour venir partager
la vôtre. Je n'y manquerai pas; toutefois, certaines
affaires me retiennent ici que j'aurai terminées dans

six semaines. Ce qui me fait hésiter, c'est la présence à Rome de ces Soderini auxquels, si je viens,
je serai forcé de rendre visite et de parler. Dans ce
cas, je crains qu'à mon retour il ne me faille des-
cendre de cheval non devant ma porte, mais devant
la prison du Bargello : c'est que notre nouveau
gouvernement a beau jouir de solides et sûres
assises, il est cependant fraîchement établi, donc
soupçonneux ; il ne manque pas de gens bien in-
formés qui, voulant ressembler à Paolo Bertini,
te mettraient volontiers dans l'embarras, te laissant
le soin de te dépêtrer. Je vous prie donc de m'enlever cette crainte ; après quoi je viendrai vous retrouver dans le délai convenu.

A propos de mon opuscule, Filippo et moi avons
examiné s'il était opportun ou non de le faire paraître ; et dans l'affirmative, s'il valait mieux que
je le porte moi-même ou que je l'envoie. Ne pas le
publier me faisait craindre que Julien ne le lise
même pas et que cet Ardinghello, secrétaire du
pape, ne se fasse honneur de ce dernier produit de
ma plume. Le besoin qui me talonne me pousse à
le publier, car je me consume, et je ne peux rester
longtemps dans cette situation sans devenir, à force
de pauvreté, un objet de mépris. En outre, je désire
ardemment que les seigneurs Médicis m'emploient
à quelque besogne, même s'ils devaient pour commencer me faire rouler une pierre ; car ensuite, si
je ne réussis pas à les gagner, je ne m'en prendrai
qu'à moi-même. Quant à ce manuscrit, si l'on se

donnait la peine de le lire, on verrait que les quinze années passées à apprendre à gouverner un État, je ne les ai employées ni à dormir ni à jouer; et nos seigneurs devraient avoir à cœur de se servir d'un homme qui, sans qu'il leur en coûte un rouge liard, a fait sa moisson d'expérience. On ne devrait pas non plus douter de ma fidélité : ayant toute ma vie tenu mes engagements, je ne vais pas apprendre aujourd'hui à les rompre; un homme qui a quarante-trois années — c'est mon âge — servi fidèlement et honnêtement, ne doit pas pouvoir changer de nature; ma pauvreté présente en est la meilleure assurance.

Je désirerais donc que vous aussi me donniez votre opinion sur cette matière. Et je me recommande à vous. *Sis felix.*

Ce 10 décembre 1513,

Nicolas MACHIAVEL, à Florence.

Francesco Vettori se plaint à Machiavel que deux amis communs, Filippo Casavecchia et Brancaccio, qu'il a reçus dans son palais, l'ont chapitré sur ses mauvaises relations : le premier parce qu'il reçoit des courtisanes, le second à cause d'un certain messire Sano de réputation douteuse.

Magnifique ambassadeur,

C'EST assurément une chose étonnante que de voir combien les hommes sont aveugles sur leurs propres défauts, et avec quel acharnement ils poursuivent les

vices qu'ils n'ont pas. Je pourrais vous en donner
des exemples grecs, latins, hébreux et chaldéens,
aller même jusqu'aux pays du Sophi et du prêtre
Janni, si les exemples de chez nous et de notre
époque ne suffisaient pas. Je crois que ce messire
Sano aurait pu fréquenter cent ans votre maison
sans que Filippo s'avisât jamais qu'il menaçait votre
honneur; bien mieux : sa fréquentation lui eût paru
convenir tout à fait à un ambassadeur qui, contraint de renoncer à bien des choses, a droit cependant à quelques menus plaisirs; celui que vous pouviez goûter dans la compagnie de ce Sano lui aurait
semblé parfaitement approprié et il aurait glorifié
votre sagesse et votre choix. D'un autre côté, tout
le bordel de Valence eût-il envahi votre maison
que Brancaccio n'y eût rien trouvé à redire; il vous
en aurait même fait de plus grands compliments
que s'il vous avait entendu haranguer le pape
mieux que Démosthène.

Voulez-vous en avoir confirmation? Qu'il vous
suffise, sans informer l'un des remontrances de
l'autre, de faire semblant de céder à leurs raisons.
Fermez la porte aux putains, expulsez ce messire
Sano, enfermez-vous dans une existence renfrognée
et méditative. Quatre jours ne s'écouleront pas
avant que Filippo ne s'informe : « Qu'est devenu
messire Sano? Comment se fait-il qu'on ne le voie
plus? C'est grand dommage, car il me semble être
un grand homme de bien. J'ignore ce que signifient
tous ces cancans; je trouve qu'il possède parfaite-

ment le ton de la cour pontificale et que c'est une relation fort utile. Vous devriez, Excellence, le faire appeler. » Quant à Brancaccio, inutile de vous dire son étonnement et son affliction devant l'absence de ces dames. Sans doute ne se serait-il pas exprimé en tournant le cul vers votre cheminée; mais il n'y aurait point manqué entre quatre yeux, dans votre chambre. Et pour vous apporter plus de lumières, il faudrait que je débarque un jour au beau milieu de votre austérité, moi qui ai tant de goût pour le beau sexe, et que, comprenant les choses au vol, je vous dise de but en blanc : « Excellence, vous allez vous rendre malade! J'ai l'impression que vous ne vous accordez aucune douceur. Je ne vois entre ces murs ni femmes ni adolescents : quelle est la foutue bite qui sert ici de maître de maison? »

Magnifique ambassadeur, il n'y a sur terre que des fous. Rares sont ceux qui connaissent les hommes et savent qu'en voulant agir selon le goût d'autrui on ne fait jamais rien, car on ne trouve pas deux avis qui soient semblables. D'autre part, quelqu'un qui est tenu pour sage le jour peut-il la nuit être tenu pour fou? Si cet homme de bien et de mérite entreprend d'oublier un moment ses ennuis et de s'offrir quelque petite liesse, il en doit assurément récolter de l'honneur, non de l'opprobre. Au lieu de le traiter de tantouse et de putassier, on l'appellera plus justement homme universel, de bon accueil et de bonne compagnie. Un homme

ainsi fait donne de sa substance sans rien prendre
aux autres. On peut le comparer au moût de raisin
en train de bouillir : il parfume de sa saveur les ré-
cipients moisis, sans jamais prendre lui-même le
goût de moisissure.

Ainsi donc, seigneur ambassadeur, ne craignez
pas le moisi de messire Sano ni le pourri de dame
Smeria. N'obéissez qu'à vous-même et laissez dire
Brancaccio : il ne s'aperçoit pas qu'il ressemble au
roitelet des haies, le premier à piailler et à crier, le
premier pris aussi lorsque la chouette arrive. Et
notre cher Filippo est pareil au vautour : si le vil-
lage manque de charogne, il vole à cent milles de là
pour en dénicher une; mais quand il a l'estomac
plein, il se tient perché sur un pin et se moque
des aigles, milans, faucons et leurs pareils qui, pour
se nourrir de mets délicats, meurent de faim la moitié de l'année. Aussi, magnifique ambassadeur,
laissez piailler l'un, et l'autre se remplir le gésier,
et réglez vos affaires à votre façon.

A Florence, ce 5 janvier 1513,

Nicolas MACHIAVEL.

*L'ambassadeur suit son conseil et invite une obligeante
voisine qui vient accompagnée d'une fille de vingt ans et
d'un fils de quatorze. Filippo Casavecchia s'intéresse à la
première, Brancaccio au second.*

Magnifique ambassadeur,
Je suis revenu hier de la campagne et votre frère

Paolo m'a remis votre lettre du 18 courant qui répondait à une lettre de moi de je ne sais quand. J'ai pris grand plaisir à vous lire, en voyant que la fortune vous aime tant, qu'elle a su si bien faire, que Filippo Casavecchia et Giuliano Brancaccio sont devenus avec vous une âme en deux corps, ou si vous préférez deux âmes en un seul corps. Quand je me remémore votre histoire du début à la fin, je me dis que, si je n'avais perdu mes griffonnages, je l'aurais introduite dans les chroniques des temps présents, car je la trouve aussi digne d'être racontée à un prince que tout ce que j'ai entendu cette année. Il me semble voir Brancaccio recroquevillé sur une chaise basse pour mieux considérer le visage de cette Constance; je le vois en paroles, en signes, en gestes et en sourires, tordant la bouche, jouant des prunelles, postillonnant, se consumant goutte à goutte, suspendu aux mots, au souffle, aux regards, au parfum, aux minauderies de Constance.

> « Je me tournai à main droite et vis Case
> Qui s'approchait de ce garçon, sa cible,
> Avec quelque sérieux, la tête rase[1]. »

Je vois donc par ailleurs Casavecchia s'agiter, se tourner d'un côté, de l'autre, secouer la tête aux réponses réticentes et honteuses de l'adolescent; je le vois prendre successivement le langage d'un père, d'un précepteur, d'un amoureux; et ce pauvre petit

---

1. Pastiche de Dante.

se demander où il veut en venir, tantôt craignant
pour sa vertu, tantôt se fiant à la grave calvitie du personnage, tantôt impressionné par ses grâces
d'homme mûr. Quant à vous, seigneur ambassadeur,
je vous vois à l'écart aux prises avec cette veuve et son
frère, tout en gardant l'œil droit sur le jouvenceau,
le gauche sur la donzelle, une oreille aux propos de
la mère, l'autre à ceux de Case et de Brancaccio. Je
vous entends répondre au frère et à la veuve, en
termes vagues, répéter comme Écho leurs dernières
syllabes, enfin interrompre la conversation pour
courir à la cheminée, à petits pas pressés, la main sur
la hanche. A votre arrivée, Filippo, Brancaccio, le
garçon et la fille se lèvent. Et vous : « Asseyez-vous,
ne vous dérangez pas, continuez votre conversation. »
Après force cérémonies, quelque peu familières et
égrillardes, chacun se rassoit, on aborde un agréable
et nouveau sujet. Mais surtout je crois voir Filippo,
quand arrive l'importun Piero del Bene; si je savais
peindre, je vous en enverrais le tableau, car certains
gestes qui lui sont familiers, certains regards de travers, certaines mines dédaigneuses sont impossibles
à décrire. Je vous vois attablés : on apporte le pain,
les verres, la table, les tréteaux; à chacun la joie
sort par tous les pores, et enfin elle déborde en un
déluge d'allégresse. Je vois enfin Jupiter enchaîné et
attelé au char, c'est-à-dire vous dans les liens amoureux; et parce que le feu est plus vigoureux quand
il brûle le bois vert, de même la flamme est chez
vous plus ardente car elle a trouvé plus de résis-

tance. Je pourrais ici m'exclamer comme ce personnage de Térence : « Ô ciel, ô terre, ô mers de Neptune! » Je vous vois vous livrer un combat à vous-même, *et parce que s'accordent mal à loger dans un même cœur amour et majesté,* vous souhaitez devenir tantôt un cygne pour déposer un œuf dans le sein de la belle enfant, tantôt une pluie d'or pour qu'elle vous emporte dans sa poche, tantôt tel ou tel animal, pourvu que jamais vous ne soyez séparé d'elle.

Et comme mon exemple vous effraie quelque peu, lorsque vous vous rappelez ce que m'ont fait les flèches d'Amour, je crois bon de vous dire comment je me suis comporté avec lui. En fait, je l'ai laissé agir à sa guise, le suivant par monts et par vaux, par bois et par campagnes; et il a eu pour moi plus d'amabilités que si je m'étais rebellé. Jetez donc au diable la selle et le frein, fermez les yeux et dites : « Fais à ta tête, Amour, je me place entre tes mains. Si je tombe bien, tu en auras toutes les louanges; si je tombe mal, tout le blâme. Me voilà ton esclave. Tu n'as plus rien à gagner en me tourmentant; et même tu y perdrais, puisque je suis ta chose. » Avec des discours de cette espèce, qui feraient pleurer les pierres, vous avez quelque chance de l'apitoyer. Vivez donc joyeux, ô mon maître. Montrez à la fortune un visage intrépide. Acceptez les dons du ciel, du moment et des hommes, car vous serez en mesure de rompre toute attache quand il vous plaira. Et s'il est dans votre intention d'offrir une sérénade à la belle, je m'offre à vous apporter quelques couplets qui la feront inévitablement tomber.

Voilà ce que j'avais à répondre à votre lettre. Ici,
rien de spécial, si ce n'est des prophéties de
malheur : si ce sont des mensonges, Dieu veuille
les détruire; si ce sont des vérités, qu'il les change
en bonheurs. Pour moi, quand je suis à Florence, je
partage mon temps entre la boutique de Donato
del Corno et la maison de dame Riccia. J'ai l'impression que je commence à les ennuyer tous deux,
car l'un me traite d'entrave-boutique et l'autre
d'entrave-ménage. Pourtant, avec les deux je me
comporte comme un homme de bon conseil; et
cette réputation m'a si bien servi que Donato me
laisse prendre un peu de chaleur à sa cheminée, et
l'autre un baiser de temps en temps à la dérobée.
Cependant, je crains que ces faveurs ne durent
guère, car je leur ai donné certains avis qui n'ont
produit que des fiascos. Aussi, faisant semblant de
parler avec sa servante, dame Riccia s'est aujour-
d'hui écriée : « Ah! ces hommes sages! Je me demande s'ils habitent sur terre ou dans le ciel! Car
ils me paraissent bien voir les choses à l'envers! »

Magnifique ambassadeur, vous voyez où diable
je me trouve avec ces deux-là. Je voudrais pourtant les conserver, et je ne sais comment faire. S'il
vous passe quelque moyen par la tête, à vous, à
Case ou à Brancaccio, je vous saurais gré de me
l'écrire. *Valete*.

Ce 4 février 1513,

Nicolas MACHIAVEL, à Florence.

Magnifique ambassadeur,

J'ai reçu de vous une lettre de la semaine dernière, et si j'ai tardé à vous répondre c'est parce que je voulais connaître au mieux un conte que je vais vous faire; ensuite, je répondrai à vos questions comme il convient. Il est arrivé une chose fort gracieuse; ou plus exactement, pour lui donner son véritable nom, une métamorphose divertissante et digne de figurer dans les chroniques antiques. Et comme je désire que personne n'ait à se plaindre de moi, je m'en vais vous la conter sous le voile d'une parabole.

Un certain chasseur, appelons-le Giuliano Brancaccio, désireux de prendre quelque gibier, un soir récent, après l'angélus, voyant le temps couvert, venteux, bruineux (temps rêvé pour les oiseaux), rentre chez lui, se met aux pieds une bonne paire de souliers, ceint une carnassière, prend une lanterne, une clochette au bras et une bonne raquette d'osier. Il franchit le pont alla Carraia et, suivant la rue du Canto de' Mozzi, arrive à Santa Trinita, entre le Borgo Santo Apostolo, tournicote un bon moment par les ruelles à bordels. N'y rencontrant aucun oiseau qui l'attende, il se dirige vers la boutique de votre orfèvre, traverse le marché au-dessous de la Parte Guelfa, et par Calimala Francesca vient s'abriter sous le toit des Pisani. Là, scrutant recoin après recoin, il finit par dénicher un merlot qu'il réussit à capturer, en employant raquette, clo-

chette et lanterne. Avec tact, il le conduit au fond
du ravin, dans la caverne où jadis logeait Panzano;
là, l'ayant trouvé grassouillet, il le baisote, le gave,
lui rajuste deux plumes de la queue et enfin, à ce
qu'on dit généralement, l'enfile dans son carnier.

Mais parce que l'orage me force à quitter mon
abri, que les paraboles et métaphores manquent de
clarté, disons que Brancaccio voulut connaître le
nom de son gibier. Celui-ci répondit, mettons :
« Michele, neveu de Consiglio Costi. » Et Brancaccio : « Ravi de te connaître. Tu es fils d'un homme
de bien, et si tu te comportes avec sagesse, ta fortune est faite. Sache que je suis Filippo Casavecchia,
et que je tiens boutique à tel endroit. Comme je
n'ai point d'argent sur moi, viens me trouver demain, ou envoie quelqu'un, et tu auras ta récompense. » Le matin suivant, le nommé Michele, qui
était plus roué qu'innocent, mande un commission-
naire porteur d'un billet, où il rappelait le service
rendu et réclamait ses honoraires. Filippo le reçut
plutôt fraîchement : « Qui est cet animal? Que me
veut-il? Je ne le connais ni d'Adam ni d'Ève.
Dis-lui qu'il vienne lui-même. » Le messager retourne à Michele, lui narre la chose. L'autre ne se
démonte point et s'en va hardiment trouver Filippo, lui jette au visage les services rendus : « Si
vous n'avez pas craint de me tromper, moi je ne
craindrai pas de vous couvrir de honte. » Se voyant
alors fort empêtré, Case le tire dans sa boutique et
lui dit : « Michele, ce n'est pas moi qui t'ai trompé,

car je suis un homme de bonnes mœurs et n'ai aucun goût pour ces vilaines choses. Cherchons plutôt ensemble le mystificateur, afin d'obliger à payer
celui qui a pris son plaisir de toi. Me déshonorer
ne te rapporterait rien. Suis donc mon conseil :
rentre chez toi et reviens demain; je te dirai ce que
j'aurai imaginé. » Le jouvenceau s'en alla tout
confus, mais sans montrer d'impatience, puisqu'il
devait revenir. Demeuré seul, Filippo se sentit dé-
semparé devant la nouveauté de la situation; la
voyant sans issue, il s'agitait comme la mer de Pise
quand le vent de Libye s'engouffre dans l'estuaire.
« Si je me tiens coi, se disait-il, et que j'apaise Mi-
chèle d'un florin, je deviens aussitôt sa vache à lait,
son débiteur, j'admets avoir péché et d'innocent me
fais coupable. Si je nie sans découvrir la vérité, me
voilà en conflit avec un enfant, en devoir de me justifier devant lui et devant les autres; je devrai
encaisser tous les torts. Si j'essaie d'éclaircir la
chose, il faut accuser quelqu'un, au risque de me
tromper et de me créer un ennemi sans me blan-
chir moi-même. »

Plongé dans ces angoisses, il prit le moins mauvais parti, c'est-à-dire le second. Et la fortune fut
avec lui, puisqu'elle lui permit de mettre dans le
mille du premier coup : « C'est Brancaccio qui m'a
joué ce tour, je connais son goût pour la chasse
aux oisillons, et ce n'est pas le premier qu'il me
fait... » Là-dessus, il s'en va trouver, disons Alberto
Lotti, lui raconte l'affaire, lui fait part de ses soup-

çons et le prie de parler au jeune Michele, puisque
c'est un parent à lui, pour essayer de tirer la chose
au clair. Alberto, en homme averti et clairvoyant,
juge que Filippo a vu juste et lui promet son aide
la plus franche. Il fait venir Michele, le tourne et le
retourne un moment, pour en venir à cette conclusion : « Si tu entendais la voix de celui qui s'est
fait appeler Filippo, serais-tu capable de la reconnaître? » L'enfant répond que oui, et les voilà tous
deux partis pour Sant'Ilario où Alberto savait
trouver Brancaccio. Il le voit en effet, pérorant au
milieu d'un attroupement. Il s'approche, cachant
l'enfant derrière lui, si bien que celui-ci entend les
discours de l'orateur. Soudain, il découvre Michele,
Brancaccio change de visage et détale. Chacun
comprit alors le fin mot de l'histoire, Filippo se
trouva entièrement lavé, Brancaccio condamné. A
Florence, durant tout ce carnaval, on a partout entendu : « Es-tu Brancaccio ou es-tu Casavecchia? »
Et fuit in toto notissima fabula cœlo[1]. Je pense que
d'autres vous auront raconté cette affaire; j'ai voulu
néanmoins vous en donner tous les détails, car j'ai
cru que c'était de mon devoir.

A votre lettre je n'ai rien à répondre, sinon que
vous poursuiviez vos amours *totis habenis*[2]. Le plaisir
que vous prendrez aujourd'hui peut-être vous man-

---

1. « Et l'histoire fut divulguée sous tous les cieux. » Ovide,
Mét. IV, 189.
2. « A toutes brides. »

quera demain. Et si les choses se passent comme
vous me les avez écrites, je vous porte plus d'envie
qu'au roi d'Angleterre. Suivez donc votre étoile
sans perdre sa route d'une ligne, car je crois, j'ai
cru et je croirai toujours que Boccace a raison de
dire : « Il vaut mieux faire et s'en repentir, que se
repentir de n'avoir pas fait. »

Ce 25 février 1513,

Nicolas MACHIAVEL, à Florence.

Magnifique ambassadeur,

J'AI reçu deux lettres de vous à la campagne où je
me trouve avec tous les miens, envoyées par Donato
de la part de Brancaccio. Je leur ai fait la réponse
qui m'a paru convenable, à propos de mes affaires
privées, de vos amours et de tout le reste. Mais
quand je suis arrivé à Florence, il y a deux jours, je
me suis aperçu que je les avais oubliées; et comme
j'aurais grand-peine à les rédiger de nouveau, je
vous les enverrai une autre fois. Pour le moment, je
vous envoie celle-ci, pour vous faire connaître que
les vôtres me sont bien arrivées et vous dire brièvement que si je ne suis pas venu à Rome, c'est pour
les raisons mêmes que vous me donnez maintenant
et que j'avais déjà trouvées de moi-même.

Je resterai donc dans ma pouillerie, sans trouver
un homme qui se rappelle les services que j'ai rendus ou qui me juge encore bon à quelque chose.
Mais il m'est impossible de rester longtemps ainsi,

parce que je me consume; et je vois bien, si Dieu ne m'est pas plus favorable, qu'un jour je serai forcé d'abandonner ma maison, de m'engager comme intendant ou secrétaire de quelque conné-table si je ne trouve rien de mieux; ou d'aller me fourrer dans quelque trou perdu pour enseigner l'a b c aux bambins, laissant ici ma famille pour qui je compterai autant que si j'étais mort. Elle se débrouillera bien mieux sans moi, car me voilà pour elle une charge, habitué comme je suis à la dépense, et ne pouvant faire autrement. Je ne vous écris pas cela pour vous pousser dans quelque tra-cas, dans quelque sollicitation, mais seulement pour épancher ma bile, et en finir une bonne fois avec un sujet aussi odieux.

De amore vestro, faut-il vous rappeler qu'Amour se plaît à tourmenter ceux qui essaient de lui ro-gner les ailes ou de l'enchaîner parce qu'il s'est niché entre leurs bras? C'est un enfant capricieux, et il leur arrache les yeux, le foie et le cœur. Mais les autres, ceux qui jouissent de sa présence, le ca-ressent, et ne le retiennent point lorsqu'il veut par-tir, et s'il revient l'accueillent volontiers, ceux-là reçoivent toujours ses faveurs, et triomphent sous son empire. Aussi, mon cher compère, n'essayez pas de retenir un être ailé, ni de rogner les ailes à qui, pour une plume perdue, en voit renaître mille, et vous jouirez pleinement.

Ce 10 juin 1514,

Nicolas MACHIAVEL, à Florence.

Mon cher compère,

Vous m'avez plusieurs fois, avec le récit de vos
amours romaines, tenu le cœur en fête; et j'ai oublié mes tourments infinis en pensant à vos plaisirs
et à vos dépits, car les uns ne vont pas sans les
autres. En vérité, la fortune me fournit une occasion où je pourrais vous rendre la pareille. Me
trouvant à la campagne, j'ai rencontré une personne si aimable, si délicate, si noble de nature et
de naissance que je ne puis tant chanter ses louanges
et l'aimer qu'elle ne mérite davantage. Je devrais,
comme vous, narrer la naissance de cet Amour,
quels furent ses filets, où il les tendit, de quelles qualités ils étaient; vous verriez que ce furent des filets
d'or, tendus parmi les fleurs, tissés par Vénus. Un
cœur grossier n'aurait pas eu de peine à les rompre,
tellement ils étaient doux et aimables; moi, je n'ai
pas essayé, et longtemps j'ai savouré la douceur
d'être leur prisonnier, si bien que les tendres fils se
sont endurcis et liés de nœuds indissolubles. Ne
croyez pas qu'Amour ait employé des moyens ordinaires pour me prendre; connaissant leur insuffisance, il a eu d'insolites stratagèmes, dont je n'ai
pu ni voulu me garder. Jugez-en : déjà tout proche
de la cinquantaine, nul soleil ne me blesse à présent, nul sentier ne me rebute, nulle obscurité noc-
turne ne m'effraie. Tout me paraît aisé, je m'accom-
mode de toute fantaisie, même contraire à ce que
devrait être la mienne. Quoiqu'il me semble entrer

dans de grands tourments, je me sens inondé d'une telle douceur et la vue de cet objet rare et suave qui me fait oublier mes anciennes misères, que pour rien au monde je ne voudrais m'affranchir, même si je le pouvais. J'ai donc mis à l'écart la pensée des choses graves et importantes; je ne trouve plus aucun plaisir à lire l'histoire des événements anciens ni à discuter des modernes; tout cela s'est converti en de tendres entretiens, dont je rends grâces à Vénus et Cypris tout entière. Si donc il vous semble à propos de m'écrire quelque chose de votre dame, n'y manquez point. Pour le reste, il vaut mieux en entretenir qui l'estimera et l'entendra mieux que moi, qui n'en ai jamais obtenu que des fruits amers. La douceur et le bien, c'est dans mes amours que je les trouve. *Valete*.

De Florence, ce 3 août 1514,

Votre Nicolas MACHIAVEL.

Lettre en latin.

Magnifique ambassadeur,

LE porteur de la présente est Nicolas Tafani, un de mes amis. Il a fait ce voyage dans l'intérêt de sa sœur qu'il donna en mariage naguère à un certain Giovanni. Mais celui-ci, sitôt l'anneau au doigt, a filé à Rome, au mépris des serments et des liens conjugaux; il s'y est fixé depuis longtemps et y demeure encore, sans nul souci de son mariage ni

de sa femme. Mon ami souhaiterait donc une de
ces deux solutions : ou que Giovanni revienne
habiter avec sa femme, ou qu'il se sépare d'elle
légalement, après avoir restitué la dot reçue. Il
pense obtenir très aisément cela à Rome, où réside le
vicaire du Christ. J'implore donc votre aide sur ce
point. Veuillez voir l'infidèle mari, et exercer sur lui
toute la pression possible, afin de donner satisfaction
aux deux Nicolas. Je vous adresse cette prière pour
défendre la justice de cette cause, et pour rendre
la joie à cet homme et à toute sa famille, car eux
seuls rendent agréable mon séjour à la campagne.

Mais assez parlé de Tafani. Si vous désirez
connaître quelque chose de moi et de ma façon de
vivre, le même Tafani vous en informera. Non sans
indignation, si vous me portez la même amitié, vous
verrez combien mon existence ici est sordide et sans
gloire. Ce qui m'irrite et m'afflige davantage, c'est
de voir que parmi toutes les félicités qui pleuvent
sur les magnifiques Médicis et sur notre cité, il ne me
reste à moi comme à Ovide que les ruines de Per-
game.

A Percussina, ce 4 décembre 1514.

Nicolas MACHIAVEL.

*Machiavel s'est donné beaucoup de mal pour recomman-
der son ami Donato del Bene : commerçant enrichi qui,
comme M. Poirier, nourrit des ambitions politiques et aris-
tocratiques, et n'hésite pas à graisser toutes les pattes influ-*

entes, même cardinalices et diplomatiques. Grâce à l'inter-
vention de Vettori, il est sur le point d'obtenir satisfaction.

Magnifique ambassadeur.

A PEINE avais-je écrit la lettre ci-jointe que j'ai reçu
la vôtre du 15, à laquelle je vais répondre seulement
en ce qui concerne Donato. Je lui ai lu le passage
l'intéressant, et aussitôt il s'est enflé de telles espérances que la chemise ne lui couvre plus le posté-
rieur. Afin d'obtenir cette faveur, il est fermement
décidé à ne rien économiser : il a fait refaire la lettre
de crédit sur la banque des Beni par laquelle il sera
payé cent ducats à votre requête dans les six mois à
venir. Et si davantage est nécessaire, il m'a recom-
mandé de ne pas regarder à la somme. La lettre est
jointe à celle-ci; vous vous en servirez en temps
voulu, selon l'usage. Quant à votre avis d'économiser ou non, Donato ne voulait pas que je vous en
touche mot. Je prends cependant sous mon bonnet
de vous approuver sur ce point, d'autant plus que
l'intervention de votre ami ne me semble plus nécessaire, puisque, n'ayant plus rien à écrire à ce sujet,
il ne peut ni nous nuire ni nous servir. Pourtant
Donato entend ne rien ménager, pourvu qu'il sorte
une bonne fois de sa condition de plébéien.

De nouveau je vous remercie de toute la peine et
de tous les soucis que vous avez pris par amitié pour
moi. Je ne vous en promets pas récompense, car je
ne crois plus pouvoir jamais obtenir le moindre bien
pour moi ni pour les autres. Si la fortune avait

permis que les Médicis me confient quelque besogne à Florence ou ailleurs, à leur service ou à celui
de la Cité, j'en serais heureux. Cependant, je ne
désespère pas encore complètement. Si cela arrivait et que je ne sache pas me maintenir en place,
je m'en prendrais à moi-même; mais advienne que
pourra. Chaque jour je m'aperçois que ce que vous
citez de Pontano est vrai : quand la fortune veut
s'en mêler, elle nous offre soit une bonne occasion
soit un danger, soit l'une et l'autre en même temps.
Et je crois bien que cette alternative est la plus
grande ennemie possible de l'opinion que je défen-
dais dans mes dernières lettres. *Valete*.

Ce 20 décembre 1514,

Nicolas MACHIAVEL.

Magnifique orateur,

Le jeune Archer de sa flèche fatale
Avait tenté de me blesser le cœur
Plus d'une fois, car c'est de la douleur
Et du chagrin d'autrui qu'il se régale.

Bien qu'elle soit si aiguë et brutale
Que le diamant ne saurait l'arrêter,
Elle trouva l'objet si entêté
Que son mordant parut peu redoutable.

Alors l'enfant, plein d'un courroux narquois,
Pour démontrer enfin son excellence,
Changeant soudain arc, flèches et carquois,

M'en tira une avec tant de violence
Que la blessure encor me fait pantois
Et que j'admets son entière puissance.

Je ne saurais répondre à votre dernière lettre sur
la fringale amoureuse avec des termes qui me semblent plus à propos que ce sonnet : vous y verrez
avec quelle industrie ce petit voleur d'Amour a su
m'enchaîner. Et les chaînes dont il m'a couvert sont
si solides que je désespère de recouvrer jamais ma
liberté. Et même si le sort ou quelque artifice humain
m'offrait une issue, je me garderais d'en profiter,
tellement elles me semblent douces à porter; tellement j'y suis empêtré, lourdes ou légères; si
bien que je ne peux sans elles connaître de plaisir.
Et comme je sais à quel point vous goûtez ce genre
de vie et de sentiments, je regrette que vous ne soyez
près de moi pour rire tantôt de mes larmes, tantôt
de mes gaietés. Tout l'agrément que vous en auriez,
c'est notre ami Donato qui en jouis, car lui et l'amie
dont je vous ai entretenu précédemment sont les
uniques havres de mon vaisseau qu'une tempête
interminable a déjà privé de timon et de voiles. Et
il y a moins de deux jours, il m'arriva de pouvoir
dire comme Phœbus à Daphné :

Nympha, precor, Penei, mane : non insequor hostis,
Nympha, mane ; sic agna lupum, sic cerva leonem,
Sir aquilam penna fugiunt trepidante columbæ,
Hostes quisque suos[1].

Ces mots de Phœbus n'eurent guère d'effet sur
la nymphe; de même ma plainte toute pareille n'arrête point celle qui me fuit. Qui verrait nos lettres,
honorable compère, constatant leur diversité, s'en
étonnerait fort. Car il lui paraîtrait que nous sommes
tantôt des hommes graves, soucieux de grands sujets,
dont les pensées ne peuvent être pleines que d'élévation et d'honorables soucis; tantôt, tournant la page,
des polissons inconstants, légers, avides de frivoli-
tés. Si notre comportement semble honteux à d'aucuns, il me semble à moi digne de louange, car nous
ne faisons qu'imiter la nature, qui est multiple; et
une telle imitation ne peut être répréhensible. Bien
que nous pratiquions d'ordinaire cette versatilité
dans des lettres différentes, j'entends l'employer
aujourd'hui dans la même, comme vous verrez si
vous allez jusqu'au bout. Raclez-vous la gorge.

Votre frère Paolo est venu à Florence avec le
magnifique Julien. Au cours de l'entretien que nous
avons eu ensemble, il m'a informé que Sa Seigneurie lui a promis le gouvernement d'une de ces villes

1. « Ô nymphe du Pénée, demeure, je t'en prie : ce n'est pas
en ennemi que je te poursuis; nymphe, demeure! Telle l'agnelle
fuit le loup, la biche, le lion, les tremblantes colombes, l'aigle,
tel chacun fuit ses ennemis » (Ovide, *Mét.* I, 504).

dont elle va prendre possession. J'ai appris en effet, non de sa bouche, mais par la rumeur publique, qu'il s'agirait de Parme, Plaisance, Modène et Reggio : ce serait là, me semble-t-il, une belle et forte province, facile à conserver si Julien sait bien la gouverner dans les commencements. Mais pour cela, il faut connaître à fond toutes les données du problème. Ces terres nouvelles, occupées par un prince nouveau, offrent d'infinies difficultés si l'on veut s'y maintenir. Car si l'on en rencontre à garder celles qui forment un corps uni depuis longtemps, comme c'est le cas, par exemple, du duché de Ferrare, il y en a bien davantage à garder une principauté formée de membres divers, comme il advient pour Julien, puisqu'une partie de son domaine a été arrachée au Milanais, une autre à Ferrare. Le nouveau maître doit penser à en former un seul corps et contraindre ses sujets dès que possible à ne voir en lui que l'unique chef. Cela peut s'obtenir de deux façons : soit en y habitant personnellement, soit en y déléguant un lieutenant qui ait autorité sur tous, afin que les populations, même de territoires divers et de diverses opinions, s'habituent peu à peu à le reconnaître pour seul maître. Si Sa Seigneurie préfère résider encore à Rome, elle donnerait des bases solides à son nouvel État en y préposant quelqu'un qui connût parfaitement la condition des gens, des choses et des lieux. Mais si elle donne un chef particulier à chaque ville, sans y résider elle-même, son État restera toujours composé de pièces et de morceaux, faute de cette crainte respectueuse que l'on porte à un prince prestigieux. Le duc de Valentinois, dont j'imiterais toujours les actions si j'étais un prince nouveau, connaissant bien cette nécessité, mit Rémy d'Ogre à la tête de la Romagne. Décision qui lui assura l'unité de ses provinces, soumises à son autorité, attachées à sa puissance, confiantes en sa protection. Toute leur amitié, qui était grande, surtout si l'on considère sa nouveauté, résulta de cette décision. Je crois qu'on pourra facilement se persuader de cette chose, car elle est vraie. Si votre frère Paolo était désigné, il y aurait là une occasion de se faire connaître non seulement au magnifique Julien, mais à toute l'Italie, au grand profit de Sa Seigneurie, de lui-même, de vous et de votre maison. Je lui en ai parlé; cela lui a plu et il songera à en faire son profit. Il m'a semblé bon de vous en informer aussi, pour que vous connaissiez le contenu de notre entretien et puissiez, au besoin, aplanir la route à un tel projet.

> « Et en tombant le superbe glouton
> N'oublia pas d'invoquer Mahomet[1]. »

Donato se rappelle à votre souvenir.
Ce 31 janvier 1514,
Nicolas MACHIAVEL, à Florence.

---

1. Citation inexacte de Pulci, *Morgante Maggiore*, I, XXXVIII, 7-8.

À GIOVANNI VERNACCI

La correspondance entre Machiavel et Giovanni Vernacci, fils de sa sœur, qui faisait du commerce en Turquie, montre assez l'affection que se portaient l'oncle et le neveu.

. A Giovanni, fils de Francesco Vernacci, à Constantinople.

Très cher Giovanni,

J'AI reçu plusieurs lettres de toi et la dernière au mois d'avril, dans lesquelles tu te plains de rester sans nouvelles d'ici. Vois-tu, après ton départ, j'ai eu tant d'affaires qu'il n'est pas étonnant si je n'ai pu prendre la plume; c'est même une sorte de miracle que je sois encore vivant : j'ai perdu ma place et failli perdre la vie, que Dieu et mon innocence m'ont cependant conservée. Tous les autres maux possibles, y compris la prison, je les ai subis. Pourtant je vais bien, grâce à Dieu, je vivote comme je peux, et je m'efforcerai de faire de même jusqu'à ce que les cieux se montrent plus bienveillants.

Tu m'as écrit plusieurs fois pour que j'essaie de régler les affaires de ta propriété; à quoi je réponds que ta présence est ici nécessaire, et ne crois pas qu'il soit trop tard, car toujours il restera quelque chose à débrouiller. Marietta ma femme et nous tous allons bien; tâche de faire de même car la bonne santé est toujours précieuse. Lorenzo Machiavegli est mécontent de toi, parce que tu lui écris rarement : la moitié des étoffes qui te restent, dis-tu, tu les as vendues à crédit à je ne sais qui; tu ne précises pas les prix; et le client à qui tu prétends les avoir ainsi vendues affirme que tu te trompes. Tâche donc d'écrire les choses clairement, pèche plutôt par abondance d'explications que par insuffisance, afin qu'il ne puisse à juste titre se plaindre de toi.

Salue le consul de ma part, dis-lui que j'ai bien reçu sa lettre, que je suis vivant et en bonne santé. Rien d'autre d'intéressant. Que le Christ te garde.

Ce 26 juin 1513,

Nicolas MACHIAVEL, à Florence.

A Giovanni, fils de Francesco Vernacci, au Levant.

Mon très cher Giovanni,

JE t'ai écrit il y a un mois à peu près, te disant tout le nécessaire, notamment la raison de mon silence passé. Tu as dû recevoir ma lettre, et je ne me répéterai pas.

Depuis, j'ai reçu la tienne du 26 mai, à laquelle je n'ai rien à répondre, si ce n'est que nous sommes tous en bonne santé. Marietta a eu une petite fille qui est morte au bout de trois jours. Marietta va bien.

Je t'ai écrit précédemment que Lorenzo Machiavegli n'est pas content de toi, en particulier de tes informations, qui sont rares et incomplètes, en sorte qu'il n'en tire rien de certain. Aussi, je t'engage à écrire aux personnes avec qui tu es en relation d'une façon claire et assez détaillée pour qu'ils aient l'impression d'être à tes côtés. Quant à t'envoyer d'autre marchandise, il m'a dit que s'il n'arrive pas à régler nettement et complètement l'affaire précédente, il ne peut en être question.

Il est arrivé dans ta ville un certain Neri del Benino, beau-frère de Giovanni Machiavegli, à qui Giovanni a remis des étoffes; il n'y a donc aucune chance qu'il s'engage avec un autre. Et Filippo veut les vendre à l'étalage.

Veille à garder ta santé et à bien mener tes affaires, car si tu te portes bien et travailles honnêtement, j'en suis sûr, rien ne te manquera. Pour moi, je vais bien par le corps, et mal par tout le reste. Je n'ai d'autre espérance qu'en l'aide de Dieu, qui jusqu'à présent ne m'a nullement abandonné.

Rappelle-moi mille fois au bon souvenir du consul Giuliano Lapi, et dis-lui que je suis vivant. J'en ai fini. Que le Christ te garde.

Ce 4 août 1513,

Nicolas MACHIAVEL, à Florence.

A Giovanni, fils de Francesco Vernacci, à Péra.

Mon très cher Giovanni,

J'AI reçu ces derniers temps deux lettres de toi; tu m'y demandes d'essayer de réaliser ces titres de rente

de la religieuse en question, ce que je ne manquerai pas de faire, dès que possible; car il me faut
attendre que passe la semaine de Pâques, durant laquelle on ne peut entrer dans les couvents. Je ferai
ensuite le nécessaire et te tiendrai informé du résultat.

Je verrai avec Lorenzo Machiavegli et d'autres
s'il est possible de te faire avoir quelque affaire.

Je connais un artisan très riche; il a une fille
qui boitille un peu, mais jolie par ailleurs, honnête
et bonne ménagère. Selon les collègues du père,
c'est une excellente famille, où l'on a tous les droits
civiques. J'ai pensé que s'il t'accordait au comptant
deux mille florins de quatre[1], s'il promettait de
t'ouvrir une boutique de drapier en te faisant associé
et gouverneur, il y aurait là un parti à ton entière
convenance; car il doit te rester, si je ne m'abuse,
1 500 florins; avec eux et ceux du beau-père tu pourrais te faire honneur et profit. J'en ai parlé vaguement,
sans engagement de personne, et j'ai cru bon de te
l'écrire, pour que tu réfléchisses à la chose. Réponds-
moi par le premier courrier et, éventuellement,
charge-moi des démarches. Que le Christ te garde.

A Florence, ce 20 avril 1514,

Nicolas MACHIAVEL.

A Giovanni, fils de Francesco Vernacci, à Péra.

Mon très cher Giovanni,
Si je ne t'ai pas écrit dernièrement, il ne faut en

---

1. Il existait deux sortes de florins : le florin de 4 lires
(di suggello) et le florin de 7 livres *(largo)*.

accuser ni moi ni personne, mais seulement les circonstances; elles ont été telles que j'en suis venu à m'oublier moi-même. Ne crois pas pour cela que je t'aie oublié aussi, car je te considérerai toujours comme mon fils et me tiendrai toujours à ton service, moi et le peu que je possède. Veille à garder ta santé et à te comporter honnêtement, car de ton bonheur ne peut résulter que du bonheur pour tous ceux qui t'aiment.

Ce 18 août 1515,

Nicolas MACHIAVEL, à Florence.

A Giovanni, fils de Francesco Vernacci, à Péra.

Mon très cher Giovanni,

JE t'ai écrit deux lettres en quatre mois, et je suis désolé que tu ne les aies point reçues, car tu t'imagines sans doute que je t'ai oublié. Ce qui est totalement faux, car la fortune ne m'a rien laissé que mes parents et mes amis, et j'y tiens par-dessus tout, particulièrement à ceux qui comme toi me touchent de plus près. Si la fortune te souriait un jour, j'espère que tu rendrais à mes enfants le bien que j'ai pu te faire.

A Florence, ce 19 novembre 1515,

Nicolas MACHIAVEL, à Florence.

A Giovanni, fils de Francesco Vernacci, à Péra.

Mon très cher Giovanni,

CHAQUE fois que tu m'écris ne pas avoir reçu mes lettres, c'est comme si tu me donnais un coup de couteau. Je t'ai écrit six fois dans l'année; j'ai donné les lettres à Marietta, pour qu'elle les envoie à Alberto. Elle m'assure les avoir envoyées. Et toi tu dis n'avoir rien reçu, ce qui me cause un grand chagrin. C'est pourquoi je t'ai envoyé la dernière, il y a deux mois, par Bartolomeo Federichi, qui m'a dit l'avoir donnée à quelqu'un qui allait là-bas.

Par plusieurs de tes lettres j'ai appris tes ennuis; je remercie Dieu qu'ils aient cessé, que tu sois vivant, et j'espère que tu chasseras d'aussi tristes pensées. Si la mort de ces personnes t'a enlevé certains débouchés, l'honnêteté de ta conduite devrait t'en gagner d'autres. Ne perds donc ni le courage ni la confiance. Quant à moi, je suis devenu inutile à moi-même, à mes parents, à mes amis : ainsi l'a voulu mon douloureux sort. La santé, la mienne et celle des miens, est le seul bien qui nous reste. Je prends mon mal en patience en attendant une fortune meilleure, si elle veut bien se présenter. Sinon, je tâcherai de me résigner. Mais quelle qu'elle soit, tu auras toujours dans mon cœur la place que tu as toujours eue. Tout à toi. Que le Christ te garde.

Ce 15 février 1515,

Nicolas MACHIAVEL, à Florence.

A Giovanni, fils de Francesco Vernacci, à Péra.

Très cher Giovanni,

COMME je te l'ai écrit précédemment, je ne veux

pas que tu t'étonnes de mon silence ou de ma paresse à te répondre. Ce n'est point que je t'aie oublié ni que je t'estime moins, car au contraire je t'estime davantage. On mesure en effet les hommes à ce qu'ils valent; et comme tu as fait la preuve que tu étais un homme de bien et de mérite, il faut donc que je t'aime plus qu'autrefois. J'en conçois même un peu de gloriole, puisque c'est moi qui t'ai élevé et que ma maison a été le berceau de ta fortune présente et future. Mais comme je suis réduit à vivre à la campagne à cause de mes malheurs, il m'arrive parfois de n'avoir plus, un mois de temps, la tête sur les épaules. Ma négligence à te répondre n'est donc pas surprenante. J'ai reçu toutes tes lettres; et je suis heureux d'apprendre ta réussite; rien ne saurait me faire plus de plaisir. Quand tu seras dégagé de tes affaires et reviendras au pays, ma maison sera toujours à ta disposition comme par le passé, toute pauvre et démunie qu'elle soit.

Bernardo et Lodovico deviennent des hommes, et j'espère qu'à ton retour je pourrai caser l'un ou l'autre grâce à toi.

Ma femme et toute la maisonnée vont bien. Et Marietta aimerait que tu lui rapportes une pièce de camelot tanné et des aiguilles de Damas, des grosses et des fines. Elle dit de les prendre brillantes, car celles que tu as déjà envoyées n'ont pas été bonnes. Le Christ te garde.

Ce 8 juin 1517,

Nicolas MACHIAVEL, à la campagne.

À FRANÇOIS GUICHARDIN

En mai 1521, Machiavel est envoyé par les Huit de pratique au chapitre des frères mineurs réuni à Carpi, près de Modène ; il doit demander la séparation des couvents franciscains sis en territoire florentin des autres couvents toscans. En même temps, les consuls de l'Art de la laine le chargent d'obtenir un prédicateur pour prêcher à Florence le prochain carême. Le gouverneur de Modène, François Guichardin, a fait des gorges chaudes là-dessus dans une lettre précédente.

Magnifique seigneur, gouverneur révérendissime,
J'ÉTAIS au cabinet de nécessité lorsqu'est arrivé votre homme, et je songeais précisément aux extravagances de ce monde. Je me suis composé dans ma tête un prédicateur selon mes goûts pour le donner à Florence, car en cela comme dans mes autres opinions je suis entêté comme le diable. J'ai toujours fidèlement servi cette république chaque fois que j'ai pu, si ce n'est en actes du moins en paroles, si

ce n'est en paroles du moins en signes de la main,
de la tête ou des yeux; c'est pourquoi je ne veux
pas lui manquer sur ce point capital. Je sais bien
que là-dessus aussi j'ai une opinion opposée à celle
de mes concitoyens : eux voudraient un prédicateur
qui leur enseignât le chemin du paradis; moi j'en
voudrais un qui leur apprît celui de l'enfer; ils le
voudraient sage, intègre, loyal; moi je le souhaite
plus fou que Ponzo, plus rusé que frère Jérôme,
plus hypocrite que frère Alberto[1]. — Ce serait une
chose merveilleuse et bien digne des vertus de notre
époque, si toutes ces qualités dispersées jusque-là
chez divers moines, se trouvaient réunies dans le
même. N'est-ce pas là, d'ailleurs, le vrai moyen de
gagner le paradis : connaître le chemin de l'enfer
pour pouvoir l'éviter? En outre, quand on voit le
crédit qu'un triste individu peut acquérir sous le
manteau de la religion, on peut facilement imagi-
ner celui qu'obtiendrait un honnête homme qui
foulerait réellement, non en simulacre, le sentier
boueux de saint François. Mon plan me semble
bon, et j'ai décidé de prendre frère Giovanni Gual-
berto, dit Rovaio; s'il ressemble à ses frères et
sœurs, il fera sûrement mon affaire. J'aimerais, si
vous m'écrivez encore, que vous me donniez votre
opinion sur ce point.

1. Ponzo : adversaire de Jérôme Savonarole. Frère Alberto
est sans doute Alberto da Orvieto, envoyé d'Alexandre VI à
Florence en 1495, qui conseilla au pape d'appeler Savonarole à
Rome sous un prétexte quelconque, afin de l'y emprisonner.

Mes jours s'écoulent ici dans l'oisiveté, car je ne peux accomplir ma mission tant qu'on n'a pas nommé le général et les définiteurs. Je rumine de quelle façon je pourrais semer parmi les moines assez de zizanie pour les voir s'assommer les uns les autres à coups de galoches; et je crois pouvoir y arriver, si je garde assez de cervelle; pour ce faire, l'aide et le conseil de votre Seigneurie me seraient fort utiles. C'est pourquoi, si vous poussiez jusqu'ici sous prétexte de promenade, ce serait une excellente chose; essayez pour le moins de me suggérer par écrit quelque maître coup. En outre, si vous m'envoyez quotidiennement un serviteur exprès comme vous l'avez fait aujourd'hui, vous ferez d'une pierre deux coups : par l'un vous m'apporterez des lumières nouvelles sur la situation; par l'autre vous me ferez respecter davantage des gens de la maison, quand ils verront se multiplier vos messagers. Lorsque votre balestrier s'est présenté, porteur de la lettre, il m'a salué jusqu'à terre, disant qu'il était un envoyé spécial et urgent du gouverneur. Alors, chacun s'est précipité, avec tant de courbettes et de tumulte que la maison était sens dessus dessous. Plusieurs m'ont assailli de questions; et moi, pour accroître mon prestige, je répondais que l'empereur est attendu à Trente, que les Suisses tiennent une nouvelle diète, que le roi de France a l'intention de s'aboucher avec le roi d'Espagne, mais que ses conseillers l'en dissuadent. Si bien que tous demeuraient bouche bée, le

bonnet à la main. A l'instant même où j'écris, j'en
ai tout un cercle autour de moi; et me voyant noir-
cir tant de papier, ils se demandent avec stupeur
de quoi je suis possédé. Parfois, afin d'augmenter
leur étonnement, je reste la plume en l'air, gonflé
de méditation, ce qui les fait bâiller comme des
carpes. Ah! s'ils savaient ce que j'écris, ils s'éton-
neraient bien davantage! Votre Seigneurie n'ignore
pas que ces moines ont coutume de dire que, lorsque l'un d'entre eux est suffisamment affermi dans
l'état de grâce, le diable n'a plus pouvoir de le
tenter. Eh bien, moi, je ne crains pas qu'ils me
collent leur hypocrisie, car je crois être solidement
affermi dans la mienne.

Quant au goût pour les mensonges que l'air de
Carpi, dites-vous, communique à ses habitants
depuis des siècles, je puis me mesurer avec eux, car
il y a beau temps que je suis docteur en la matière,
au point que je ne voudrais pas de Francesco Mar-
telli comme valet. Depuis belle lurette, je ne dis
jamais ce que je crois, et ne crois jamais ce que je
dis; s'il m'arrive parfois de lâcher une vérité, je la
dissimule au milieu de tant de sornettes qu'il est
difficile de la distinguer.

Je n'ai pas rencontré l'évêque-gouverneur de
Carpi, car ayant trouvé ailleurs un logement, il
m'a semblé superflu de recourir à lui. Il est vrai
cependant que ce matin à l'église je l'ai lorgné un
bon moment, alors que lui regardait certaines pein-
tures. Il m'a semblé, comme vous me l'annoncez,

heureusement modelé, chaque partie de sa personne s'harmonisant avec le tout. Il est certainement ce qu'il a l'air d'être, sa bosse sans aucun
doute remplie de malices, et si j'avais eu sur moi
votre lettre j'aurais eu l'occasion d'en regarnir mon
sac. Rien n'est perdu pourtant. J'attends demain
votre réponse concernant mes affaires, que vous ne
manquerez pas de m'envoyez par un de vos balestriers. Faites qu'il galope ventre à terre et arrive
ici tout en nage, pour qu'à tous mes frocards les
yeux sortent de la tête. De cette façon, vous me
ferez honneur, et vos balestriers auront l'occasion
de faire un peu d'exercice, ce qui est excellent pour
les chevaux en cette demi-saison. Je pourrais vous
écrire encore quelque autre bagatelle si je voulais
forcer un peu ma fantaisie; mais je désire la garder pour demain aussi fraîche que possible. Je
me recommande à Votre Seigneurie, *quae semper ut
vult valeat.*

   A Carpi, ce 17 mai 1521,

      Votre respectueux Nicolas Machiavel,
     ambassadeur auprès des Frères mineurs.

Je peux vous le dire : la fumée en est montée jusqu'au ciel : le messager hors d'haleine, le volumi-
neux paquet des lettres ont fait perdre la tête à
chaque habitant de cette maison et à tout le voisi-
nage. Pour ne point paraître ingrat à messire Gis-
mondo qui me loge, je lui ai montré les dépêches

que vous aviez jointes touchant les Suisses et le roi :
cela lui a paru une très grosse affaire. Je lui ai
parlé de la maladie de César, des provinces qu'il
veut acheter en France : il en bavait. Toutefois, je
pense qu'il commence à craindre d'avoir été berné :
il demeure plongé dans de profondes réflexions;
sans doute comprend-il mal pourquoi on devrait
écrire des lettres-fleuves dans ce désert d'Arabie où
ne vivent que des moines. Et je n'ai pas l'impression qu'il voie en moi cet homme rare dont vous
lui avez parlé, parce que je reste ici dans ma chambre, où je dors, lis et me tiens coi. Si bien qu'il ne
saurait tarder, je le crains, à comprendre que vous
vous moquez de lui comme de moi. Il va cependant
tâtant le terrain; moi, je réponds par des mots
rares et décousus, évoquant le nouveau déluge
qu'on prophétise, le Turc qui doit franchir la mer,
l'opportunité de lancer une autre croisade, et
autres ragots de bancs publics. Le temps lui dure
donc de pouvoir vous entretenir de vive voix pour
tirer ce mystère au clair et vous quereller de luï
avoir mis entre les pattes cette glu qui empêtre son
ménage et le tient cloué chez lui. Il espère toutefois que la plaisanterie sera courte, continue de me
faire bonne mine et de me servir des repas somptueux : je me bourre autant que six chiens et trois
loups; je me dis en me mettant à table pour déjeuner : « Ce matin, j'économise deux paoli. » Et au
souper : « Ce soir, j'en économise quatre. » A vous
et à lui, je vous ai quand même beaucoup d'obli-

gation, et si jamais il passe par Florence, je le lui revaudrai, vous pouvez l'en assurer.

Ce traître de Rovaio se fait tirer l'oreille et cherche à chinoiser : il craint de ne pouvoir venir, il ne sait pas de quelle façon il pourra prêcher, il a peur de finir en galère comme le pape Célestin V Florence n'a pas fait grand honneur à ses sermons antérieurs, lorsqu'il fit cette recommandation : les putains de la ville doivent porter un voile noir. Or sa sœur lui écrit à présent que rien n'est changé, que ces dames continuent de tortiller du derrière comme il leur plaît. C'est une chose qui l'afflige beaucoup. Je m'efforce de le consoler, disant qu'il ne doit pas en être surpris : les grandes cités ont coutume de changer à tout vent, de faire aujourd'hui ce qu'elles déferont demain; je lui ait cité Rome et Athènes, ce qui lui a donné un grand réconfort, au point qu'il a presque promis. Je vous raconterai la suite.

Ce matin, les moines ont élu leur général; c'est Paolo da Soncino, un homme de cœur et de vertu, autant que puisse l'être un moine. Ce soir, je dois affronter ces Révérends Pères, et j'espère avoir terminé ma mission dans la journée de demain, ce que j'ai grand-hâte de faire pour pouvoir passer un jour avec Votre Seigneurie, *quæ et regnet in sæcula sæculorum.*

Ce 18 mai 1521.

Nicolas MACHIAVEL,
ambassadeur de la République florentine
auprès des Frères mineurs.

Magnifique seigneur François Guichardin, etc.,
Foutrum! Il faut jouer serré, avec ce Sigismondo,
car il est plus malin que trente-six mille diables!
Je crois qu'il a compris la moquerie. A la venue de
votre messager : « Tiens! s'est-il écrié. Il doit y
avoir quelque chose d'important, les courriers
pleuvent par ici! » Puis, quand j'eus lu votre lettre :
« Je crois bien que le gouverneur se paie notre tête
à tous deux. » Moi, je fis l'âne pour avoir du foin :
« J'ai laissé à Florence certaine affaire pendante qui
nous concerne lui et moi, et je l'ai prié de m'informer chaque fois qu'il y a du nouveau. Voilà la
raison principale de ces lettres... » En attendant, j'ai
tellement peur qu'il n'empoigne un balai pour me
renvoyer à l'auberge que j'en grelotte : le cul me
fait clap-clap dans mes chausses. Je vous prie donc
de chômer demain, vous et vos balestriers, afin que
la plaisanterie ne tourne pas au vinaigre. De toute
façon, personne ne m'enlèvera ce que j'y ai gagné :
repas somptueux, lits paradisiaques et ainsi de
suite, qui m'ont remplumé en trois jours.

Ce matin, j'ai entamé l'affaire de la séparation;
je l'ai encore aujourd'hui sur les bras; demain
j'espère l'avoir expédiée.

Quant au prédicateur, je crains bien de n'en tirer
aucune gloire, car il continue de louvoyer. Le père
supérieur affirme qu'il a promis ailleurs et j'ai peur
de devoir repartir bredouille et vergogneux, ce qui
me chiffonne fort, car je ne saurai quel visage faire

devant Francesco Vettori et Filippo Strozzi : ils m'ont écrit à ce sujet, me priant de faire tout le nécessaire pour qu'au prochain carême ils puissent trouver une nourriture spirituelle qui convienne à leur goût. Et ils diront que ma façon de servir ne change guère; l'hiver dernier, en effet, alors que nous étions ensemble un samedi soir à la villa de Giovanni Francesco Ridolfi, ils me chargèrent de dénicher un prêtre pour la messe du lendemain matin. Vous savez la suite : ce bougre de curé arriva alors qu'ils se levaient de table, dérangeant les gens et les choses, ce dont on ne me sut aucun gré. Si maintenant, avec cette autre commission, je remue l'ancienne lie, imaginez les yeux furieux qu'ils me feront. Aussi, j'espère que vous voudrez bien leur écrire deux lignes, pour me faire pardonner cet échec de votre mieux.

En ce qui concerne les annales qu'on m'a chargé d'écrire et cette république des Galoches, je pense n'avoir rien perdu en faisant sa connaissance, car j'ai pu y étudier maintes règles et dispositions qui ont du bon. En sorte que j'espère pouvoir m'en servir une fois ou l'autre, surtout en établissant des comparaisons. Si j'ai besoin de parler du silence, je pourrai dire : « Ils étaient plus muets que les moines quand ils mangent. » Et de même bien d'autres choses que cette courte expérience m'aura enseignées.

Ce 19 mai 1521,

Votre Nicolas Machiavel.

Fragment.

[...] J'ai travaillé et je travaille dans ma maison de campagne à écrire pour l'histoire de Florence, et je paierais bien dix sous — mais pas davantage — pour que vous soyez près de moi et que je puisse vous montrer où j'en suis. Car ayant à donner certains détails, j'aurais besoin d'entendre de votre bouche si j'offense, exalte ou abaisse un peu trop les choses. Je devrai donc me conseiller moi-même, et m'ingénier à faire en sorte que, disant la seule vérité, personne ne puisse s'en plaindre.

Ce 30 août 1524,

Nicolas MACHIAVEL.

Sans les voir, Guichardin avait acheté les deux propriétés de Finocchieto et de Colombaia. Il avait prié son ami de les examiner et de lui dire ce qu'il en pensait.

Seigneur Président,

J'AI attendu jusqu'à aujourd'hui pour vous écrire, car je n'avais pu aller plus tôt voir la propriété de Colombaia; que Votre Seigneurie veuille donc me pardonner ce retard.

Je commencerai par Finocchieto. Et voici la première chose que je dois vous en dire : à trois milles à l'entour, impossible de rien voir d'agréable; l'Arabie Pétrée n'est pas faite autrement. On ne

peut dire que la maison soit mauvaise, mais non
plus qu'elle soit bonne, car elle ne possède aucun
de ces agréments qu'on recherche; les pièces sont
petites, les fenêtres haut perchées; on se croirait
au fond d'une tour. Devant, un petit pré à l'herbe
rare; toutes ses issues vont en descendant, excepté
une qui offre environ cent brasses de plat. De plus,
l'ensemble se trouve si bien enterré au milieu des
montagnes que la plus longue vue ne dépasse pas
un demi-mille. Ce que produisent les champs,
Votre Seigneurie en est informée; mais ils menacent de produire un peu moins chaque année; car
beaucoup de terre est emportée par les pluies, en
sorte que si l'on n'y porte pas remède au moyen
de fossés, en peu de temps il ne restera que les os.
Cette propriété a besoin de l'œil du maître, et vous
vivez trop loin d'elle. J'ai appris que les Bartolini
accaparent toute la région, mais qu'il leur manque
une maison d'habitation : je vous engagerais à la
leur coller sur les bras, ce serait bien fait pour eux,
et cela vous débarrasserait. S'ils ne sont pas
d'accord, que vous vouliez la garder ou la vendre,
vous devriez y dépenser une centaine de ducats;
vous pourriez de cette façon améliorer le pré,
entourer de vigne presque tout le coteau qui porte
la maison, creuser huit ou dix fossés entre la maison et le premier champ, qui s'appelle la Chiusa;
dans ces fossés, je planterais des arbres à fruits
d'hiver et des figuiers; je ferais une belle fontaine
avec la source qui jaillit au milieu de ces champs,

devant une ligne de ceps, qui est la seule chose
jolie. Ces améliorations vous offriront deux avantages : si vous voulez vendre la propriété, l'acheteur
éventuel verra quelque chose d'agréable et aura
peut-être envie de traiter le marché; car si vous
la laissez en cet état, vous ne la vendrez ni aux Bartolini ni à personne, sauf à quelqu'un qui ne l'aura
pas vue, comme vous avez fait vous-même. Si au
contraire vous voulez la garder, vous pourrez y
récolter davantage de vin, et celui d'ici n'est pas
mauvais; et vous n'aurez pas envie de mourir de
chagrin chaque fois que vous viendrez lui rendre
visite. Fin du chapitre Finocchieto.

A propos de Colombaia, d'après ce que j'ai pu
constater de mes yeux, je vous confirme ce que
vous ont dit ou écrit vos frères Iacopo et Girolamo. La propriété est heureusement située,
entourée de chemins et de fossés, elle regarde entre
le midi et le levant. Les terres ont l'air bonnes, car
tous les arbres fruitiers, jeunes ou vieux, semblent
pleins de vie et de force. Elle dispose de toutes les
commodités que peut souhaiter une villa peu éloignée de Florence : église, boucher, route, poste.
Les arbres à fruits sont nombreux, néanmoins il y
a assez de place pour en planter autant. Parlons
maintenant de la maison. Vous entrez dans une
cour qui a vingt brasses de dimensions en tous
sens; sur la façade intérieure, à l'opposé de la
porte, sur toute la longueur de la cour, est suspendu
un balcon couvert, profond de quatorze brasses

à peu près. A main droite de celui qui la regarde, cette loggia se termine par une chambre avec son antichambre. Toutes ces pièces, ainsi que la loggia, sont en bon état et habitables. Sur la même cour donnent aussi une cuisine, une écurie, un cellier, une basse-cour qui facilite le ménage de la maison. Elle comporte en dessous deux caves voûtées et commodes, au-dessus un grand nombre de pièces dont trois pourraient être aménagées, avec une dizaine de ducats, pour recevoir d'honnêtes locataires. Les toitures sont comme ci comme ça. Conclusion : avec une dépense de 150 ducats, vous pourriez habiter une maison confortable, plaisante et qui n'aurait rien d'indécent. Il faudrait employer cette somme à refaire les portes, repaver les cours, redresser les murets, remplacer une poutre, réparer un escalier, refaire une gouttière du toit, la cuisine et sa fenêtre, et autres rafistolages qui donneraient à la maison de la gaieté et de l'allure. Après quoi, vous pourriez entrer dedans aussi bien paré que si vous vous embarquiez pour la pleine mer.

Quant aux revenus, je n'ai pu encore m'en assurer comme je voulais, car la personne que j'entends interroger est absente. Par une autre lettre, j'en donnerai le détail à Votre Seigneurie.

J'ai reçu la vôtre ce matin, où vous m'informez de la haute estime que me porte la caressante Mariscotta : j'en suis plus fier que de tout ce qui a pu m'arriver au monde. Ayez la bonté de me rappeler à son souvenir.

Je n'ai rien à vous dire touchant les rois, papes et empereurs ; peut-être sera-ce pour une autre lettre.

Je prie Votre Seigneurie de dire à madame V. que j'ai transmis ses salutations à tous les siens, particulièrement à Averardo, et tous se recommandent à vous comme à elle. Et je le fais moi-même mille fois à Votre Seigneurie en l'assurant de mon dévouement.

Ce 3 août 1525,

Votre Nicolas MACHIAVEL, à Florence.

On peut demander à Machiavel tous les services. Le voici marieur au profit des filles de Guichardin ; l'une épousera Pietro Capponi ; une autre est offerte à Lorenzo Strozzi.

Seigneur Président,

J'AI reçu hier votre lettre du 12 et je vous dirai pour réponse que Capponi père est revenu ; votre frère Iacopo s'est chargé de lui poser la question ; mais, comme vous dites, je crois qu'il avait compris de lui-même. On peut de toute façon leur faire une offre afin qu'ils constatent votre bonne volonté, pourvu qu'ils ne s'éloignent pas du raisonnable. A Girolamo comme à moi, il ne semble pas qu'on puisse offrir moins de 3 000 ducats ; mais sur ce point aussi donnez-lui les instructions qui vous conviendront.

Je suis heureux que vous ayez goûté *Messire*

Nicia[1], et si vous la faites jouer ce carnaval, nous viendrons vous aider. Je vous remercie de vos recommandations et je vous prie de nouveau... [*Lacune*.]

Nos provéditeurs aux affaires du Levant ont dessein de m'envoyer à Venise afin de récupérer certaines sommes confisquées. Si cela se fait, je partirai dans quatre jours; au retour, je passerai par Faenza afin de rester un soir en votre compagnie et de revoir les amis.

Je vous envoie vingt-cinq pilules composées pour vous il y a quatre jours, dont vous trouverez ci-dessous la formule. Je peux vous dire qu'elles m'ont ressuscité. Commencez par en prendre une après souper; si elle vous dérange, arrêtez; sinon, deux ou trois autres, cinq au plus. Pour moi, je n'en ai jamais pris plus de deux, et une fois par semaine, sauf quand je me sens une lourdeur de tête ou d'estomac.

Il y a deux jours, j'ai donc parlé de notre affaire avec l'autre ami. Je me suis excusé de me mêler trop intimement de choses aussi importantes, soulignant cependant qu'il m'y engageait lui-même. Bref, je lui ai demandé quelles étaient ses intentions sur la femme qu'il voulait donner à son fils. Après quelques cérémonies, il m'a répondu : « Je crois que la chose est tombée à l'eau. Ces jeunes gens trouvent déshonorant de n'avoir pas une dot

---

1. *La Mandragore*.

extraordinaire, et je ne crois pas que je puisse con-
caincre mon fils d'en accepter une plus modeste. »
Après un moment de réflexion, il a ajouté : « Je
crois deviner pour le compte de qui tu me parles,
car je sais où tu es allé, et la proposition m'a été
faite par d'autres voies. » J'ai répondu que je ne
savais pas s'il devinait juste ou non, mais qu'en
vérité il n'avait jamais été question de ce projet
entre vous et moi, ce que je lui ai démontré aussi
efficacement que j'ai pu, et que si je prenais de
mon chef cette initiative, c'était à cause de l'amitié
qu'il y avait entre lui et moi. Ensuite, j'ai baissé
les visières, parlant clairement de lui et de vous, de
votre situation présente et de ce que vous espériez;
bref, je lui en ai tant dit qu'il en a perdu le souffle.
Pour finir, il en a dû conclure que si le Magnifique
en personne voulait épouser une Florentine, il serait mal inspiré en la prenant ailleurs que dans
votre maison. « Je ne vois pas comment, ai-je
ajouté, un homme censé comme vous peut marchander entre lui et tout autre citoyen pour une
affaire de deux ou trois mille ducats! Et remarquez encore ceci : comme il n'a pas d'enfant mâle
et que sa femme a cessé de procréer, sa fille pourrait bien, si Dieu veut, se trouver un jour plus gras-
sement pourvue que toute autre qui n'apporterait
que sa dot, sans aucune espérance. » En causant de
la sorte, nous nous dirigions vers l'église des Ser-
vites. Là, devant le porche, je me suis arrêté pour
dire : « En ce lieu solennel, je désire ajouter un

dernier mot, afin que vous en gardiez le souvenir :
Dieu veuille que vous n'ayez pas à vous repentir, et
que votre fils n'ait rien à vous reprocher. » Et lui :
« Au nom du Ciel, c'est la première fois que nous
parlons de cette affaire; il nous faudra désormais
en parler chaque jour. » J'ai répondu que je n'en
ferais rien, que j'avais tout dit, que j'entendais seulement payer ma dette. Voilà comment j'ai rompu
cette lance. Je n'ai pu dissimuler ce que j'étais sûr
qu'on découvrirait. Me voilà bien placé maintenant
pour attendre les réactions de notre homme; et en
termes généraux ou plus précis, je ne manquerai
pas de taper sur mon clou. Mais revenons à la
formule des pilules :

Recette

Aloès hépatique	drachmes :	1	1/2
Carman deos	—	1	-
Safran	—	-	1/2
Myrrhe choisie	—	-	1/2
Bétoine	—	-	1/2
Pimprenelle	—	-	1/2
Bol d'Arménie	—	-	1/2

Nicolas MACHIAVEL.

A Florence, ce 17 août 1525.

Monsieur le Président,

Sitôt rentré de Venise, je suis parti pour ma
maison de campagne où j'ai trouvé mon fils Ber-

nardo avec la fièvre tierce; c'est pourquoi je n'ai pu vous écrire. Mais en rentrant à Florence pour voir le médecin, j'ai trouvé la lettre de Votre Seigneurie datée du 13, où je constate tous les tracas que vous infligent l'imbécillité de *Messire Nicia* et l'ignorance de ces gens-là. Je pense que les passages obscurs ne manquent point; mais comme vous ne me demandez d'éclaircissements que sur deux expressions, je vais tâcher de vous satisfaire. « Se lancer des pierres dans un four » ne signifie rien d'autre que faire une chose insensée. C'est pourquoi mon personnage dit que si nous étions tous comme messire Nicia, nous nous lancerions des pierres dans un four, c'est-à-dire que nous commettrions tous des actes insensés. Voilà pour le premier doute.

Quant au « crapaud et à la herse », cela a besoin de plus longues explications. Et j'ai dû en vérité compulser bien des livres, comme frère Thimotée, pour retrouver l'origine de cette herse. Enfin, je suis tombé sur un texte de Burchiello qui fait bien mon affaire; le barbier-poète écrit dans un de ses sonnets :

« Redoutant que l'empire ne sombrât,
En ambassade on envoya un chaudron de filasse.
Aux pinces et à la pelle on donna la chasse
Quand on vit que quatre écheveaux manquaient au
                                                    [tas;

La herse de Fiesole on y précipita... »

Ce sonnet me semble très mystérieux et, à bien le considérer, j'ai l'impression qu'il égratigne notre siècle. Entre les deux époques, il y a seulement cette différence : si l'on envoya alors un chaudron de filasse, celle-ci s'est convertie en macaroni, tant il est vrai que l'histoire se répète et que les hommes restent les mêmes. La herse est un engin de bois, carré, muni de dents, qu'utilisent nos paysans pour aplanir la terre avant les semailles. Burchiello cite la herse de Fiesole comme la plus ancienne de la Toscane; en effet, comme l'affirme Tite-Live dans sa seconde *Décade*[1], ses habitants furent les inventeurs de cet instrument. Or un jour qu'un paysan était en train de herser sa terre, un crapaud, qui n'avait point accoutumé de voir une si vaste machine, demeurait en contemplation, émerveillé, cherchant à comprendre de quoi il s'agissait. Et voici que la bestiole se sent atteinte par la herse, elle lui gratte l'échine si énergiquement que le crapaud doit y porter plus de deux fois la patte; et quand la herse lui a entièrement passé sur le corps, non sans l'étriller tout du long, il s'écrie : « Sans au revoir! » De là est né le proverbe qu'on cite lorsqu'on ne désire pas le retour de quelqu'un : « Comme dit à la herse le crapaud... » Voilà la meilleure explication que j'aie trouvée; s'il reste encore quelque doute à Votre Seigneurie, qu'elle veuille bien m'en informer.

1. Citation burlesque : cette seconde *Décade* ne nous est pas parvenue.

Tandis que vous vous évertuez là-bas, ici, nous ne dormons pas non plus. Lodovico Alamanni et moi-même avons soupé ces derniers soirs avec la Barbara, parlant longuement de la comédie; si bien qu'elle s'est offerte avec ses chanteurs à venir exécuter des chœurs pendant les entractes. De mon côté, j'ai proposé d'écrire une chanson au début et à la fin de chaque acte. Lodovico leur a offert à Modène le couvert dans la maison des Buosi. Vous voyez donc que nous faisons aussi tout notre possible pour que la fête soit en tous points réussie. Je me recommande à vous.

Nicolas MACHIAVEL.

Monsieur le Président,

CHAQUE fois que je pense à vous (et j'y pense à chaque instant) je calcule de quelle façon je pourrais vous aidez à obtenir ce qui vous tient le plus à cœur. Parmi les mille rêveries qui me sont passées par l'esprit, il en est une que j'ai résolu de vous écrire, non pour vous donner un conseil, mais pour vous ouvrir une porte que vous saurez franchir mieux que personne. Filippo Strozzi a sur le dos un chargement de fils et de filles. Et de même qu'il s'efforce de faire honneur aux premiers, il tâche de caser honorablement les secondes; aussi, comme tous les pères sages, il a pensé que l'aînée doit montrer le chemin aux suivantes. Entre autres partis, il a essayé de la donner à un fils de Giu-

liano Capponi avec 4 000 florins de dot; mais rien
ne s'est fait, Giuliano ne s'étant pas montré favorable. Désespérant alors d'arriver par ses propres
moyens à rien de positif, ne pouvant promettre
une dot qui dépassât ses ressources, Filippo a
recouru à l'aide du pape. Sur ses conseils il a porté
ses regards vers Lorenzo · Ridolfi; l'affaire s'est
conclue avec huit mille florins de dot, quatre versés
par lui et quatre par le Saint-Père. Paolo Vettori,
désirant s'allier honorablement et n'ayant pas les
moyens de fournir la dot nécessaire, a pareillement
recouru au pape; et celui-ci, pour lui faire plaisir,
l'a appuyé de son autorité et de deux mille ducats.

Mon cher Président, si vous étiez le premier à
briser la glace pour naviguer dans cette voie, je
serais le dernier à vous conseiller l'entreprise. Mais
comme la route a été ouverte par deux prédécesseurs, deux hommes qui ne vous dépassent ni en
mérites, ni en qualité, ni en aucun autre titre,
je ne saurais trop vous engager à faire ce qu'ils
ont fait. Filippo a gagné au service des papes
150 000 ducats, et n'a pas hésité à demander un
secours en cette circonstance; vous devez hésiter
bien moins, vous qui n'en avez pas gagné 20 000.
Paolo a été secouru mille fois et de mille moyens,
non point en services, mais en bel argent papal;
et voilà qu'une fois de plus il ne craint pas, dans
la nécessité où il se trouve, de demander une nouvelle subvention; vous devez le craindre moins
encore, vous qui n'avez pas exploité le pape, mais

l'avez servi honorablement et utilement. Faut-il vous rappeler Palla Rucellai, Bartolomeo Valori et combien d'autres qui ont eu recours en cas de besoin à l'escarcelle pontificale? Leurs exemples devraient vous donner l'audace et la confiance nécessaires. Si donc j'étais à votre place, j'écrirais à mon agent de Rome une lettre en deux exemplaires; il en présenterait un au pape, la lui ferait lire et tâcherait d'obtenir une réponse. J'y rappellerais les dix années que j'ai consacrées à son service pour sa gloire et son profit; je dirais que j'espère avoir donné satisfaction sur ces deux points, malgré des difficultés et des dangers sans nombre; que j'en remercie Dieu d'abord, ensuite l'heureuse mémoire du pape Léon et Sa présente Sainteté, à qui va mon entière reconnaissance. Vous savez aussi bien que moi que, après avoir réglé dix affaires heureusement, lorsqu'un homme en manque une onzième, celle-ci fait oublier toutes les autres, surtout si elle est de quelque importance. Aussi, m'étant honorablement acquitté de toutes les tâches d'un homme de bien, je dirais ne pas vouloir faillir à celle-là. Après ce préambule, j'exposerais ma situation : sans fils, mais avec quatre filles, le temps venu d'en caser une; et si je ne réussis pas ce mariage aussi bien que mes autres entreprises, il me semblera que je n'ai jamais rien fait de propre de toute ma vie. Je montrerais que les seuls empêchements sont les habitudes corrompues et détestables de notre époque : plus un jeune

homme est riche et noble, plus il exige une dot
élevée, laissant de côté toute autre considération;
si elle ne dépasse pas toute mesure, il la tient pour
infamante. En sorte que je ne sais comment m'en
tirer : si je donne trois mille florins à chacune de
mes quatre filles — ce qui représente le sommet de
mes possibilités — cela fera en tout douze mille,
c'est-à-dire les économies d'une vie entière de
dangers et de peines; or, je sais que ces trois mille
ne représentent que la moitié de ce qu'exigent ces
jeunes gens. Mon seul recours m'a donc semblé
être d'imiter certains des meilleurs amis de Sa Sainteté, parmi lesquels j'ose me placer, c'est-à-dire de
recourir à sa libéralité, ne pouvant croire qu'elle
me refusera ce qu'elle a accordé à d'autres. Là,
je lui révélerais le nom du jeune homme auquel
vous pensez, disant que le seul obstacle est ce problème d'argent que peut seule résoudre la générosité de Sa Sainteté. Pressez-le, chargez-le avec autant
d'efficacité qu'il vous sera possible, pour bien montrer l'importance que vous attachez à l'affaire. Et
je suis sûr de votre succès si vous la menez de cette
façon. Je vous y engage fortement, car vous vous le
devez à vous-même. Si le temps et la saison le permettent, vous pourriez envoyer votre frère Girolamo : il suffit de demander hardiment, et en cas de
refus, de montrer un dépit expressif. Car les princes
acceptent volontiers d'aider encore ceux qu'ils
ont déjà secourus; ils craignent si fort de perdre
par un non le bénéfice des anciennes faveurs qu'ils

se hâtent d'en accorder de nouvelles, pourvu qu'ils en soient requis comme je vous suggère de le faire. Je me fie à votre sagesse.

Girolamo Morone, conjurateur contre Charles Quint, a été capturé, et le duché de Milan est fichu. De même qu'il a attendu le chapeau, tous les autres princes l'attendront, c'est inévitable. Ainsi en est-il décidé là-haut.

> « Je vois les fleurs de lis revenir d'Agnani
> Et dans son Vicaire, etc. »

Nosti versus, caetera per te ipsum lege[1]. Pour une fois, passons un joyeux carnaval. Préparez un logement pour la Barbara au milieu de ces moines : s'ils ne deviennent pas fous, j'en veux perdre ma mise. Rappelez-moi au bon souvenir de la caressante Mariscotta et dites-moi où vous en êtes de la représentation et quand vous pensez la donner.

On a porté à cent ducats l'augmentation de mes honoraires pour l'histoire de Florence. Je me remets à l'instant à mon écritoire, et j'épanche ma bile en accusant les princes qui ont fait tout ce qu'il fallait pour nous mener où nous en sommes. *Valete*.

Nicolas MACHIAVEL,
auteur historique, comique, tragique.

---

1. « Tu connais les vers, lis toi-même le reste. » Les vers de Dante disent : « Je vois dans Agnani entrer les fleurs de lis » (*Purg.* XX, 86...). Allusion aux outrages subis par Boniface VIII de la part des envoyés de Philippe le Bel.

Magnifique et honorable messire François,
J'AI tant traîné à vous écrire que V. S. m'a devancé.
La raison de mon retard est que je pensais, maintenant qu'est signée la paix entre France et Espagne, que vous ne pouviez tarder à rentrer en Romagne et que je me réservais de vous entretenir verbalement de ces choses, car j'ai la tête pleine d'idées fantasques. J'en ai déversé quelques-unes dans le sein de Filippo Strozzi, il y a cinq ou six jours; car, alors que je lui écrivais par ailleurs, il m'est tombé entre les jambes et j'ai examiné avec lui trois hypothèses : *primo,* en dépit de l'accord de Madrid, le roi François Ier ne sera pas relâché; *secundo,* s'il l'est, il respectera les accords; *tertio,* il ne les respectera point. Je ne lui ai pas précisé laquelle des trois me paraissait la plus vraisemblable, mais je conclus cependant que, de toute façon, l'Italie devra subir la guerre, à laquelle je ne vois aucune échappatoire. Maintenant, selon le désir de votre lettre, je vais exprimer ce que j'ai cru bon de taire avec lui, et d'autant plus volontiers que vous m'en priez.

Si vous me demandiez laquelle des trois possibilités me semble la plus plausible, je ne pourrais m'éloigner de cette idée fixe que j'ai toujours eue : le roi ne sera pas relâché. Chacun sait en effet que sitôt qu'il sera libre de ses mouvements, tous les chemins seront barrés à l'empereur pour atteindre ce haut degré de puissance auquel il aspire. Et je ne vois ni pourquoi ni comment il le délivrerait,

sauf s'il y est poussé par des conseillers corrompus — art dans lequel les Français sont passés
maîtres — ou s'il prévoit un rapprochement certain
entre les États italiens et la France et qu'il ne puisse
le contrecarrer sans délivrer le roi, en espérant que
celui-ci respectera sa signature. François a été certainement là-dessus très large de promesses, très
explicite sur ses griefs contre les Italiens, et les raisons qui devaient garantir sa loyauté. Néanmoins,
tous les motifs qu'on pourra alléguer n'empêchent
pas l'empereur d'être un sot, pour peu que le roi
ait envie d'être sage. Mais je ne crois pas qu'il ait
cette envie et voici pourquoi. D'abord, j'ai constaté
jusqu'ici que les malheureuses décisions de l'empereur n'ont pas toutes eu de mauvais résultats, et
que les heureuses du roi pas toutes de bons. C'est,
comme j'ai dit, sans doute une mauvaise inspira-
tion pour Charles que de relâcher François, et sans
doute une bonne pour François que de promettre
tout ce qu'on voudra en vue d'obtenir sa liberté.
Néanmoins, si le roi tient ses promesses, son parti
deviendra mauvais et bon celui de l'empereur. Les
motifs qui le pousseront à les tenir, je les ai écrits
à Filippo : il doit livrer ses enfants comme otages;
pour reprendre le combat, il devrait demander
davantage à son pays déjà exténué; épuiser ses
barons pour les envoyer en Italie; se jeter de
nouveau dans toutes sortes de tourments dont les
exemples antérieurs doivent l'effrayer. Et dans
quel dessein? Pour aider l'Église et Venise qui

ont favorisé sa ruine? Je vous l'ai déjà écrit, je
vous le répète : certes, il doit nourrir de grandes
rancunes contre les Espagnols, moins grandes
cependant que contre les Italiens. Je sais bien ce
qu'on pourra répondre : si pour se venger il laisse
ruiner l'Italie, il risque à son tour de perdre tout
son royaume. Sans doute; mais en sera-t-il persuadé? Car sitôt libre il se trouvera entre deux
écueils : d'une part s'emparer de la Bourgogne
et perdre l'Italie, tout en restant à la merci de l'empereur — de l'autre se faire en quelque sorte félon
et bourreau de ses enfants pour aider, au milieu
des difficultés précisées ci-dessus, des hommes
parjures et changeants qui, au plus petit prétexte,
s'il obtenait la victoire, la lui feraient perdre de
nouveau. J'en tiens donc pour cette alternative :
ou le roi restera captif, ou, étant libéré, il respectera sa parole. Car la peur de perdre son royaume
après avoir perdu l'Italie n'est pas pour émouvoir
notre homme — qui a comme vous dites la cervelle
bien française — autant qu'elle toucherait un autre.
Autre possibilité : il ne croira pas à la perte de
l'Italie et pensera pouvoir l'aider, lorsqu'il se sera
remplumé quelque peu, malgré la perte de ses
enfants, et qu'elle se sera purgée de quelques-unes
de ses tares. Si enfin les deux princes s'accordaient
pour se partager la proie, le roi serait poussé
davantage à tenir ses promesses, mais l'empereur
agirait bien follement en remettant en Italie, après
l'en avoir extirpé, quelqu'un susceptible de l'en

chasser lui-même par la suite. Je vous ai dit ce qui
doit arriver à mon sens, mais je ne dis pas que ce
sera pour le roi le parti le plus sage, parce qu'il
devra mettre en danger lui-même, ses enfants et
son royaume pour abaisser une puissance si odieuse,
si effroyable et si dangereuse. Et voici les remèdes
que j'imagine : envoyer au roi, sitôt libéré, une personne d'autorité qui, appuyée par ses mandants,
le persuadât d'oublier le passé pour ne voir que
le présent; qui lui montrât le concours éventuel
de l'Italie; la victoire assurée pourvu qu'il voulût
être réellement un roi libre de ses actions. Je crois
que les arguments et les prières pourraient être
utiles; mais je crois davantage à l'utilité des faits.

De quelque façon que tournent les choses, je
pense que la guerre va retomber sur l'Italie, et
vite. Dans cette éventualité, il faut que les Italiens
aient la France de leur côté; si la chose n'est pas
possible, qu'ils cherchent comment s'en tirer. Je
vois alors deux conduites possibles : ou s'abandonner à la discrétion de l'envahisseur en essayant
de se racheter par la force du florin; ou s'armer
pour de bon et combattre de son mieux. Pour ma
part, je ne crois pas que les rançons soient efficaces;
sinon, je dirais : tenons-nous-en là et n'y pensons plus.
Mais je suis complètement aveugle, ou je prévois
ceci : l'envahisseur prendra d'abord notre argent,
ensuite notre vie; si bien que ce sera pour lui une
sorte de vengeance, s'il ne réussit pas à repousser
ses adversaires, de faire en sorte que ceux-ci nous

trouvent pauvres et épuisés. C'est pourquoi je pense que nous devons nous armer sans retard, sans attendre les décisions de la France, parce que l'empereur a déjà chez nous les têtes de ses troupes, bien en place, et il peut déclencher la guerre où et quand il lui plaira. Quant à nous, nous devons nous disposer à faire front, soit à découvert, soit sous le masque, sinon nous nous lèverons un de ces quatre matins tout effarés. Je suis pour le masque. J'ajoute une chose qui vous semblera folle, un projet qui vous paraîtra téméraire ou ridicule. Toutefois, notre époque exige des initiatives audacieuses, inhabituelles, extraordinaires. Vous le savez comme moi, comme toute personne d'expérience : on entend souvent dire au peuple que quelque chose se fait; et il s'agit précisément de ce qu'il faudrait qu'on fasse. Récemment, le bruit courait dans Florence que le seigneur Jean de Médicis, c'est-à-dire Jean des Bandes Noires, précédemment au service de la France, était en train d'enrôler une compagnie d'aventure, afin de guerroyer où bon lui semblerait. Tout le monde est convaincu qu'il n'y a pas en Italie un capitaine de plus grand prestige près de ses hommes, plus craint et plus estimé des Espagnols. On le tient pour audacieux, impétueux, capable de grandes pensées et de vastes ambitions. On pourrait donc l'aider dans son dessein, en grossissant secrètement ses effectifs, en lui fournissant autant de cavaliers et de fantassins qu'il se pourrait. Les Espagnols

verraient là une ruse, et peut-être se méfieraient
autant du pape que du roi François, dont Jean est
le mercenaire. Si l'on pouvait atteindre ce résultat,
la chose ferait bientôt tourner la tête aux Espagnols, bouleverserait leurs projets, à eux qui pensaient sans doute ruiner la Toscane et l'Église sans
difficulté. Le roi pourrait alors changer d'opinion,
se résoudre à violer le traité et à choisir la guerre,
en voyant dans les Italiens des alliés vivants, en
constatant que les faits corroborent les arguments
et les prières. A défaut de cette solution, je n'en
vois pas d'autre en cas de guerre. Et je n'en veux
pas d'autre. Mettez-vous bien ceci dans la tête :
si le roi n'en est pas retenu par la force de faits
réels, de faits vivants, il respectera le traité et nous
abandonnera dans notre ornière; car il est venu
plusieurs fois en Italie, et nous avons été contre lui
ou bien nous l'avons regardé faire, et il ne voudra
pas que les mêmes choses recommencent.

La Barbara se trouve à Modène. Si vous pouvez
lui être de quelque utilité, je vous la recommande,
car elle occupe mes pensées beaucoup plus que
l'empereur.

Ce 15 mars 1525,

                              Nicolas MACHIAVEL.

A LODOVICO ALAMANNI

A Lodovico (ou Luigi) Alamanni, écrivain et homme politique, un des assidus des jardins Rucellai, Machiavel dédiera sa « Vie de Castruccio Castracani ». Il fera de lui aussi un des protagonistes de ses dialogues sur « L'Art de la guerre ».

Mon cher et honorable Lodovico,

Je sais que je n'ai pas besoin de vous faire de grandes démonstrations pour vous convaincre de l'amitié que je porte à Donato del Corno et de mon désir de lui rendre service. Vous ne vous étonnerez donc pas si je vous tarabuste en sa faveur; et je m'en garderai d'autant moins, sachant que vous me comprendrez, que sa cause est juste et, d'une certaine façon, sacrée.

Un mois environ après le retour des seigneurs Médicis à Florence, le Donato en question, poussé tant par son excellente nature que par les obligations qu'il avait au seigneur Julien, sans en être

requis porta à ce dernier cinq cents ducats d'or,
l'engageant à s'en servir, et à les lui rendre quand
cela lui conviendrait. Cinq années se sont écoulées
depuis lors et, en dépit de tous les bonheurs qui
ont plu sur ces messieurs, nul n'a songé à rien
lui rendre. Or Donato se trouve à présent dans
certaines difficultés; ayant entendu dire que
d'autres créanciers ont été remboursés récemment,
il s'est enhardi jusqu'à faire une réclamation, et a
écrit à ce sujet à Domenico Boninsegni, joignant
copie de la reconnaissance écrite par la main même
de Julien. Seulement, un homme comme Domenico est écrasé de tâches, et de telles commissions
ont coutume de mourir dans l'oubli s'il n'est personne qui veille sur elles. Aussi le courage m'a-t-il
pris de vous en toucher deux mots afin que vous
daigniez en entretenir Domenico, cherchant avec
lui de quelle façon on pourrait permettre à ces
ducats de montrer le bout de leur nez. Ayez donc
l'obligeance, par amitié pour moi, de placer celle-ci
parmi vos autres affaires, car, tout en accomplissant
une œuvre juste et pie, vous ne manquerez pas d'y
trouver votre compte, et je vous demande de m'é-
crire quelques lignes là-dessus.

Ces jours derniers, j'ai lu « Roland furieux » de
l'Arioste, paru l'an dernier; en vérité, le poème est
beau dans toutes ses parties, et admirable en beaucoup. Si l'auteur se trouve à Rome, rappelez-moi
à lui. Dites-lui que je me plains seulement d'une
chose : alors qu'il a cité tant de poètes, il m'a passé

sous silence, et je compte pour lui autant qu'une bite. Néanmoins, ce qu'il m'a fait dans son « Roland » à lui je ne le ferai pas dans mon « Ane d'or ».

Je sais que vous passez toutes vos journées avec le Révérendissime Giovanni Salviati, Filippo Nerli, Cosimo Rucellai, Cristofano Carnesecchi et parfois Anton Francesco degli Albizzi; que vous vous employez à vous garder le teint joyeux et frais, vous souciant peu de nous, pauvres malheureux, qui mourons ici de froid et de sommeil. Cependant, pour nous donner un semblant de vie, nous nous réunissons parfois, Zanobi Buondelmonti, Amerigo Morelli, Battista della Palla et moi-même, et parlons de ce projet de voyage en Flandre avec tant d'efficacité qu'il nous semble déjà être en chemin et que nous avons déjà consommé à moitié les plaisirs qui nous attendent. Pour pouvoir l'entreprendre avec plus de méthode, nous avons décidé d'en faire une miniature en allant passer le jeudi du Carnaval à Venise. Mais nous nous demandons encore si nous ne partirons pas un peu plus tôt afin de faire un détour par Rome, ou si, prenant la ligne droite, nous vous attendrons après notre retour. C'est pourquoi je voudrais que vous consultiez Cosimo là-dessus, et nous disiez ce qui vaut mieux. Je suis tout à votre service. Le Christ vous garde.

Je l'avais oublié : recommandez-moi à Piero Ardinghegli. *Iterum valete omnes*.

Ce 17 décembre 1517. *E. V. amicitiae humanitatisque*.

Votre serviteur, Nicolas Machiavel.

A FRANCESCO DEL NERO

Sant'Andrea in Percussina, 31 août 1523.

Honorable beau-frère,
CES becfigues dont nous devions nous régaler hier
soir si vous étiez venu, je vous les envoie puisque
cela ne s'est pas fait, afin que vous en profitiez
ce matin. Et c'est Lodovico qui vous les apporte,
que je vous recommande au milieu de ces nouveaux événements. Le Christ vous garde.
Ce 31 août 1523,
Nicolas MACHIAVEL, à la campagne.

AUX HUIT DE PRATIQUE

*La présence des hordes impériales en Italie terrorise
à juste titre les populations. Par deux fois, les Huit de
pratique envoient Machiavel en Romagne auprès de Guichardin, Lieutenant pour le pape Clément VII, pour
essayer d'y lever des troupes qui appuieraient celles de la
Ligue de Cognac contre les lansquenets de Charles Quint.*

Magnifiques Seigneurs, etc.,
J'AI écrit hier longuement à Vos Seigneuries pour
leur dire que le mauvais temps avait empêché les
ennemis de partir. Depuis la nuit de samedi jusqu'à
maintenant, il n'a cessé tantôt de neiger, tantôt de
pleuvoir, si bien que la neige a un bras d'épais-
seur, dans toutes les parties de la ville; et elle tombe

encore. Ainsi, le rempart que nous n'avons pu ni su opposer aux ennemis, c'est Dieu qui s'est chargé de le dresser. Nous n'avons pu d'ailleurs obtenir aucune nouvelle d'eux, car ni nos trompettes ni les leurs ne peuvent passer à travers toute cette eau; nous supposons cependant que leur situation est peu enviable. Mais si Dieu nous avait vraiment aimés, il aurait différé ce mauvais temps jusqu'à ce qu'ils eussent franchi le Sasso et pénétré dans ces montagnes où ils auraient été surpris par la tempête. Pour ce faire, ils auraient dû partir à la date fixée; mais la mutinerie de leurs fantassins, qui a frappé d'apoplexie leur grand chef Georges Frundsberg et a paru si grave un moment pour les Impériaux, a fait ajourner ce départ et les a sauvés. Nous pensons néanmoins que leur situation est critique : ils cantonnent dans un lieu bas, autrefois marécageux, qu'on ne peut habiter et cultiver qu'en déployant de grands efforts. Nous avons donc cherché à aggraver leurs conditions en brisant la digue de la rivière Samoggia, et à déchaîner contre eux toutes ces eaux. Dans ce but, des hommes sont partis hier soir, mais ils ont dû revenir sur leurs pas après deux ou trois milles, nous rapportant que tout n'était qu'eau. Nous nous sommes cependant obstinés dans l'entreprise; nous avons écrit aux gens de Castelfranco et, par d'autres chemins, leur avons envoyé des hommes avec promesse de récompenses. Attendons les résultats. A cause de cette situation, nous sommes sans nouvelles de

Georges Frundsberg; espérons que la Fortune aura
changé d'avis et qu'il mourra d'une manière ou
d'une autre, ce qui préluderait heureusement à
notre relèvement et à leur ruine.

J'ajoute pour Vos Seigneuries que si cette chute
de neige avait surpris sans vivres les ennemis, ils
étaient perdus. Mais les grosses réserves qu'ils ont
amoncelées pour nous envahir les sauveront.
Contraints de se ravitailler au jour le jour, il leur
était impossible de tenir. Si donc le duc de Ferrare,
Alphonse d'Este, qui les aide de toutes les façons,
recouvrait un brin de cervelle, et que ce temps
dure deux jours encore, il se pourrait bien qu'on
vît s'achever cette guerre, sans avoir à faire autre
chose que de rester assis et de dormir. C'est pourquoi il faudra tout faire pour obtenir cela du duc.

Cependant, je vous ai écrit hier soir pour vous
engager à employer à fond le répit que le hasard
nous offre, car une fois le beau temps revenu nous
nous retrouverons exactement dans la situation
précédente, et cette immobilité provisoire des envahisseurs nous aura fait plus de mal que de profit.
Il faut donc veiller, si nous voulons être plus forts,
que Venise paie ses fantassins et ordonne leur jonc-
tion avec les nôtres, faute de quoi tout est à craindre.
Chacun estime en effet que, si les Impériaux entrent
en Toscane, même s'ils ne ravagent pas le pays et
passent seulement dans le territoire de Sienne qui
est à leur dévotion, on perdra tout espoir de les
battre autrement qu'en rase campagne : victoire

que nous risquons de ne pas obtenir aisément.

Le Seigneur Lieutenant reçoit ce matin de Venise des lettres du nonce et de l'ambassadeur, toutes remplies d'optimistes assurances. Elles affirment entre autres que le doge est certain de remporter la victoire, que d'une façon ou d'une autre il ruinera l'ennemi. Trouvant la réalité moins réconfortante, le Seigneur Lieutenant leur a écrit une lettre de deux feuilles; il y énumère toutes les fautes qu'ils ont commises et souligne la différence entre ce qu'ils font en Romagne et ce qu'ils disent à Venise; il y indique par le menu ce qu'ils doivent faire pour mettre en actes leurs promesses et justifier leurs espoirs de succès. On ne sait quel résultat obtiendra cette missive; en attendant, on aura du moins la satisfaction de l'avoir écrite, d'avoir montré que certaines personnes sont insensibles aux fanfaronnades et que, pour notre part, nous ne saurions nous repaître de discours. Que Vos Seigneuries, comme je l'écrivais hier soir, continuent aussi de les presser, ne leur laissant aucun répit, jusqu'à ce que leur armée accepte de joindre la nôtre ou qu'ils soient contraints de dire non. *Valete*.

A Bologne, ce 18 mars 1527. Votre serviteur,
Nicolas MACHIAVEL.

A GUIDO MACHIAVEL

Guido, mon très cher fils,
J'AI reçu de toi une lettre qui m'a fait le plus grand

plaisir, surtout parce que tu y parles de ta gué-
rison : je ne pourrais recevoir meilleure nouvelle.
Si Dieu nous prête vie, à toi et à moi, j'espère faire
de toi un homme de bien, pourvu que tu veuilles
suivre ton devoir. Car outre les précieux amis que
j'avais précédemment, j'ai gagné ici l'amitié du
cardinal Cibo, légat pontifical à Bologne, si chaleu-
reuse que j'en suis moi-même émerveillé, laquelle
ne pourra que te servir. Mais il faut que tu étudies;
et puisque tu n'as plus l'excuse de la maladie,
porte tous tes efforts sur les lettres et la musique,
car tu peux voir quel honneur je retire du peu de
talent dont je dispose. En somme, mon cher enfant,
si tu veux me faire plaisir, et gagner profit et honneurs, étudie, travaille bien et honnêtement,
acquiers des connaissances; si tu t'aides toi-même,
chacun t'aidera.

Puisque notre petit mulet a perdu l'esprit, il faut
le traiter à l'opposé des autres fous : ceux-ci, on
les lie, et moi je veux que tu le détaches. Confie-le
a Vangelo pour qu'il le conduise à Montepugliano;
là, retire-lui bride et licou, laisse-le aller où il
voudra pour qu'il puisse trouver sa vie et épancher
sa folie. Le pays est grand, la bête est petite, elle
ne peut causer de dommage à personne. Ainsi, sans
inquiétude, tu pourras voir comment elle se comporte, et tu seras à temps de la rattraper si elle
redevient sage. Des chevaux, faites ce que Lodovico
vous a commandé. Je remercie Dieu qu'il soit guéri
et qu'il ait vendu sa marchandise; je sais qu'il en

aura moins de préoccupations, maintenant qu'il s'est redoré; mais je suis douloureusement surpris de son silence.

Salue dame Marietta; et dis-lui qu'à chaque moment je suis sur le point de partir, et qu'il en est ainsi aujourd'hui même. Jamais je n'ai eu autant envie d'être à Florence que maintenant; mais qu'y puis-je? Dis-lui seulement ceci : quoi qu'elle entende dire, qu'elle soit sans inquiétude, car je serai rentré avant qu'arrive le moindre ennui. Embrasse Baccina, Piero et le petit Totto : j'aimerais bien savoir si ses yeux sont guéris. Vivez heureux et dépensez le moins possible. Engage Bernardo à bien se conduire : depuis quinze jours, je lui ai envoyé deux lettres sans avoir obtenu de réponse. Le Christ vous garde tous.

Ce 2 avril 1527,

Nicolas MACHIAVEL, à Imola.

A FRANCESCO VETTORI

Magnifique, etc.

MONSEIGNEUR DE LA MOTTE[1], s'est rendu aujourd'hui au camp des Impériaux pour y faire approuver par Charles de Bourbon un accord selon lequel il devrait arrêter la marche de l'armée; s'il n'en fait rien, c'est que le connétable n'accepte pas. En sorte

---

1. Il s'agit du capitaine qui captura François Ier à Pavie.

que demain doit régler notre sort. Aussi a-t-on ici décidé, si demain les Impériaux bougent, de ne plus penser qu'à la guerre, sans qu'un cheveu de nos têtes pense encore à la paix; s'ils ne bougent pas, de penser seulement à la paix, en renonçant à toute idée de guerre. Réglez donc aussi votre navigation en fonction de ce vent : si c'est la guerre, tranchez net toutes manœuvres pacifiques; que tous les membres de la Ligue se jettent en avant sans tourner la tête. Ce n'est plus le moment de boiter, mais de foncer à corps perdu : souvent le désespoir a eu des résultats qu'une longue réflexion n'aurait pu obtenir. Les envahisseurs s'avancent sans artillerie, dans une région accidentée; en sorte que si nous rassemblons le peu de vigueur qui nous reste et les forces de la Ligue prêtes à combattre, ou bien ils abandonneront honteusement le territoire, ou bien il leur faudra raisonnablement négocier. J'aime François Guichardin, j'aime ma patrie plus que mon âme; et je vous dis ceci au nom d'une expérience acquise en soixante années : jamais nous ne nous sommes trouvés devant une épreuve aussi cruciale, car si la paix nous est nécessaire, nous ne pouvons renoncer à la guerre, or notre sort est entre les mains d'un prince, Clément VII, à grand-peine capable de faire face à l'une ou à l'autre, séparément. Je me recommande à vous.

Ce 16 avril 1527,

Nicolas Machiavel, à Forli.

COMMENTAIRES

par

Jean Anglade

L'originalité de l'œuvre

Le nombre des « machiavéliques » qui n'ont pas lu un traître mot de Nicolas Machiavel dépasse assurément — et ce n'est pas peu dire — celui des « marxistes » qui n'ont point lu Karl Marx. Le machiavélisme en effet s'est insinué de la politique dans l'économie : on fait croire à une pénurie de sucre pour provoquer une ruée des ménagères sur ce produit essentiel ; dans la littérature : on simule un attentat ou un enlèvement pour se donner de l'importance ; dans toutes les activités humaines. Il y a même les grand-mères machiavéliques d'Agatha Christie.

D'où vient le succès de mauvais aloi de cet adjectif ? De la simplification. Pour tous ces non-lecteurs de Nicolas, *machiavélisme* est synonyme d'« absence totale de scrupules au service d'un intérêt particulier », de « ruse poussée jusqu'au crime ». Bref : Machiavel, c'est Satan. Vers 1850, une certaine Mme Fournier grava sur cuivre les traits supposés du Florentin. « Je parie, dit là-dessus Jean Giono, que même à notre époque où l'on en a vu d'autres, un homme ayant un tel visage ne ferait pas cent mètres dans n'importe quelle rue de n'importe quelle ville au monde. »

Qu'en est-il exactement de cette doctrine, de ses principes, de ses intentions ? Le diable avait-il besoin d'un catéchisme ? Lorsque l'entomologiste Jean-Henri Fabre décrivit les mœurs horribles de certains insectes, personne n'eut l'idée cependant, pour désigner ces pratiques courantes, de créer le terme de « fabrisme ». Parce qu'il avait de même décrit les mœurs politiques des princes, en avait déduit — puisqu'il s'agissait d'êtres pensants et non instinctifs — un certain nombre de lois politiques inscrites dans les faits, comme la loi de Mariotte est inscrite dans l'élasticité des gaz, on a attribué à Machiavel la paternité du « machiavélisme ». Or, le système existait bien avant lui et sans doute beaucoup d'hommes l'ont appliqué après lui sans avoir lu une seule ligne du *Prince*. De quand date notre proverbe : « Qui veut la fin veut les moyens » ? Le scandale a été que ce petit livre ait osé étudier, étaler au grand jour, noir sur blanc, une façon d'agir toujours soigneusement enveloppée jusque-là de voiles hypocrites. Mieux : qu'il ait osé la sanctifier en condamnant ceux qui l'emploient par pure scélératesse et pour leur profit personnel ; en exaltant ceux qui la subordonnent à un noble dessein, c'est-à-dire à l'institution et au maintien d'un État fort et libre, sans lequel la population ne peut connaître ni paix ni bonheur. Car tous les traités politiques de Machiavel révèlent sa grande, sa seule passion : l'amour de la patrie. Une certaine idée de l'Italie... Le patriotisme aujourd'hui est un sentiment à la portée de toutes les bourses, mais il était alors entre les Alpes et la Sicile extrêmement difficile, puisqu'il concernait une patrie *qui n'existait pas, qui n'avait jamais existé.* Et qui ne voulait pas exister. L'Italie, telle qu'elle s'acheva *grosso modo* en 1918, est une invention de Dante. Et il faudra plus de cinq siècles pour que ce concept, repris par Pétrarque, Machiavel et quelques autres, finisse par gagner cette infime minorité qui fit le *Risorgimento*. Profondément conscient de sa valeur, de son utilité politique, du gaspillage national que représente sa mise à l'écart des affaires publiques, de l'injustice de sa condamnation à l'exil, avide de cette princesse lointaine qu'il « aime plus que son âme », Machiavel s'adressant aux nouveaux maîtres de Florence laisse échapper dans *Le Prince* une seule plainte, mais combien émouvante : « Si parfois Votre Magnificence, du sommet de son élévation, tourne les yeux vers la bassesse de ces lieux où je croupis, elle devra reconnaître combien je supporte indignement une cruelle et longue malignité du destin. » Mais six années encore les Médicis garderont les oreilles bouchées. Voilà pourquoi *Le Prince* fut lu passionnément de tous ceux qui, à tort ou à raison, se crurent investis d'une mission sacrée de rédemption nationale : Charles Quint, Cromwell, Henri IV, Richelieu, Mazarin, Christine de Suède, Talleyrand, Napoléon, Mussolini, Hitler, de Gaulle. En principe, il déplut fort à Frédéric II et à Metternich ; le roi de Prusse écrivit même pour le réfuter un *Antimachiavel* : « J'ose prendre la défense de l'humanité contre un monstre qui veut la détruire ! » s'y écriait-il vertueusement ; ce qui ne l'empêcha pas de suivre dans sa politique les recommandations de Nicolas. Il serait par ailleurs amusant de rechercher la dose considérable de « machiavélisme » contenue en d'autres systèmes : marxisme, léninisme, stalinisme, maoïsme, castrisme, péronisme, bourguibisme, franquisme, gaullisme ; d'examiner avec quel art du dosage, par exemple, leurs promoteurs ont su « employer le lion et le renard ».

Comme la plupart des œuvres politiques de première importance, *Le Prince* est un fruit de la prison et de l'exil. En 1512, les Médicis sont revenus à Florence, ont jeté bas la République instaurée par Savonarole. Machiavel, secrétaire de chancellerie puis ambassadeur du précédent régime, accusé de complot, est jeté en prison, en compagnie de rats gros comme des chats et de poux joufflus comme des hannetons. On le fouette, on l'enchaîne ; il supporte ses tortures avec une constance qui le surprend lui-même. Disculpé par les meneurs, on le relâche enfin.

On le casse seulement de son emploi, on lui interdit de sortir de Toscane. Sitôt libre, il trouvera du réconfort auprès de ses fidèles amis, et de certaines dames hospitalières. Il se retirera enfin à la campagne, à Sant'Andrea di Percussina, non loin de San Casciano, sur la route de Rome. Pendant des années, il va s'y morfondre, en appelant à ses amis et connaissances pour que son expérience et ses forces soient encore employées au service de la patrie, même si les nouveaux maîtres doivent pour commencer lui « faire rouler une pierre ». En fait, cette période d'inaction apparente est la plus féconde de sa vie. Une lettre à Piero Soderini, dernier gonfalonier de la république défunte, en exil à Raguse, indique clairement sur quelle route marche à présent sa pensée : « ... Annibal et Scipion excellaient pareillement à imposer la discipline militaire ; mais l'un employa la cruauté, la perfidie, l'impiété pour garder unies des armées en Italie, et il suscita l'admiration des peuples qui, pour le suivre, se rebellaient contre les Romains ; l'autre usa de l'humanité, de l'honnêteté et de la religion pour se maintenir en Espagne, et il inspira chez ces peuples des sentiments pareils ; et tous deux remportèrent un nombre infini de victoires... Laurent de Médicis désarma le peuple pour tenir Florence ; messire Giovanni Bentivogli arma Bologne pour la garder ; les Vitelli à Castello et le duc d'Urbin détruisirent les forteresses pour conserver leurs États ; ailleurs dans le même but le comte Francesco et bien d'autres en ont au contraire élevé. Tenter la fortune, qui est l'amie des jeunes audacieux, et changer d'attitude selon les circonstances. Mais il n'est pas possible d'élever des forteresses et de les abattre, d'être cruel et pitoyable. L'empereur Titus, lorsqu'il passait un jour sans accorder un bienfait, tremblait de perdre son État ; un autre tremblait lorsqu'il faisait plaisir à quelqu'un... Ce pape qui n'a dans sa maison ni balance ni aune, se place entre les mains du hasard, et obtient sans aucune arme ce que les armes et les calculs lui auraient difficilement obtenu... D'où vient donc que la même conduite tantôt sert et tantôt dessert ? Je l'ignore et je voudrais bien le savoir. Et afin d'entendre votre opinion là-dessus, j'aurai la présomption de vous exposer la *mienne*... »

Francesco Vettori, ambassadeur florentin auprès du pape, encourage Machiavel à la réflexion politique. Nicolas entreprend de commenter l'historien Tite-Live sur des sujets qui lui tiennent au cœur : la fondation des États, les causes de leur ruine, les moyens propres à les défendre. Convaincu que la naissance et l'organisation d'un État nouveau ne peut être assurée que par un homme seul, il estime en revanche qu'un régime de liberté est plus propre à le conserver. Il fait ainsi le portrait d'une république idéale où se trouvent associés trois éléments nécessaires à son équilibre ; le prince, les grands, le peuple. Car « le principat devient facilement tyrannique, le gouvernement des nobles devient l'État de quelques-uns et le gouvernement populaire devient vite licence ». Le peuple, avide de progrès, contrebalance le conservatisme de la noblesse ; ainsi se trouvent justifiés les « tumultes », c'est-à-dire les luttes sociales : « Ceux qui blâment les tumultes entre la noblesse et la plèbe blâment ce qui conserva la liberté de Rome... Ils ne tiennent pas compte que dans cette république il y a deux humeurs différentes : celle des petits et celle des grands. Toutes les lois en faveur de la liberté ont été promulguées grâce à cette opposition. En trois cents ans, les tumultes de Rome causèrent rarement des exils, jamais des morts. » On comprend à quel point Rousseau se sentait proche de Machiavel en lisant ces lignes : « Rarement les désirs des peuples libres sont nuisibles à la liberté, parce qu'ils naissent ou de l'oppression ou de la crainte... Bien qu'ignorants, les peuples sont capables de sentir la vérité... On voit par expérience que les cités n'ont jamais accru leur puissance et leur richesse que

pendant qu'elles ont été libres... » Il n'envisage d'ailleurs
l'intérêt d'aucune classe ou catégorie particulière : le bien
de l'État est sa seule préoccupation. Les sentiments les
plus respectables doivent lui être sacrifiés : la religion, par
exemple, n'attire son attention que dans la mesure où
elle peut servir à gouverner. Cela ne lui semble pas
incompatible avec une condamnation du césarisme, de la
tyrannie qui a sa fin en soi, moins encore avec une
exaltation de la liberté, qui est la force et la beauté des
républiques.

C'est alors que, repensant aux conditions présentes de
la Toscane et de l'Italie, l'idée d'*urgence* s'impose à son
esprit : il ne peut y avoir de liberté sans État, sans un État
fort dans sa tête comme dans ses membres, assez puissant
pour « éteindre » ses ennemis intérieurs ou extérieurs.
Inutile donc de rêver de liberté italienne tant que n'existe
pas une Italie. Ne pouvant travailler à son édification par
les actes, il apportera du moins le fruit de ses expérien-
ces, de ses épreuves, de ses veilles. Il laisse en plan ses
Discours sur la première Décade de Tite-Live, trop spéculatifs,
et commence à écrire un bréviaire de l'action. En quatre
mois il est achevé : Machiavel peut annoncer son *De
Principatibus* à Francesco Vettori dans sa lettre du 10 décembre 1513. Florence se trouve aux mains de deux
Médicis : l'oncle Julien II (1478-1516) et le neveu Laurent II (1492-1519) ; un frère de Julien, Jean (1475-1521)
vient d'être élu pape sous le nom de Léon X. Au
lendemain de son avènement, chacun suppute les ambitions de la famille ; Nicolas souhaite ardemment qu'elles
dépassent les frontières de la Toscane ; c'est donc à l'aîné
des Médicis laïcs qu'il se résout à dédier son ouvrage. A
Vettori, il révèle naïvement son espoir d'obtenir par ce
moyen un emploi au service de sa patrie. Mais entre-
temps Julien a renoncé au pouvoir en faveur de son
neveu ; c'est donc à ce dernier que Nicolas porte son
manuscrit. Le hasard veut qu'un autre donateur présente

à ce moment même deux chiens de chasse à Laurent ; celui-ci se montre beaucoup plus sensible au second cadeau qu'au premier, et il en remercie l'auteur avec plus de chaleur que Machiavel. On ne sait si Laurent II se soucia jamais de jeter les yeux sur le texte, qui resta inédit jusqu'en 1532, cinq ans après la mort de Nicolas, année où il fut imprimé par les éditeurs Antonio Blado de Rome et Bernardo Giunta de Florence. En 1559, il fut mis à l'Index.

Livre maudit entre tous dont le destin fut d'être détourné de ses intentions profondes par des lecteurs trop passionnés, favorables ou défavorables ; ignoré sans doute de ceux auxquels il était directement adressé et plus certainement de ceux qui le condamnent sans l'avoir lu ; sans profit pour son auteur auquel il n'a rapporté qu'une détestable et injuste renommée. Trop de *princes* se sont réclamés d'un homme qui rêvait de république.

Les personnages

LES MÉDICIS

Le traité *De Principatibus* est dédié par son auteur au Magnifique Laurent de Médicis. Celui-ci n'est que Laurent II, petit-fils de Laurent Ier, dit le Magnifique, avec lequel il ne faut pas le confondre.

Les Médicis — inscrits à la corporation des *medici*, des médecins — commencent à s'imposer dans Florence dès 1291 lorsque Ardingo dei Medici est élu prieur. La ville passe petit à petit sous l'influence de cette richissime famille de marchands et de banquiers, et devient leur chose lorsque Cosme l'Ancien est rappelé de son exil à Venise. Grand bâtisseur, protecteur des artistes, il sait défendre le territoire de sa patrie. Dès lors, Florence est une tyrannie héréditaire travestie en république, comme de nos jours Haïti. Théoriquement, le pouvoir — issu du peuple et du hasard, donc de Dieu, car on procède à certains tirages au sort — appartient à une ahurissante collection de conseils, collèges et magistratures (du *podestà*, du Capitaine du Peuple, des Deux-Cents, des Cent-Trente-et-Un, Huit de Garde, *Balia,* Dix du Cadastre, Dix du Pouvoir, Huit de Pratique, etc.) imbriqués les uns dans les autres, se contrôlant réciproquement, d'où émerge la figure du gonfalonier, porteur de l'étendard, maître de l'armée et de la politique. En fait, les Médicis tirent toutes les ficelles, directement ou par l'intermédiaire de leurs créatures.

En 1469, année de la naissance de Nicolas Machiavel, les deux frères Laurent et Julien succèdent à leur père Cosme l'Ancien. Neuf ans plus tard, se produit un événement auquel le petit Nicolas a certainement l'occasion d'assister partiellement : le récit qu'il en fera dans son *Histoire de Florence* est celui d'un témoin oculaire. Le dimanche 26 avril, plusieurs familles adverses, les Pazzi, Salviati, Bandini, commettent un attentat contre les Médicis. Au moment où, dans la cathédrale Saint-Réparate (qui prendra plus tard le nom de Sainte-Marie-aux-Fleurs), le prêtre élève l'hostie consacrée, ils se jettent sur les deux frères, les poignardent, tuent Julien, blessent Laurent. Après quoi, le plus vieux des Pazzi, Jacopo, à la tête d'une centaine d'hommes armés, se rend sur la place de la Seigneurie, appelant le peuple au secours de la liberté. Mais ce peuple « avait perdu ses oreilles par la fortune et les libéralités des Médicis, et la liberté était chose inconnue à Florence. Seuls les seigneurs qui occupaient les étages supérieurs du palais le saluaient à coups de pierre, le menaçaient et s'efforçaient de l'effrayer ». Il est bien vrai que ces Pazzi et leurs complices couvraient du noble nom de liberté la politique de l'ôte-toi-de-là-que-je-m'y-mette. On ne les suivit point. La répression fut impitoyable : six conjurés furent pendus, dont l'évêque de Pise,

Jacopo Salviati. Le pape Sixte IV excommunia Florence et incita le roi de Naples à prendre les armes contre elle. Alors, Laurent a une audace géniale : seul, sans armes, il se rend à Naples auprès du roi, réussit à détourner la guerre et fournit par la même occasion à Machiavel son premier modèle de prince *virtuoso*.

Seul maître désormais en sa ville, Laurent le Magnifique entretient une cour de clients, de flatteurs, de cuisiniers, de putains, protège les peintres, les poètes, les philosophes, les joueurs de luth, régale son monde et ses sujets de festins, de ballets roses, bleus, blancs, rassemble des médailles et des manuscrits anciens, écrit lui-même des vers mystiques, amoureux ou carnavalesques. Comme il s'intéresse à tous les arts, ayant entendu parler d'un orateur qui, à Bologne, séduit les foules par l'ardeur austère de ses sermons, il l'appelle à Florence, l'installe à San Marco dont il devient le prieur : il s'agit du dominicain Jérôme Savonarole. On est tenté de dire : c'est le diable dans le bénitier ; mais il faut en renverser les termes. Tant de fêtes à la cour et dans la ville, tant de luxe et de luxure soulèvent l'indignation du moine. Il se met à prédire d'horribles punitions : « Vous serez taillés en pièces, emmenés en captivité, confondus de honte et d'ignominie... Italie, on t'enlèvera tes richesses, tu ne pourras résister... De grands chefs écraseront ton peuple comme des pressoirs... Ceux qui vivent dans de belles maisons dont ils se font un paradis seront roués de coups par les étrangers, qui traiteront nos nobles dames comme des prostituées... » Or voici que la prophétie se réalise. En 1494, l'Étranger arrive : c'est le roi de France Charles VIII, la lance debout sur l'étrier, la taille gringalette, des yeux de merlan frit, un long nez courbe. Entouré de ses mercenaires, il franchit les Alpes avec quarante couleuvrines, ses fanfares et tout son bataclan. Il rencontre si peu de résistance qu'il envoie devant lui des fourriers armés d'un seul bâton de craie : ils tracent un signe sur les portes des palais où le roi sera reçu. A Florence, le successeur de Laurent, Pierre II, court se jeter à ses pieds, lui offre sa ville, ses places fortes, sa bourse, sa femme, sa maison. Alors, les Florentins se révoltent, chassent les Médicis, restaurent l'ancienne république. De sa fenêtre, Machiavel assiste à tous ces événements : il les voit, il les juge.

Quinze ans plus tard, après diverses fonctions, Nicolas essaie de mettre en application sa théorie militaire d'une *milice* nationale destinée à remplacer les mercenaires coûteux et peu fidèles. Il bat la campagne toscane s'efforçant d'enlever à leurs familles, de gré ou de force, des jeunes gens qui voient mal l'intérêt de défendre de leur sang une cité qui les opprime depuis toujours. C'est que les Médicis n'ont pas renoncé à recouvrer leur puissance perdue. Ils sont ramenés par les troupes espagnoles, alliées du pape Jules II. A la seule vue de leurs barbes, la pauvre milice de Machiavel lâche ses armes, prend la fuite ; quatre mille se laissent massacrer sans combattre. Après quoi, la ville est l'objet d'un sac abominable. Les envahisseurs exigent le départ de Piero Soderini, le gonfalonier, qui leur fait à peu près la réponse de Mirabeau : « Je suis ici par la volonté du peuple et ne partirai que s'il le demande. » Le peuple le prend au mot, du moins cette fraction qui lui est hostile : il force l'entrée du palais, l'oblige à fuir piteusement. Contre ce naïf et impuissant magistrat héroïque en paroles, Nicolas écrira une épigramme :

> *Quand Pier Soderini fit l'ultime grimace,*
> *Son âme alla tirer le cordon de l'enfer.*
> *« Va-t'en, pauvre nigaud, s'écria Lucifer,*
> *Aux Limbes des enfants : l'enfer n'est pas ta place. »*

Voici donc restaurée la tyrannie médicéenne. Après ses années de prison et d'exil, Machiavel rentre en grâce pour obtenir des missions dérisoires : l'une à Lucques où il va défendre la bourse de quelques gros marchands ; l'autre en Romagne, dans la « République des Galoches ». Il accepte aussi d'écrire l'*Histoire de Florence,* par laquelle ses « protecteurs » espèrent une flatteuse apologie de leur maison ; il s'y montre seulement soucieux de la vérité. Le cardinal Jules de Médicis (le futur Clément VII) cherchant à donner quelque satisfaction aux mécontents, lui demande un projet de constitution. Il en sort le *Discours sur la Réforme de l'État de Florence :* la Toscane doit rester une monarchie tant que vivront les Médicis ; elle deviendra une république après leur extinction !

En 1527, nouvelle éclipse des Médicis. Sous les ordres du connétable de Bourbon, les troupes impériales assiègent Rome. Machiavel tente sans succès de délivrer Clément VII bloqué dans le château Saint-Ange. Il rentre chez lui pour trouver la république rétablie : elle durera deux ans. Il demande qu'on lui rende son emploi de secrétaire de la deuxième chancellerie. Les documents nous ont conservé les explications de votes hostiles : « Après avoir servi la République, il l'a trahie en servant les Médicis. — Il a dit du mal de Florence et des Florentins. — Il les a ridiculisés dans ses comédies. — Il a voyagé trop souvent à l'étranger et y a pris le goût de critiquer les siens. — Il a dit du bien de certains tyrans, comme César Borgia. — Il a mangé gras un Vendredi saint. — Il a dit du mal de Savonarole... » Un autre a beau affirmer que Machiavel a toujours voulu le bien de sa patrie, qu'« il n'a travaillé que pour elle en servant divers maîtres, qu'il connaît les affaires politiques mieux que personne, qu'il ne s'est jamais enrichi », son nom ne recueille que 12 fèves blanches contre 555 fèves noires. Douze jours plus tard, le 22 juin 1527, il meurt de douleurs de ventre.

César Borgia

De tous les princes que Machiavel cite en exemple au lecteur de son bréviaire, César Borgia, duc de Valentinois, est sans conteste celui qui offre à ses yeux la plus grande *prudence* et la plus forte *vertu*. Nicolas le vit de près, puisqu'il fut dépêché auprès de lui en 1501, alors que le duc s'apprêtait à imposer sa protection à la Toscane ; de nouveau en 1502, avant le guet-apens de Sinigaglia.

César était le second des enfants que le cardinal espagnol Rodrigo Borja, ou Borgia, avait eus de sa maîtresse italienne Rosa Vanozza dei Cáttanei. Elu pape sous le nom d'Alexandre VI en 1492, Rodrigue rêve de réaliser la vision de Dante à son profit, d'établir son pouvoir sur l'Italie entière. Pour atteindre ce résultat, il mise sur ses fils. L'aîné, Jean, deviendra le chef temporel de cet État nouveau ; le cadet en sera le chef spirituel et lui succédera sur le trône de saint Pierre. Destiné donc à la cléricature, César reçoit à dix-sept ans le chapeau de cardinal. En fait, c'est alors un jeune païen plein de vitalité qui dépasse tous ses concurrents à la course, au saut, à l'exercice des armes, se mesure à des taureaux dans l'arène et leur tranche la tête de son épée.

Le 31 décembre 1494, les armées françaises entrent dans Rome. Le pape et le roi de France négocient leur passage sur les terres pontificales en direction de Naples. En gage de bonne foi, Alexandre donne son fils comme otage. Mais celui-ci, après avoir chevauché botte à botte près de Charles VIII, l'avoir diverti de mille récits amusants, s'éclipse une nuit déguisé en palefrenier. Son papa pape n'aura plus qu'à présenter mille excuses.

En 1497, Jean, son frère aîné, garçon frivole, extravagant, amateur de turqueries, tête peu digne des rêves paternels, rentre une nuit au Vatican après avoir soupé chez sa mère. Il n'arrive jamais à destination. On retrouve son cadavre dans le Tibre, porteur de neuf blessures. Le pape en éprouve une violente douleur. « Je donnerais sept tiares pour lui rendre la vie ! » s'écrie-t-il en plein consistoire. Un batelier racontera qu'il a vu des hommes jeter un corps dans le fleuve, le bombarder de grosses pierres pour l'obliger à couler.

« Pourquoi n'as-tu point parlé plus tôt ?

— Depuis que je navigue sur le Tibre, j'y ai vu balancer plus de cent corps. Je ne pensais pas que celui-ci avait plus d'importance que les autres. »

On ne retrouve pas les assassins ; on soupçonne César. Rien ne sera jamais prouvé, mais la disparition de Jean dégage sa route. C'est lui qui désormais va réaliser les ambitions d'Alexandre VI. Tout de suite, il flanque la pourpre cardinalice aux orties. Son père l'expédie en France régler l'affaire du divorce royal. Louis XII entend répudier sa première femme, Jeanne de Valois, pour épouser Anne de Bretagne, veuve de son cousin et prédécesseur Charles VIII, laquelle lui apportera en dot son duché. Alexandre VI prononce la dissolution. En récompense, le roi offre à son fils — qu'on appelle par pudeur le « neveu du pape » — le duché de Valence (d'où le surnom qui lui sera désormais fréquemment appliqué, *il Valentinese*) et une fiancée française, Charlotte d'Albret, fille du comte de Foix, sœur du roi de Navarre. Le mariage sera célébré le 12 mai 1499 à la satisfaction générale. Dès lors, César Borgia arbore des fleurs de lis sur ses armoiries et signe ses actes du nom de *César de France*.

Mais il a choisi pour devise *Aut Cesar aut nihil* : Ou César, ou rien. C'est alors que les deux Borgia, père et fils, commencent leur grande entreprise. Il s'agit premièrement de débarrasser les États pontificaux de tous les tyrans et condottieri qui, sous prétexte de les administrer au nom du pape, s'y sont installés pour leur compte, opprimant, écorchant leurs sujets sans mesure ni vergogne. On nettoiera ainsi la Romagne avant d'élargir de proche en proche l'autorité pontificale aux terres voisines, puis à l'ensemble de la péninsule. C'est là un néo-guelfisme bien avant Vincenzo Gioberti. Placé à la tête de l'*Armée des Clefs,* César Borgia deviendra l'instrument de cette rédemption. Il dispose d'argent et de troupes. Celles-ci comprennent les mercenaires pontificaux renforcés de régiments franco-suisses mis à son service par Louis XII. Il dispose aussi du soutien des peuples pressurés. En face de lui, peu de vrais capitaines, excepté une femme, Catherine Sforza, seigneur de Forli et d'Imola, princesse aussi belle qu'énergique, que Machiavel place dans la liste de ses meneurs d'hommes *vertueux.*

La même année, 1500, vit tomber successivement Imola, Forli, Pesaro, Rimini. L'année suivante, après un long siège, César réduisit Faenza, occupa Castelbolognese, enleva même Piombino sur la côte toscane. Soudain, Louis XII fait appel à lui dans sa campagne contre Naples : il galope à la tête de la cavalerie, prend Capoue, retourne en Romagne sans débrider, s'empare de Camerino, d'Urbin. Effrayé par tant de conquêtes, Florence lui envoie deux ambassadeurs, le cardinal Soderini et Nicolas Machiavel. César les reçoit la nuit à la lueur d'une chandelle, pour mieux les impressionner ou pour dissimuler l'horrible maladie de peau qui le défigure. Il prononce des paroles rassurantes, mais ses secrétaires parlent un autre langage et les Florentins s'en retournent fort peu rassurés.

En 1502, lors d'une seconde légation, Nicolas est témoin du crime le plus *vertueux* commis par le Valentinois. Ses anciens condottieri Oliverotto da Fermo, Vitellozzo Vitelli et les Orsini complotent contre lui pour l'abattre. Au courant de leurs menées, César leur ouvre les bras dans un grand geste de réconciliation. Ce rapprochement n'inspire rien qui vaille à Machiavel ; il en rend compte à la Seigneurie : « Si j'examine les conditions de cet accord, je ne peux rien en tirer qui me satisfasse... Vous êtes trop sages pour ne pas déduire de cette prétendue réconciliation le jugement qui convient. » Les condottieri, eux, tombent dans le panneau. César s'arrange pour les isoler de leurs troupes et les invite à un magnifique banquet au château de Sinigaglia. Tous ont laissé leurs armes au vestiaire. Quand ils ont bien mangé, bien bu, bien plaisanté, les soldats du duc les arrêtent et les étranglent. Après cette « merveilleuse tromperie », Machiavel emploie pour la première fois l'euphémisme d'*éteindre,* qu'il doit peut-être à César, et dont il usera si souvent dans ses écrits ultérieurs : « Il m'a prié de complimenter Vos Seigneuries d'un succès qui éteignait les plus grands ennemis du roi de France. » Au milieu de cette affaire, il risque néanmoins sa vie, car Borgia n'est pas de ceux qui se laissent percer impunément. Ses parents, ses amis tremblent pour son sort, et c'est avec une joie extrême qu'ils le voient reparaître en janvier 1503. César est alors au sommet de sa puissance. Le Vénitien Priuli écrit ce même mois dans son journal : « Certains voudraient faire de César le roi de l'Italie, d'autres le voudraient faire empereur, parce qu'il réussit de telle façon que nul n'aurait le courage de lui refuser quoi que ce soit. »

Et pourtant, le superbe édifice construit à force de *vertu* va s'écrouler en quelques mois. Le 10 août au soir, son père Alexandre et lui-même participèrent à un repas dans le jardin d'Adriano Castelli, récemment chapeauté cardinal. La plupart des convives éprouvèrent de vives douleurs digestives, y compris l'amphitryon. Tandis qu'ils s'en remettaient plus ou moins vite, le pape mourut huit jours plus tard, après avoir reçu l'extrême-onction. Naturellement, on parla d'empoisonnement. Dès qu'il apprit la mort de son père, César envoya de son lit de fidèles hommes de main pour s'emparer du trésor pontifical. Car l'usage voulait que chaque fois que mourait un pape ses familiers, serviteurs, gardes, camerlingues, pillassent de leur mieux l'appartement et la cassette du défunt. Les envoyés du Valentinois ne prirent que l'argent.

César survécut au mal, mais en demeura si épuisé que ses ennemis profitèrent de cette faiblesse pour reprendre les places perdues. Un ennemi de sa famille, Julien de la Rovère, élu pape sous le nom de Jules II, le livra à Gonzalve de Cordoue qui le fit emprisonner en Espagne. Après s'être évadé de la forteresse de Medina del Campo, il se fit condottiere à son tour au service du roi de Navarre. Le 10 mars 1507, près de Viane, il périt dans un combat obscur contre deux Navarrais qui convoitaient sa belle armure. Ils le dépouillèrent de ses armes, de ses vêtements, l'abandonnèrent dans un fossé nu comme un ver. Il était âgé de trente-deux ans.

Le travail de l'écrivain

En littérature comme en cuisine, il y a la matière et la manière, le lapin et la gibelotte, le sujet et l'écriture.

Machiavel puise à deux sources : sa propre expérience et la lecture des auteurs anciens. Il acquiert la première quasi dès l'enfance, du jour où il assiste à la Révolte des Pazzi ; mais surtout en participant à la gestion des affaires publiques ; d'abord comme secrétaire de la seconde chancellerie, ensuite comme légat auprès de seigneurs importants. A Forli, il rencontre l'intrépide Catherine Sforza qui, par l'énergie, l'intelligence, en un mot la *vertu* au sens machiavélien du terme, vaut n'importe quel prince mâle. On l'expédie à Pise, ville précédemment libérée par Charles VIII (tous les envahisseurs aiment à faire figure de libérateurs), et que les Seigneurs florentins veulent reprendre. Cela leur vaut ce *Discours aux Dix sur l'affaire de Pise* où Machiavel critique à mots couverts la politique de ses maîtres et fait des suggestions pour enlever la ville.

Malgré l'appui de Louis XII, qui essaie de réparer les bévues de son prédécesseur, l'affaire se termine en désastre. Nicolas assiste à la révolte des Suisses, qui s'emparent d'un commissaire, Luca degli Albizzi, et ne le relâchent que contre rançon. Alors s'implante en lui une de ses théories essentielles : il faut renoncer aux troupes mercenaires, les remplacer par une milice nationale.

Son expérience pisane lui vaut d'être envoyé en France pour y rencontrer le roi. Puis c'est César Borgia, comme il a été dit ci-dessus, et le pape Alexandre VI. Les années 1504-1508 le promènent d'une légation à l'autre : à Sienne, auprès de Pandolfo Petrucci et à Pérouse auprès de Giampaolo Baglioni, deux Valentinois au petit pied ; aux trousses de Jules II, occupé à reprendre ce que les Borgia ont enlevé à la papauté ; au Tyrol, auprès de Maximilien Ier qu'il appelle *Pochi-Denari* (Sans-le-Sou). Ses rapports à la Seigneurie révèlent désormais la sûreté de sa vision politique ; parfois, le ton s'en fait même désinvolte : « Soit dit avec révérence, Vos Seigneuries ont tordu pour cette toile un fil si subtil qu'il est impossible de la tisser » (30 mai 1506).

A peine est-il rentré d'Allemagne que les Seigneurs décident d'en finir avec la résistance de Pise et ils l'envoient diriger le blocus des rebelles. Pendant près d'un an, il veille à l'exécution d'un plan proposé par lui dès 1499, paie de sa personne, introduit dans la ville assiégée la famine et la discorde. Elle capitule enfin : le succès est fêté à Florence dans le délire ; mais bien peu, sauf le gonfalonier Soderini, y reconnaîtront la part prise par Machiavel.

En 1510 et 1511, il est envoyé de nouveau et plusieurs fois auprès de Louis XII, qui a l'idée saugrenue de faire élire contre Jules II un antipape par un concile tenu à Pise. C'est ensuite la chute de la république, la prison, l'exil à San Casciano. Il partage son temps entre la lecture, la fréquentation des petites gens et l'écriture. Que lit-il ? Les poètes latins, les italiens comme Dante et Pétrarque ; mais surtout les historiens, les auteurs politiques, les philosophes : Tacite, Tite-Live, Justin, Xénophon, Hérodote, César... Après s'être le jour encanaillé en compagnie des bûcherons et des piliers de cabaret, avoir joué aux cartes et au trictrac, « ce qui suscite mille disputes et dix mille injures », il se dépouille le soir de ses guenilles boueuses, se couvre de vêtements royaux et magistraux et entre en conversation avec les grands hommes de l'Antiquité et du passé récent : « Ils me reçoivent affectueusement et je me repais de cet aliment qui est le mien par excellence et pour lequel seul je suis né ; je n'ai pas honte de m'entretenir avec eux, de les interroger sur les motifs de leurs actions ; et eux me répondent avec bienveillance ; et pendant quatre heures d'horloge je n'éprouve aucun ennui, j'oublie tous mes chagrins, je ne crains plus ni la pauvreté ni la mort ; je me transporte en eux entièrement. Et comme Dante dit qu'il n'est pas de science sans mémoire de ce qu'on a compris, j'ai noté ce que j'ai trouvé de plus important dans leur conversation, et composé un opuscule intitulé *De Principatus.* » (Lettre du 10 décembre 1513.)

Pendant les années 1515-1520, rentré partiellement en grâce auprès des Médicis, il fréquente les jardins Rucellai : lieu aimable et fleuri où se réunissent quelques beaux esprits florentins. Il y lit ses *Discours sur Tive-Live* qu'il a repris et terminés, les fragments d'un poème jamais achevé, *L'Ane d'or,* son traité *De re militari :* dialogue platonicien dont les personnages sont quelques éminents visiteurs des jardins.

Des récréations l'éloignent de ces pensées profondes : deux pièces satiriques, *Clizia* et *La Mandragore,* dont la seconde est sans doute la meilleure comédie italienne du XVIe siècle ; une nouvelle imitée de La Fontaine : *Belphégor archidiable.* Il a sa correspondance dont nous reparlerons.

Il n'existe aucun texte autographe du *Prince*. Entre l'instant où il fut composé et le jour de sa publication, près de vingt années s'écoulèrent. Un très grand nombre de copies manuscrites en furent faites. Il en reste une vingtaine dont plusieurs de la main de son ami dévoué Biagio Buonaccorsi. Notamment l'exemplaire de la bibliothèque Medicea Laurentienne de Florence, précédé de cette dédicace à Pandolfo Bellacci : « Je n'ai pas voulu m'en séparer jusqu'ici ; mais comme tu es non seulement mon ami mais mon protecteur, je t'envoie le petit ouvrage *De Principatibus,* composé récemment par notre ami Nicolas Machiavel. Tu y trouveras décrits avec la plus grande clarté et concision les caractères des principats, toutes les façons de les conserver, tous les dangers qui les menacent, avec une connaissance exacte des histoires ancienne et moderne et beaucoup d'autres documents très utiles ; si tu le lis avec ton attention coutumière, je suis certain que tu en tireras grand profit. Reçois-le donc avec tout le plaisir que je te souhaite. Et prépare-toi à te faire le défenseur farouche de son auteur contre tous ceux qui, par malignité ou envie, voudraient, comme c'est la mode, l'attaquer et le déchirer. » On reconnaît bien là le cœur généreux de Buonaccorsi, destitué de ses fonctions à la chancellerie en même temps que Nicolas. On y reconnaît aussi sa parfaite calligraphie, où entre autant d'habileté en l'occurrence que d'amitié.

Le livre et son public

Pendant les deux siècles qui suivirent sa parution, *Le Prince* subit les attaques les plus violentes de toutes les autorités religieuses. Même un esprit libre comme Campanella s'acharne contre lui, traite son auteur d'« âme impie, polluée par tous les crimes », de « porc et de

mouton », de « vase rempli de la colère de Dieu »,
d'« ignorant qui n'a aucune notion des sciences excepté
de l'histoire ». En Angleterre, Christopher Marlowe, dans
le prologue du *Juif de Malte,* conformément à son cliché,
en fait un évocateur des puissances démoniaques :

> *La force fit d'abord les rois, et les lois les plus sûres,*
> *Comme celles du Dragon, furent écrites avec le sang.*

A la même époque toutefois Francis Bacon comprend
ce qu'il y a d'original, même hors de la politique, dans la
méthode de recherche de Machiavel : « Nous devons lui
être reconnaissants d'avoir écrit ce que les hommes font,
et non ce qu'ils devraient faire... Car sans la connaissance
du mal, la vertu se trouve désarmée, incapable de se
défendre. »

En France, Jean Bodin le traite de « couratier des
tyrans » qui, dans *Le Prince,* « rehausse jusques au ciel et
met pour parangon de tous les rois le plus déloyal fils de
prêtre qui fut oncques ». Le *Dictionnaire* de Pierre Bayle
(Bâle, 1758) transmet au Siècle des Lumières cette aversion moralisante : « Les maximes de cet auteur sont très
mauvaises : le public en est si persuadé que le machiavélisme et l'art de régner tyranniquement sont des
termes de même signification. » Montesquieu, malgré
l'influence évidente des *Discours* sur les *Considérations sur les*
causes de la grandeur des Romains et de leur décadence,
comme sur *L'Esprit des lois,* stigmatise *Le Prince* : « C'est le
délire de Machiavel d'avoir donné aux princes pour le
maintien de leur grandeur des principes qui ne sont
nécessaires que dans le gouvernement despotique, et qui
sont inutiles, dangereux et même impraticables dans le
monarchique. Cela vient de ce qu'il n'en a pas bien
connu la nature et les distinctions : ce qui n'est pas digne
de son grand esprit. » Voltaire collabore avec Frédéric de
Prusse, dans la seconde et la troisième édition de son

Antimachiavel, ajoute une préface, corrige, retranche, finit par admettre aux derniers chapitres la leçon du *Prince* : « Il faut donc nécessairement que ceux qui doivent gouverner le monde cultivent leur pénétration et leur prudence : mais ce n'est pas tout ; car s'ils veulent captiver la fortune, il faut qu'ils apprennent à plier leur tempérament sous les conjonctures, ce qui est très difficile. »

Vient le temps des favorables déviations, des enthousiastes gauchissements. Rousseau se reconnaît en lui : « En feignant de donner des leçons aux rois, il en a donné de grandes aux peuples. *Le Prince* est le livre des républicains. Machiavel était un honnête homme et un bon citoyen ; mais il était forcé, dans l'oppression de sa patrie, de déguiser son aversion pour le potentat. » De même l'encyclopédiste auteur de l'article *Machiavélisme* (probablement Diderot lui-même) : « C'est comme s'il eût dit à ses concitoyens, *lisez bien cet ouvrage. Si vous acceptez jamais un maître, il sera tel que je vous le peins : voilà la bête féroce à laquelle vous vous abandonnerez.* Ainsi ce fut la faute de ses contemporains s'ils méconnurent son but : ils prirent une satire pour un éloge. » En Italie, un autre illuministe, Baretti, le condamne, mais lui trouve une bonne excuse : s'il propose des axiomes répugnants, cela est dû à la canaillerie de son siècle : « Alors que chacun se coiffait d'un bonnet, comment lui aurait-il eu l'idée de se couvrir le crâne d'un chapeau ou d'un turban ? »

Incompris, méprisé, torturé, Machiavel devait plaire aux romantiques :

> *O Machiavel ! Tes pas retentissent encore*
> *Dans les sentiers déserts de San Casciano.*
> *Là, sous des cieux ardents dont l'air sèche et dévore,*
> *Tu cultivais en vain le sol maigre et sans eau...*
> *« Qui suis-je ? écrivais-tu. Qu'on me donne une pierre,*

> *Une roche à rouler ; c'est la paix des tombeaux*
> *Que je fuis, et je tends des bras las du repos.*
> (Alfred de Musset)

Farouche ennemi du césarisme napoléonien, Ugo Foscolo reprend la déviation de Rousseau, lorsqu'il évoque « ce grand homme/Qui, en trempant le sceptre des monarques,/Le dépouille de ses lauriers et révèle aux peuples/De quelles larmes il ruisselle et de quel sang ». Dans un dialogue entre Xénophon et Machiavel, Leopardi exalte avec beaucoup de lucidité les bienfaits que peuvent apporter les doctrines machiavéliennes : « Tandis que les autres philosophes, qui ne détestent pas les hommes comme moi, cherchent en fait à leur nuire par leurs principes, moi j'ai servi pratiquement, je sers et je servirai quiconque veut et sait appliquer les miens. En sorte que le misanthrope que j'étais, a été plus bénéfique aux hommes, si l'on veut bien l'examiner, que les plus délicates philanthropies. » Gioberti, chef de file des néo-guelfes, tout en condamnant son « laïcisme », reconnaît ses mérites scientifiques et patriotiques : « Par sa méthode, ce fut le Galilée de la politique ; il y introduisit l'expérience, fécondée et élargie par l'induction et le raisonnement. Il embrassa l'idée dantesque de l'unité nationale et la perfectionna, exhortant un prince italien à lui donner chair et couleur. » Alessandro Manzoni reconnaît seulement qu'« il voulait l'utilité, dans la justice ou l'injustice, selon les nécessités. On ne peut douter que son cœur ne fût enclin à préférer la première ; car s'il montre en louant l'injustice de la subtilité, en la maudissant il est éloquent et généreux. Un mélange aussi déplaisant dans les écrits d'un si grand esprit provient du fait qu'il mit l'utilité à la place suprême, qui appartient à la justice ». Chez nous, un romantique attardé, grand connaisseur en satanisme, Barbey d'Aurevilly, le qualifie de « Satan en bonnet de coton ».

Les socialistes et les socialisants le tirent à eux. Ainsi Edgar Quinet *(Les Révolutions d'Italie,* 1852) : « On n'a vu que le renard dans Machiavel ; voyons maintenant le lion. De tous les écrivains du XVIᵉ siècle, il est le seul qui comprenne l'héroïsme. Il abhorre la résignation chrétienne, il attend tout de la force humaine. Il croit qu'une combinaison de l'intelligence, un effort de courage peut tout sauver. Il n'abandonne rien à la fatalité. Il arme l'homme comme s'il était seul au monde, sans la protection et la crainte des dieux. » Une page plaît spécialement à Quinet : les lignes enflammées qui terminent *Le Prince* et révèlent lumineusement la passion patriotique de leur auteur ; à travers les Médicis, c'est vers tous les Italiens qu'il lance son cri aux armes, afin de chasser les barbares ; Quinet y entend *« La Marseillaise* du XVIᵉ siècle ».

Antonio Gramsci, fondateur du parti communiste italien, voit dans le Prince rêvé par Machiavel le symbole d'une volonté collective : « Le volume tout entier expose comment doit être le Prince pour mener un peuple à la fondation d'un nouvel État ; l'exposé est conduit avec une rigueur logique, avec un détachement scientifique. Dans la conclusion, Machiavel lui-même se fait peuple. Non dans le sens très général du terme, mais avec le peuple qu'il a convaincu par son exposé précédent ; dont il devient la conscience et l'expression ; dont il se sent la personnification. Tout se passe comme si l'exposé « logique » n'était qu'une réflexion du peuple sur lui-même, un raisonnement intérieur, qui se fait dans la conscience populaire et a sa conclusion en un cri passionné, immédiat. La passion, de raisonnement sur elle-même, redevient « sentiment », fièvre, fanatisme d'agir. »

Pendant ce temps, les fascistes habillent Machiavel d'une chemise noire. Aucun auteur n'est plus commenté en Italie pendant les vingt-cinq années que dure ce régime.

Obnubilés par le « machiavélisme », la plupart des

lecteurs de bonne volonté appuient leur opinion sur une connaissance très partielle de Machiavel : le petit livre de recettes politiques où tant de cuisiniers ont trouvé leur plat du jour. En fait, sa pensée est infiniment plus vaste et plus complexe ; c'est dans l'œuvre entière qu'il faut la chercher. « Il est arrivé, écrit Francesco de Sanctis, à Machiavel la même chose qu'à Pétrarque. On appela *pétrarquisme* ce qui chez lui est un accident, ce qui devient le tout chez ses imitateurs. Et l'on appelle *machiavélisme* ce qui dans sa doctrine est accessoire, en oubliant ce qu'il s'y trouve d'absolu et de permanent. »

Après de Sanctis, lentement mais sûrement, finit par s'imposer l'idée d'un Machiavel philosophe et humaniste. « On sait très bien qu'il découvre la nécessité et l'autonomie de la politique qui est au-delà, ou plutôt en deçà du bien et du mal moraux, qui possède ses lois contre lesquelles il est vain de se rebeller, que l'on ne peut exorciser et chasser du monde avec de l'eau bénite. C'est là le concept qui circule dans toute son œuvre : un concept profondément philosophique, qui représente la véritable base d'une philosophie de la politique » (Benedetto Croce). « Si l'on appelle humanisme une philosophie qui affronte comme un problème le rapport de l'homme avec l'homme et la constitution entre eux d'une situation et d'une histoire qui leur soient communes, alors il faut dire que Machiavel a formulé quelques conditions de tout humanisme sérieux. Et le désaveu de Machiavel, si commun aujourd'hui, prend alors un sens inquiétant : ce serait la décision d'ignorer les tâches d'un humanisme vrai. Il y a une manière de désavouer Machiavel qui est machiavélique, c'est la pieuse ruse de ceux qui dirigent leurs vœux vers le ciel des principes pour les détourner de ce qu'ils font. Et il y a une manière de louer Machiavel qui est tout le contraire du machiavélisme puisqu'elle honore dans son œuvre une contribution à la clarté politique » (M. Merleau-Ponty).

Quant au grand public d'aujourd'hui qui ne s'élève point à ces hautes considérations, la lecture du *Prince* lui apporte une foule de vues d'une justesse et d'une actualité remarquables. Je n'en veux donner qu'un exemple que m'inspirent les récentes guerres des Malouines et du Moyen-Orient. Un bon moyen, dit Machiavel, de s'assurer la possession d'un territoire étranger est d'y envoyer des colonies. « Tu ne dépenseras guère dans leur transport ni leur entretien ; tu lèseras seulement ceux à qui tu enlèveras terres et maisons pour les donner aux nouveaux habitants ; les spoliés représentent une part infime de cette province ; pauvres désormais et dispersés, ils ne pourront jamais te nuire ; la masse des autres qui ne sont pas frappés demeurera coite et immobile. »

Phrases clefs

L'ancienneté et la longueur d'un règne héréditaire font oublier les raisons des bouleversements antérieurs ; au contraire, un changement récent laisse toujours des pierres d'attente pour un nouveau (Chap. II).

Les hommes aiment à changer de maîtres, espérant chaque fois trouver mieux. Cette croyance leur fait prendre les armes contre le seigneur du moment ; en quoi ils font souvent un mauvais calcul, s'apercevant ensuite qu'ils ont changé un cheval borgne contre un aveugle (Chap. III).

Si puissante que soit l'armée dont on dispose, on a toujours besoin de la faveur des habitants pour entrer dans une province *(Ibid.)*.

Tous les prophètes armés furent vainqueurs, les prophètes sans armes déconfits (Chap. VI).

Il se trompe lourdement celui qui croit que des bienfaits récents font oublier aux grands les injures anciennes (Chap. VII).

En s'emparant d'une province, le nouvel occupant devra faire le compte de toutes les violences nécessaires, les exercer ensuite toutes d'un coup pour n'avoir pas à les répéter chaque jour... Le mal doit se faire tout d'une fois : comme on a moins de temps pour y goûter, il offensera moins ; le bien doit se faire petit à petit, afin qu'on le savoure mieux (Chap. VIII).

Les fondements principaux des États, aujourd'hui comme hier, sont de deux sortes : les bonnes lois et les bonnes armes (Chap. XII).

Une république défendue par ses propres citoyens tombe plus difficilement sous la tyrannie d'un des siens que si elle a recours à des troupes étrangères *(Ibid.)*.

La distance est si grande entre la façon dont on vit et celle dont on devrait vivre que quiconque ferme les yeux sur ce qui est et ne veut voir que ce qui devrait être apprend plutôt à se perdre qu'à se conserver ; car si tu veux en tout et toujours faire profession d'homme de bien parmi tant d'autres qui sont le contraire, ta perte est certaine. Si donc un prince veut conserver son trône, il doit apprendre à savoir être méchant, et recourir à cet art ou non, selon les nécessités (Chap. XV).

Il n'y a chose au monde qui ne se consume elle-même plus vite que la générosité : pendant que tu l'emploies, tu perds la faculté de l'employer, tu deviens pauvre et méprisable, ou, pour échapper à la pauvreté, rapace et détestable. Or un prince doit éviter par-dessus tout d'inspirer la haine et le mépris : deux malheurs auxquels la libéralité conduit inévitablement (Chap. XVI).

En infligeant un petit nombre de punitions exemplaires, il se montrera plus pitoyable que ceux qui, par excès de pitié, laissent se poursuivre les désordres, engendreurs de meurtres et de rapines : ces crimes nuisent ordinairement à tous, tandis que les exécutions commandées par le prince frappent un seul individu (Chap. XVII).

Les hommes oublient plus vite la perte de leur père que la perte de leur patrimoine *(Ibid.)*.

Combien il est louable à un prince de respecter ses promesses et de vivre avec intégrité, non dans les fourberies, chacun le conçoit clairement. Cependant, l'histoire de notre temps enseigne que seuls ont accompli de grandes choses les princes qui ont fait peu de cas de leur parole et su adroitement endormir la cervelle des gens ; en fin de compte, ils ont triomphé des honnêtes et des loyaux (Chap. XVIII).

C'est pourquoi un seigneur avisé ne peut, ne doit respecter sa parole si ce respect se retourne contre lui et que les motifs de sa promesse soient éteints... Et jamais un prince n'a manqué de raisons légitimes pour colorer son manque de foi *(Ibid.)*.

Les princes prudents se sont toujours évertués à ne pas réduire les grands à des partis désespérés, à satisfaire le peuple autant qu'ils pouvaient (Chap. XIX).

Un prince gagne de l'estime quand son amitié ou son inimitié sont sans équivoque ; c'est-à-dire lorsqu'il se déclare franchement pour ou contre quelqu'un. Attitude qui lui sera toujours plus profitable que la neutralité (Chap. XXI).

On peut juger de la cervelle d'un seigneur rien qu'à voir les gens dont il s'entoure (Chap. XXII).

Il n'y a pas d'autres moyens de te garder des flatteries

qu'en faisant comprendre autour de toi que la vérité ne t'offense point (Chap. XXIII).

La fortune est maîtresse de la moitié de nos actions ; mais elle nous abandonne à peu près l'autre moitié (Chap. XXV).

Biobibliographie

Un *mal chiavello* est un mauvais clou. Le clou irascible, fort de caboche par en bas, pointu par en haut qui agace votre talon à travers le soulier. Vous tentez de river cette pointe insolente ; un jour ou deux elle vous laisse en paix ; mais ensuite elle reprend sa tracasserie. Si vous décidez de vous séparer franchement d'elle, vous y gagnerez quelque tranquillité, vous y perdrez un serviteur fidèle et subtil.

Depuis deux siècles les *Machiavelli* portaient dans leur nom la réputation d'être de mauvais clous. Ils avaient servi les communes de Montespertoli, de San Casciano, de Florence ; ils avaient servi leur corporation, porté le gonfalon de leur quartier, de leur paroisse, de leur saint. Dans cette famille nombreuse répandue sur les collines toscanes et les rives de l'Arno, servir était une tradition ; mais nul ne renonçait, ce faisant, à l'acuité de ses yeux, de sa tête, de sa langue. Certains allèrent même très loin dans cette voie.

En 1378, les *Ciompi* — prolétaires de la laine, privés de tout droit civique et souvent de travail — se révoltèrent contre leurs maîtres, le *peuple gras ;* un Guido Machiavelli reçut alors de ces roturiers, pour avoir défendu leur cause, le titre de *cavaliere.*

En 1458, pour étendre son pouvoir, Cosme de Médicis manigança un coup de force avec l'appui de quelques riches familles. Un certain Girolamo Machiavelli défendit les libertés communales ; il fut jeté en prison et y mourut. Malgré cette dangereuse manie de s'occuper sans ambition personnelle des affaires publiques et de vouloir le bien des autres, les Machiavelli prospéraient et se multipliaient. Ils s'étaient composé des armes : sur champ d'argent, croix d'azur cloutée aux quatre bouts. Bernardo, le père de Nicolas, possédait des biens au soleil, tant à San Casciano qu'à Florence : terres, vignes, bois, maisons de rapport ou d'habitation, dont le revenu suffisait à le nourrir, lui, sa femme Bartolomea et leurs quatre enfants : Totto, Nicolas, Primavera et Ginevra. C'était un bourgeois modeste, qui songea à établir bien sa descendance : il mariera les filles, dirigera les garçons vers des professions sûres, les plus lucratives hors du commerce : Totto sera curé, Nicolas notaire ou avocat.

Nicolas naît à Florence le 4 mai 1469, au n° 1754 de la via Romana, dans le quartier d'Oltrarno. Il fait de solides études, apprend le latin. Il est aussi à l'école de la rue, assiste aux représentations sacrées sur le parvis des églises, aux défilés des corporations, aux tumultes populaires, à la révolte et à la pendaison des Pazzi, aux grands bûchers qu'allume Savonarole (1494) pour y brûler les vêtements de soie, les tableaux profanes, les bijoux, les parures diaboliques. Depuis la venue de frère Jérôme, la ville semble suivre un perpétuel enterrement. Les enfants entrent dans les tavernes, en chassent buveurs et joueurs ; les putains se font chaisières. Comme chaque sermon du frère se termine inévitablement par les mots : *Pleure, Florence ! Pleurez, Florentins !* ses partisans se font traiter de *piagnoni* (pleurnichards) par leurs adversaires, les *arrabbiati* (enragés). Machiavel va lui-même entendre les prêches de Savonarole ; ils ne le convainquent pas.

Le dominicain, qui ne respecte ni le pape ni les caisses d'épargne, est brûlé à son tour en 1498. Un mois plus

tard commence la vie publique de Nicolas lorsque, contre
quatre concurrents, il est nommé secrétaire de la
deuxième chancellerie. Moins sur ses mérites encore
inconnus, sans doute, que sur recommandations. Le voici
grand commis de la République. Les bureaux se familia-
risent avec sa silhouette modeste, son visage maigre, ses
yeux de rat, noirs et vifs, son nez de fouine, long et
pointu, sa tête de corbeau, précocement déplumée sur le
front. On sait que chaque rire exprime clairement son
caractère dans la voyelle qu'il emploie. Rire en *oh,* rond et
bête ; rire en *ah,* franc et sans malice ; rire en *hé,*
sarcastique et méchant ; rire en *hou,* glougloutant, voluptueux, hypocrite. Nicolas produit le sien en *hi,* légèrement
nasal, un petit rire scintillant et sec, qui vient de l'esprit
plus que de la gorge. Avec ses collègues, ses pairs, ses
inférieurs, il n'en est pas ménager. Devant ses maîtres, le
visage du nouveau secrétaire devient grave, solennel, bien
digne de leur importance. Ils apprécient ce fonctionnaire,
tout en le payant moins que les autres, parce qu'il est le
dernier venu. Ses collègues le prennent vite en amitié ;
l'un d'eux, Biagio Buonaccorsi, lui voue bientôt une piété
canine.

Au cours de l'année 1500, Nicolas, qui avait perdu sa
mère quatre ans plus tôt, voit mourir son père Bernard.
Une de ses sœurs meurt aussi, et il recueille son enfant,
Giovanni Vernacci, qu'il élèvera comme son propre fils.

Diverses légations l'obligent à voyager. Entre deux
chevauchées, il épouse en 1502 une brave fille, simple,
peu lettrée, mais de grand cœur : Marietta Corsini. A son
fils adoptif, elle ajoutera beaucoup d'autres enfants dont
cinq survivront.

Pendant qu'il est loin de son foyer, il reçoit des lettres
dont quelques-unes nous sont parvenues. Dans cette
correspondance apparaissent clairement le cœur et l'âme
de Nicolas Machiavelli. Or on découvre que ce mauvais
clou, ce Satan, cet ennemi du genre humain, ce perpétuel

sarcastique suscita chez ceux qui l'approchèrent des amitiés ou des amours d'une chaleur incroyable, dans lesquelles d'ailleurs l'admiration ne tenait qu'une place réduite,
car elles allaient à l'homme, non à l'auteur. J'ai déjà
signalé son collègue de bureau, Biagio Buonaccorsi, qui
signe : *Servitor Blasius, Frater Blasius, Uti frater Bl.* (votre
presque frère), *Quem nosti B.* (le Blaise que tu connais).
Parfois il évoque le travail du secrétariat, presse Machiavel de rentrer sous prétexte qu'on se débrouille mal sans
lui. Le plus souvent, ses missives sont remplies d'histoires
de chemises, de gilets, de toques, de paletots, d'argent
expédié et qui n'arrive pas. Biagio offre son temps, sa
bourse, donne des nouvelles de dame Marietta qui fait
mille bêtises de le savoir si loin. Il enrage de constater
l'affection qu'il porte à Nicolas : « Même si je voulais
m'en empêcher, je n'y parviendrais point. » Il l'engueule
quand il le mérite : « Lorsque je vous ai offert mes
deniers, offre que je confirme, je n'avais pas encore
touché les vôtres. Et un signe de vous suffira pour que je
m'exécute. Car je ne suis pas comme vous — que le
diable vous envoie 40 mille chiasses ! — qui craignez de
dépenser vingt sous... Je vois bien que j'ai choisi pour
maître le prince des ladres. » Il dissimule ses sentiments
sous des expressions grossières et n'hésite pas à employer
des formules de politesse finales aussi grandioses que :
« Allez vous faire foutre. Je vous pisse au c... » Lesquelles,
on en conviendra, expriment une tendresse très rare et
très pudique. L'innocente Marietta laisse de même parler
son cœur, avec beaucoup de fautes d'orthographe :
« Mon très cher Nicolas, Vous vous moquer de moi, mais
vous n'aver pas réson, je me sentirais bien mieux si vous
étier ici... et mintenan qu'on m'a dit cette maladie qu'y a
là-bas je ne trouve plus de repos ni jour ni nuit. Mais j'ai
grand boneur de notre efant... Pour l'instant il va bien, il
vous ressenble : il est blant comme la neige, mais la tette
senble de velour noir, et il est poilu comme vous, et

puisqu'il vous ressenble pour moi il est beau... Que Dieu
soit avec vous et vous garde. Je vous evois un pourpoin et
deux chemise et deux mouchoir et une serviète que j'ai
cousu pour vous... » Le neveu qu'il avait recueilli dans sa
famille après le décès de sa sœur lui écrira plus tard de
Péra, se plaignant de la rareté de ses lettres (en fait, il s'en
était perdu plusieurs) : « ... Mais j'ai en vous autant de
confiance que peut en avoir un fils envers son père. C'est
pourquoi, si vous n'avez plus de papier pour m'écrire,
j'espère que vous avez encore cet amour que vous m'avez
porté si longtemps, non comme à un neveu, mais comme
à un enfant très cher. » Et l'un de ses enfants légitimes,
alors que Nicolas se trouve à Rome à la merci des
lansquenets impériaux : « ... Votre lettre à dame Marietta
nous apprend que vous avez acheté une belle chaînette
pour notre sœur Baccina. Elle n'a d'autre pensée ni
d'autre discours que pour cette chaîne, et elle prie Dieu
afin qu'il vous fasse revenir bientôt... Et nous prions tous
de même... »

D'un ami, d'un époux, d'un père qui reçoit de si
touchants témoignages d'affection, peut-on concevoir une
autre opinion que celle-ci : ce fut assurément le moins
machiavélique des hommes ? On a vu le portrait qu'il
trace au *Prince* de ses semblables : ils sont ingrats,
changeants, simulateurs et dissimulateurs, ennemis des
coups, amis des pécunes ; tant que tu soutiens leur
intérêt, ils sont tout à toi ; ils oublient plus vite la perte de
leur père que la perte de leur patrimoine. Or, ce lucide et
impitoyable radiologue du cœur humain se comporte
dans les affaires privées tout naïvement, tout bêtement. Il
est le maître Jacques de la B.A. On le voit solliciter ses
relations en faveur de parents, d'amis : une place pour
son frère Totto parmi les familiers du pape ; l'introduc-
tion de Donato del Corno dans la « bourse » des éligibles ;
la restitution au même Donato des 500 ducats prêtés au
magnifique Julien ; l'enrôlement de Matteo da Caprigliola

dans une compagnie de fantassins ; le renvoi au bercail
conjugal d'un mari en fuite... Cet « ennemi du genre
humain » veut faire plaisir à tout le monde : il propose
de bons partis aux filles de Guichardin et un moyen de
les doter suffisamment ; il examine sur place deux domaines achetés de loin, avec rapport circonstancié ; il donne
une recette de pilules ; il prescrit une originale thérapeu-
tique pour guérir un mulet de sa folie. C'est encore son
désir de plaire qui explique les bouffonneries plus ou
moins raides dont il farcit les lettres à ses collègues. Dans
ces récits « obscènes », les critiques psychanalystes ont vu
un « sérieux tragique », une « volupté de l'ordure », des
« confessions laïques », un « pessimisme sardonique ».
C'est bien compliquer les choses. Nicolas avait un renom
de *comicus* à soutenir et il savait que les destinataires ne
feraient pas la petite bouche sur la finesse de sa marchandise : « Vos lettres à Biagio et aux autres, écrit
Bartolomeo Ruffini, nous causent une grande joie ; les
bons mots et les facéties qu'elles contiennent nous font
rire à nous décrocher la mâchoire. » Faire rire est une
œuvre de charité chrétienne aussi pure que de soigner les
lépreux. « Ma détresse est si grande, dira un personnage
de Shéridan, que la gaieté m'est indispensable. » Béni soit
donc Machiavel pour sa *Mandragore,* sa *Clizia,* son *Belphégor,* ses farces et joyeusetés.

Au propre et au figuré, il goba cependant bien des
pilules dans sa vie. A partir de 1512, il dut se faire
solliciteur professionnel, pour les autres et pour lui-même.
Les sollicités n'établissaient pas grande différence entre
les causes : celle d'un éleveur de poulets (Donato del
Corno) ambitieux de paraître — et celle de Nicolas
Machiavel, prophète, prêtre, serviteur, martyr d'une
patrie inexistante. Jamais rebuté par les refus passés, il
prévoit les futurs, avale son amertume, trouve à l'avance
de bonnes excuses à la tiédeur de ses protecteurs : « Je
ne vous écris point cela par un désir immodéré de cet

emploi, et je ne veux pas que par amitié pour moi vous vous jetiez tête première dans les peines, les dépenses ni les tracas... » (16 avril 1513, à Francesco Vettori). Lorsque enfin, à force de patience et de suppliques, il réussit à se faire entendre, c'est pour obtenir une mission si dérisoire que Guichardin lui écrit : « Quand je considère tous les rois, ducs et princes avec qui vous avez jadis négocié, je me rappelle Lysandre : après tant de victoires et de trophées, il fut chargé de distribuer la viande à ces soldats qu'il avait commandés glorieusement. » Faut-il donc ranger l'humilité dans le dévouement parmi les traits machiavéliques ?

Il n'est pas jusqu'à ses faiblesses qui ne contribuent à démolir le cliché. Voici que le démon de midi lui fait oublier tout à coup ses grands desseins : « Je me sens inondé d'une telle douceur à la vue de cet objet rare et suave que pour rien au monde je ne voudrais m'affranchir, même si je le pouvais. J'ai donc mis à l'écart la pensée des choses graves et importantes... » (3 août 1514).

Onze années plus tard, rechute en faveur de la chanteuse Barbara qui occupe « ses pensées beaucoup plus que l'empereur » (15 mars 1525). A cinquante-six ans, il écrit pour elle des couplets et des poèmes. Il compte les syllabes sur ses doigts en regardant la lune. Ses amis en font des gorges chaudes et plaisantent sur le temps qu'il passe « en Barbarie ». Naïf et bête, je dis, comme un amoureux de Peynet.

Si dans ce même volume ont été associés *Le Prince* et une partie de la *Correspondance,* c'est pour aider à débarrasser Nicolas de son infernale légende. On achèvera la besogne en lisant ses autres traités, notamment son *Discours sur Tite-Live,* qui sont sa somme politique. Sur les 79 lettres familières que nous possédons, 38 apparaissent ici. Elles ont été choisies non parmi les plus riches d'idées politiques, mais parmi celles qui montrent le mieux

l'homme avec ses mérites et ses défauts. Il n'était pas
besoin de Frédéric II : d'une certaine façon, elles consti-
tuent un excellent *Antimachiavel*. Nous y avons ajouté, à
titre d'échantillons et parce qu'elles éclairent la pensée et
l'action de Machiavel, trois lettres officielles (A la Seigneurie, Aux Huit de Pratique) d'après l'édition de Passerini et
Milanesi (Florence, 1873-1877).

Le texte de la présente édition du *Prince* a été traduit
sur celle de Mario Casella, généralement considérée
comme la meilleure par les éditeurs italiens (dans *Tutte le
opere storiche e letterarie di Niccolo Machiavelli,* chez Barbera,
Florence 1929). Antonio Gramsci a également exprimé sa
grande estime pour cette édition.

Bibliographie

La première date est celle de la composition ; la
seconde celle de la première édition.

Œuvres poétiques :

Decennale primo. 1504, 1506 (Florence, *Giunta*).
Decennale secondo. 1509, 1549 (Florence, *Giunta*).
L'Asino d'Oro : inachevé. 1549 (Florence, *Giunta*).
Capitoli. 1514-1517, 1549 (Florence, *Giunta*).
Canti carnascialeschi. 1514-1524, 1559 (Florence, *Giunta*).

Œuvres politiques :

Discorso fatto al magistrato dei Dieci sopra le cose di Pisa.
    1500, 1533 (Florence, *Giunta*).
Del modo di trattare i popoli della Valdichiana ribellati. 1502,
    1533 (Florence, *Giunta*).
Parole da dirle sopra la provvisione del danaio. 1502, 1533
    (Florence, *Giunta*).

*Descrizione del modo tenuto dal Duca Valentino nell'ammazzare
Vitellozzo Vitelli, Oliverotto da Fermo, il signor Pagolo e il
duca di Gravina Orsini.* 1503, 1531 (Roma, *Blado*).

Discorso dell'ordinare lo stato di Firenze alle armi. 1505, 1533
(Florence, *Giunta*).

Sopra l'ordinanza e milizia fiorentina. 1505, 1533 (Florence,
Giunta).

Il Principe. 1513, 1532 (Rome, *Blado* et Florence, *Giunta*).

Discorsi sulla prima Deca di Tito Livio. 1513, 1531 (Rome,
Blado et Florence, *Giunta*).

Dell'arte della guerra. 1520,1521 (Florence, *Giunta*).

Vita di Castruccio Castracani. 1520, 1521 (Rome, *Blado* et
Florence, *Giunta*).

Théorie littéraire :

Dialogo intorno alla lingua. 1520, 1550 (Genève).

Comédies et nouvelle :

Andria. 1510, 1550 (Genève).

La Mandragola. 1513. On ne sait rien sur les deux
premières éditions. La troisième est de 1524 (Rome,
Blado).

Clizia. 1525, 1549 (Florence, *Giunta*).

Novella di Belfagor arcidiavolo. (?), 1549 (Florence, *Giunta*).

Histoire :

Istorie fiorentine. 1520-1525, 1532 (Rome, *Blado* et
Florence, *Giunta*).

Correspondance :

Epistolario : 1497-1527, 1550 (Genève).

TABLE

Table 303

IMPRIMÉ EN FRANCE PAR BRODARD ET TAUPIN
7, bd Romain-Rolland - Montrouge - Usine de La Flèche.
LIBRAIRIE GÉNÉRALE FRANÇAISE - 14, rue de l'Ancienne-Comédie - Paris.
ISBN : 2 - 253 - 00487 - 1